湖南省哲
"风险社会治理背景下民事诉讼合并制度的规范化研究"（
湖南省教育厅科学研究优秀青年项目
"社会治理范式转换视阈下诉讼合并制度实证研究"（21B0537）阶段性成果

美国民事诉讼中诉讼合并制度研究

◎刘谢慈 著

湖南师范大学出版社

- 长沙 -

图书在版编目（CIP）数据

美国民事诉讼中诉讼合并制度研究／刘谢慈著. —长沙：湖南师范大学出版社，2023.8

ISBN 978－7－5648－4974－0

Ⅰ.①美… Ⅱ.①刘… Ⅲ.①民事诉讼—司法制度—研究—美国 Ⅳ.①D971.251

中国国家版本馆 CIP 数据核字（2023）第 112754 号

美国民事诉讼中诉讼合并制度研究

Meiguo Minshi Susong zhong Susong Hebing Zhidu Yanjiu

刘谢慈　著

◇出 版 人：吴真文
◇责任编辑：赵婧男
◇责任校对：李　开
◇出版发行：湖南师范大学出版社
　　　　　　地址/长沙市岳麓区　邮编/410081
　　　　　　电话/0731-88873071　88873070　传真/0731-88872636
　　　　　　网址/https：//press. hunnu. edu. cn
◇经销：新华书店
◇印刷：长沙雅佳印刷有限公司
◇开本：710 mm×1000 mm　1/16
◇印张：16
◇字数：290 千字
◇版次：2023 年 8 月第 1 版
◇印次：2023 年 8 月第 1 次印刷
◇书号：ISBN 978－7－5648－4974－0
◇定价：48.00 元

目　录

导 言

　　近年来，随着我国社会转型和法制改革的不断深入，社会生活中不断涌现出各种前所未见的社会矛盾，各种复杂因素交杂在一起产生了大量新型的民事纠纷，进而催生出多样化的诉讼形态。从相关案件类型的统计数据来看，多个当事人以及多个诉讼请求并存的诉讼越来越常见，该类型案件中各诉讼要素的定性和分配也逐渐变成民事审判中的重点和难点。在民事法律制度不断发展的现代社会，人们对民事程序效用的期待及制度本身的综合价值早已不再局限于单纯地解决纠纷和稳定秩序，复杂多变的因素在效率、经济等方面赋予了民事程序新的意义。因此，诉讼合并制度在实现实体公正和程序效益等方面所起到的作用就显得独树一帜了。美国民事诉讼中的诉讼合并制度是立法者为了追求一次性解决纠纷而设计的诉讼制度，与不需要适用诉讼合并程序的案件相比，此类诉讼牵涉的诉因、争点、事实要素、法律要素以及当事人之间的关系更加复杂，并且具有一定的不可预见性，与之配套的是一系列调整性诉讼程序规则。从美国民事诉讼的整体运行状况来看，当程序运行处于早期阶段时，它主要被用来限定司法权力把控者的裁判权，这样就可以更加准确地限定诉讼中具有针对性的单一问题。为了能够将外界因素的影响减少到最低限度，每个问题都应该避免与其他问题产生混淆，只有这样才能更加彻底地解决纠纷。对此，早期罗马法对于诉讼合并的禁止以及对所有诉讼类型统一分案处理的原则都有所体现。

　　美国法中的诉讼合并制度分为诉讼请求合并和当事人合并，二者的程序理论和程序方法都是从衡平法衍生而来，都是为了在同一诉讼中通过程序规则的引导在最大范围内解决相关争点。诉讼合并规则受到司法程序理性、陪审制、诉讼经济、诉讼效率等因素的影响，法官必须对合并请求可能导致的争点混淆与诉讼拖延等现实问题作出有效平衡。从纠纷解决的效果来看，以诉讼合并为代表的美国民事诉讼程序体系一直致力于通过扩张本诉的吞噬力以提高程序的覆盖范围和解纷能力，立法者希望当事人可以通过"一次程序"解决所有关联争议。诉讼合并程序即源于这一理念所蕴含的司法实用主义。

在我国法院员额制改革的背景下，法官需要处理的案件数量直线上升，从 2013 年到 2022 年，人民法院受理的案件数量翻了一番，但法官数量并未增加。司法资源不可能在每一个案件上平均分配，目前"案多人少"从过去的次要矛盾和局部矛盾上升为我国司法的基本矛盾。这种情况是多重因素共同作用的结果，总结起来主要有以下两点：第一，某些习惯于投机取巧的当事人利用诉讼规则的漏洞规避应该履行的法律义务，民事程序规则缺乏相应的制约规定导致原告之实体权利无法得到有效保护，长久累积的消极情绪加之某些媒体的片面发声都在一定程度上挫伤了普通民众对司法权威的认同感。第二，大量本应该或者有条件通过合并手段予以统一处理的诉讼由于现行立法和法官思维定式的制约被拒绝受理或分案处理，这就直接造成了法院的人力、物力等司法成本以及当事人诉讼成本的浪费，而将那些"不符合同案处理程序规定但明显具有牵连性的诉讼"分案处理所导致的矛盾裁判更加大了当事人和法院的隔阂。我国现行《民事诉讼法》虽然在第五十五条、一百四十三条等分别对诉的主体合并和客体合并有所规定，但与美国《联邦民事诉讼规则》《联邦法典》等联邦法律规则以及各州司法辖区的特别程序规定等系统翔实的规则体系和实务判例相比仍显单薄，最高人民法院为此出台了相关司法解释，但相关规定背后的立法理念和制度本身的价值之间还存在着一定的冲突，这是我们当前必须正视的现实问题。

自美国正式踏入现代社会以来，社会不同层级的规模效应日益显现。从历史的纵向比较来看，诉讼合并制度在美国民事诉讼发展历史中的地位几经浮沉，如今其所占案件总体的比重不断增加。有鉴于此，本书对美国诉讼合并制度的研究至少具有以下两个方面的意义：其一，通过对美国诉讼合并制度进行系统梳理、类型化分析和多维度比较研究，可以使我们进一步了解发达法治国家诉讼合并制度的理论动态和司法实务运行现状，并深入领会其法制改革理念，在此基础上就以往国内学者对美国诉讼合并制度的某些局部认知提出辩证观点，从而竭力为国内相关制度研究建构比较法上的理论基础。其二，对我国相关民事程序规定从立法、司法解释、实务操作以及理论研究等层面进行系统全面的论述和评析，从而对这一多维度的程序体系作出全面而中肯的评析。在此基础上结合当前我国司法运行现状、本土化国情以及普通民众朴素的司法认知，对美国诉讼合并制度之抽象程序理念和具体程序设计有选择地进行学习和借鉴，这无疑对建设遵循普遍诉讼规律又全面契合中国特色民事司法的诉讼合并程序理论体系具有重大意义。

从民事诉讼程序理论的整体来看，诉讼要素单一的案件往往是最为理想的研究对象，但司法实践中屡见不鲜的现实让我们不得不重视复合诉讼要素交叉存在的诉讼类型。尽管我国目前并没有与美国民事诉讼规则中完全对应的完整的诉讼合并程序体系，但作为与单一诉讼要素案件相对应的特殊诉讼形态，共同诉讼制度和第三诉讼制度在长期的民事纠纷解决中扮演着十分关键的角色。尽管已有部分学者对此问题进行过相关研究，但其研究范围和切入角度还有待进一步扩展和深化。近年来由于诉讼要素复合交错所导致的错误判决屡见不鲜，这对司法权威造成了严重冲击，因而在考察发达国家相关制度的基础上深刻反思我国诉讼合并相关制度存在的问题是一项迫在眉睫的任务，也是司法改革的题中之义。笔者希望通过比较研究，对我国诉讼合并相关制度的重构提供有效的切入点。本书的研究重点在于廓清美国诉讼合并程序中不同诉讼要素的作用、关联规则以及法律逻辑，对不同类型诉讼合并的具体形态进行系统梳理，并通过比较研究法考察美国和我国诉讼合并制度在立法和司法实践层面的利弊得失，以期对我国的民事诉讼程序和理论体系有所裨益。

从当前我关于诉讼合并制度尤其是美国诉讼合并制度的文献来看，此领域明显缺乏体系化研究。根据笔者查询到的资料显示，各版本的民事诉讼法教材几乎都对分属于诉讼主体合并的共同诉讼制度作了介绍，但都只涉及主体合并的一小部分，关于诉讼客体的合并的内容则更加鲜见。在这些代表著作中，张卫平教授所著的《民事诉讼：关键词展开》深入探讨了第三人介入诉讼中第三人的具体类型及其划分依据，其新颖的切入点为笔者研究分属于广义当事人合并的第三人合并制度带来一定的启示。此外，章武生教授和段厚省教授合著的《民事诉讼法学原理》以其独到的解读视角彰显了对共同诉讼制度的问题意识，该书对于诉讼合并制度的研究亮点在于深入论述了共同诉讼在诉讼标的牵连型诉讼中的适用逻辑，这对于必要共同诉讼在司法实践中的合理适用具有一定现实意义。但总体而言，教材类文献由于其先天的普适性要求导致其对大部分主题只能停留在概念化分类解说的层面，这样虽然可以将知识以最直接的方式传授但很难引发深层次的思辨。千篇一律的基本内容框架限制了内容接受者发散性思维的创新，局限性明显，而理论界对现有诉讼合并制度的百家之言也缺乏必要的整合梳理，导致相关研究结构略显凌乱。

从有关诉讼合并制度的专门论著来看，存在巨大的空白需要填补。张永泉教授的《民事之诉合并研究》是关于诉讼合并制度最新的专门论著，该书从主客观角度出发对我国的诉之合并进行了分类研究，并在最后一章对美国民事诉讼法中的交叉诉讼作了介绍。王嘎利博士的专著《民事共同诉讼制度研究》是较早关于我国共同诉讼制度的论著，其对美国的民事诉讼合并制度稍有提及，但主要还是以大陆法系的共同诉讼制度为研究主调，对域外制度的相关概念、性质、历史沿革进行了综合性论述。这两本书都为我国诉讼合并制度的进一步研究提供了基础资料，在一定程度上填补了先前空白，但遗憾的是上述两本论著都没有对美国诉讼合并制度进行体系化介绍，作者虽在相关章节论及了《联邦民事诉讼规则》中诉讼合并程序的渊源和基本框架，但却始终没有对现有制度的新发展和司法实践中的具体操作方式进行深入讨论。胡震远博士的《共同诉讼制度研究》从共同诉讼的基础理念出发，对我国共同诉讼进行类型化分析，并在必要共同诉讼制度和普通共同诉讼制度章节中介绍了美国的相关程序规则，提出了制度移植的总体方向。杨严炎博士的《群体诉讼研究》和薛永慧博士的《群体纠纷诉讼机制研究》都是从群体诉讼的角度入手，介绍了美国群体诉讼中涉及的主体合并程序规则。除了上述论著外，与诉讼合并制度有关的代表性论文还包括《主观预备合并之诉及制度建构研究》（张卫平，2020）、《论请求权竞合时诉的客观合并之形态》（韩波，2022）、《论我国诉的客观合并之制度化障碍及其克服》（赵志超，2019）、《基于"同一事实"的诉的客观合并》（袁琳，2018）、《程序效益视角下客观预备之诉合并的制度设计》（肖华林，2016）、《论诉之主体的强制合并》（严仁群，2006）、《美国民事诉讼中的反诉、交叉诉讼与引入诉讼介评》（刘学在，2003）、《美国民事诉讼中的诉讼合并制度评介及对我国的启示》（陈桂明，2010）、《诉的合并与诉讼请求的合并之界定》（朱兴有，2002）、《诉的合并制度的立法缺陷与立法完善之价值分析》（张晋红，2007）、《诉之合并制度的反思及其启示》（李仕春，2005）、《主观合并之诉在台湾地区的发展》（范光群，1999）等。

总体而言，与民事诉讼程序理论体系的其他热点领域相比，涉及美国诉讼合并制度的文献数量极为有限，即便有所提及，一般也只立足于大陆法系的整体风格对主体合并进行研究，而且大多数研究都是从理论到理论，既因研究过于片面而缺乏说服力，也没有很好地回应审判实务中最需解决的现实问题。可以说，我国学者对诉讼合并制度的研究总体还停留在"衍生若干主流观点"的层面上，远没有达到体系化的研究层面。故笔者认为，关于美国诉讼合并制度的主题研究还属于萌芽阶段，相关理论、制度设计与司法实践之间还存在较大的隔阂。

从诉讼合并制度的域外发展历程来看，其伴随着民事诉讼理论和实践的发展而逐步确立，在民事程序改革不断推进的过程中始终占据着重要地位，学者们从很早就开始对此进行研究，并及时通过研究成果影响法制改革以满足日新月异的诉讼需求。

美国虽然不是普通法系的母国，但却是普通法系在当代的重要代表，其法律制度包括民事诉讼制度虽然渊源于英国，但却素以特立独行著称，并且相当程度地超越了英国普通法的保守性，从而在当今世界法律发展的格局中占据了十分突出的地位，对其他国家的法律制度有着重要影响。由于早期殖民社会的影响，英国的普通法令状制度直接影响了美国民事诉讼程序体系，法院对程序的各个层面，从最基本的当事人提交诉状到诉讼运行的具体流程都作出了十分严格的规定。在这样严格封闭的环境下，诉讼合并被明令禁止，直到1846年衡平法院的出现才有所改变。1848年《菲尔德法典》正式出台，美国诉讼合并制度开始迈入发展正轨。在此之后，法典在不断完善的过程里对互争的确权诉讼、交互诉讼、第三人主动介入诉讼、集团诉讼等诉讼合并程序的具体类型作出明文规定，大大增强了诉讼合并制度的程序效用，并不断扩展其适用广度和深度，合并体系与其他程序之间的衔接越来越顺畅，整体的包容性也日益增强。总的来说，美国诉讼合并制度的理论研究与立法者对合并规则的态度基本一致，即经历了由禁止到限制再到自由发展的转变过程，而这正好契合了民事诉讼在社会经济高速发展的同时呈现诉讼要素交错堆叠并不断复杂化的现实。19 世纪末20 世纪初，以著名法律教授克拉克为代表的一大批学者对民事诉讼的诉讼要素、单一诉讼的容量以及不同要素的合并可能进行了深入研究，这些成果直接影响了 1938 年《联邦民事诉讼规则》的制定。这一阶段的代表作主要包括：《联邦民事诉讼规则：草案初稿提出的几个问题》（Moore）、《联邦民事、刑事和上诉程序的拟议变更》（Charles，A. Wright）、《就司法权原则而言，什么是单一的诉因》（Schopflocher）、《什么是诉因》（Harris）、《民事诉讼中的当事人强制合并》（Reed）。在《联邦民事诉讼规则》出台之后，原本简要的合并规则得到体系化的发展，这就吸引了更多学者立足于司法实践对诉讼合并的相关内容，包括合并要素、合并标准、合并条件等进行更加细致的研究，诉讼合并朝着更加自由宽松的运行趋势发展。从这一阶段的大量判例中，也可以轻易看出法官对趋势持积极肯定的态度。于是，这些理论研究和司法判例经过长期的交融互动再次影响了《联邦民事诉讼规则》的修订。1966 年，美国联邦最高法院在议会的授权下对规则进行了修订，并将诉讼合并的具体类型进一步细分，例如对于当事人合并，规则将其分为当事人强制合并和当事人选择性合并，而当事人强制合并还可以细分为必不可少的当事人合并以及必要的当事人合并，这次专业术语表面上看没有太大调整，但在司法实践中却有着显著差异。比如，对于必不可少的当事人合并，联邦规则规定法院不得以此合并事项为理由直接驳回当事人的诉讼，这样会对本可以得到救济的权利造成机会成本上的不利益。这一阶段的代表作主要包括：《选择退出和反对者在集体诉讼中的作用：理论和实证问题》（Theoclore Eisenberg，Geffey Miller）、《强制性集体诉讼：大规模侵权案件的唯一选择》（David Rosenberg）、《被告集体诉讼与选择退出权：加拿大从美国吸取的教训》（Vince Morabito）、《原罪与联邦民事诉讼中的交易》（Kane）、《避免重复诉讼：重新思考原告自主权和法院在确定诉讼单位中的作用》（Freer）、《澄清和限制欺诈合并》（Matthew J. Richardson）、《要求或许可的合并》（Eric C. Surette）。总的来说，规则的重新修订剔除了一些原本抽象模糊的规则，目的是将法官的工作重心由"技术指向型的权利义务判定"转移到具体的案件细节，并在规定参考因素的前提下对合并的可行性作出富有实效性的判断，从而将民事程序中的诉讼合并程序演化为一个开放且务实的制度体系。

在大陆法系民事诉讼的历史上，罗马法使用个别诉讼类型，即针对每一种具体的实体法律关系分别制定一种特定类型的诉讼，例如，返还所有物之诉、出售人之诉等，这种诉讼结构规定的是一对一的形式，因此复数主体诉讼和诉讼标的合并是被禁止的。但随着民事纠纷形态的日益多样化和复杂化、各种诉讼理念（如公正、效率、效益和秩序）的确立和诉讼技术的提高，承认诉的合并的要求日益迫切，诉的合并制度开始作为具体的民事诉讼制度逐步在大陆法系各国得以确立并不断发展。

在德国，诉讼合并制度同样经历了由封闭到开放的发展过程。德国早期的普通法体系深受中世纪意大利法的影响，没有规定任何与诉讼合并有关的规则。然而，当时的德国司法体系中已经存在一种名为"合有团体"的制度规则，而盲目禁止其诉讼合并已经在审判中呈现出制度上的冲突局面，因此，部分先知先觉的德国学者就提出，法院在处理民事诉讼案件时可以考虑将合有团体认定为诉讼标的关系上存在共同关系的统一体，后来这一尝试性推论发展为即便不存在合有团体之关系，只要诉讼标的具有法律上的共同关系，就可以合并处理当事人的诉讼主张，这是德国法历史上最早关于诉讼合并的雏形。后来又有学者提出，若数个当事人的诉讼请求在事实或者适用法律上具有同一性，那么就可以认定不同诉讼请求之间的牵连性，进而将其合并到同一诉讼程序中处理。但是，对于这一观点的判断标准，有学者发表不同意见，指出基于牵连关系而成立的诉讼合并应该着重考虑当事人的诉讼目的，若数个当事人意图达成的目标完全相同，则应裁定合并，反之则分开处理。经过长时间的观点交锋和实践验证，最终推导出：若不同当事人的同类诉讼请求具有牵连性，那么在诉讼目标相同的情况下，法院可以综合考虑诉讼效益和成本因素将其合并审理。这是为了将普通共同诉讼的范围扩大进而增强其程序效用。德国《民事诉讼法》在 1877 年通过正式的条文规定认可了上述理论，被称为德国民事诉讼法之父的赫尔维希在法律出台后又针对共同诉讼的适用范围进行了反复论证和解释，并相继提出旧诉讼标的理论、既判力扩张理论等基础性理论，而这些无疑都是为了论证共同诉讼制度的合理性和正当性。时至今日，德国法学界仍然对诉讼合并，主要是共同诉讼的类型化分析存在争议，比如针对同一诉讼中的主观要素合并，有人认为这就是单纯的普通共同诉讼，但还有人认为这是基于程序法内在要求顺势而为的题中之义。不管最终结论为何，这些悬而未决并步步推进的争论都将继续影响德国民事诉讼法中诉讼合并程序理论的发展。

在日本，民事程序体系总体上承袭了德国民事诉讼法的内容，日本 1890 年《民事诉讼法》是以德国 1877 年《民事诉讼法》为蓝本的。在此背景之下，日本的诉讼合并制度不管从理论研究还是司法实践层面都与德国民事诉讼法趋同，唯一的亮点就是日本学者把基于程序同一性而引发的诉讼合并划分为类似必要共同诉讼。从 20 世纪初开始，日本开始逐渐摆脱德国法的制度框架，转而探索更适合本国国情的诉讼合并制度。当时的日本学者受到美国和法国程序法理论影响较多，主流的学术理论和法院的判案都展现出这样一种逻辑，即固有的必要共同诉讼应该受到一定的限制，而对于类似必要共同诉讼应该逐步扩大其适用范围，与之配套的诉讼制度比如独立当事人介入以及同一审判等内容也开始进入理论研究视野。

作为美国民事诉讼程序体系的重要组成部分，诉讼合并制度的基础概念对于大部分学者来说并不陌生，笔者希望能在有序廓清美国诉讼合并制度之要素组成部分的前提下，为相关主题的研究提供翔实新颖的基础资料，并在总结程序运行原理的基础上寻求理论突破。本书中，笔者会采用类型化分析将诉讼合并制度从诉讼要素上进行重构，在此前提下对我国现行相关制度展开反思，进而尝试为我国相关的诉讼合并程序理论提出富有建设性的意见。根据研究内容，笔者认为本书将在以下几个方面展现出独特的学术价值：

一是对美国及我国民事诉讼合并制度的全面梳理。在对美国诉讼合并制度进行深入体系化研究的基础上，总结相关制度的立法和理论来源，运用不同历史时期的一手资料对美国民事诉讼合并规则和制度运行机制进行了较为系统和全面的研究，考察其延伸和演变的过程，并对我国相关制度的发展历程进行全面论述。

二是针对美国民事诉讼合并制度中不同类型的程序规则进行深入分析。其一是以实例分析的形式对诉讼请求合并、当事人合并以及案外第三人合并进行区分，进而对相关诉讼合并制度的内涵、启动条件、管辖规则作出认定。其二是考察各类合并程序以及不同州司法辖区在司法实务操作中的例外情况，在规则和判例研究的基础上，对程序操作方法加以总结。

三是对美国诉讼合并制度运行机制和实际效用所展开的批判和反思。不论是大陆法系还是英美法系，诉讼合并制度本身并非尽善尽美，基于程序自身功能的局限性和不同法域的本土特性，在利用诉讼合并制度处理和解决问题时，难免存在不尽如人意之处，因此对理论和现实之间的落差进行反思就显得格外重要。

四是对我国诉讼合并制度的评析和重构。尽管《民事诉讼法》已经对共同诉讼、请求合并等诉讼合并制度相关内容作出规定，并在最近两次修订中增设了公益诉讼、第三人事后救济等相关内容，但鉴于其内在逻辑和现实操作之间存在一定冲突，故本书研究不局限于现有法律规定。笔者将从理论、立法、司法实务、当事人及法官心理等不同角度出发，对我国相关制度的运行现状作出深入剖析，论述美国诉讼合并制度对我国的启示，力求在民事诉讼程序所及的最大范围内总结出富有普适性的更为完善的方法。

我国"一事不再理原则"与美国"一次性纠纷解决原则"在内涵上是互通的，它们都旨在避免司法资源浪费，防止当事人受到"缠讼"诉累，是保障司法效率与公正的需要。我国民事诉讼法虽然对诉讼合并设有相关规定，但缺乏体系化建构，而内在的制度理念和价值间尚存一定冲突，由于缺乏必要的修正机制，我国法院在关联民事争议的处理过程中，存在一系列尾大不掉的问题。民事审判改革正在如火如荼地进行，立法者长期以来希望通过程序方向上的掌控来加强庭审中原被告之间的平等质证、公平对抗。对于这样牵一发而动全身的系统工程，相关配套制度必须不断完善。本书在论述相关制度环境、法理基础、法律规则以及实务判例的基础上对美国诉讼合并制度进行了全面分析，并从我国立法和司法实践中存在的问题着手，试图探寻符合中国本土特性的完善对策。

第一章
美国民事诉讼中诉讼合并制度的基本理论

美国法中诉讼请求合并和当事人合并的程序理论及程序方法都由衡平法所衍生。与普通法通过程序规范尽可能限制当事人之诉讼范围不同的是，衡平法力求在同一诉讼中通过具体程序规定的引导在最大范围内解决相关的争点。美国司法改革历史上的几次努力促进了普通法与衡平法的相互融合，从而使得起源于衡平法的诉讼合并制度得到越来越广泛的适用空间。①

第一节　美国民事诉讼立法的发展

美国是当今世界上有重要影响力的国家，其政治和法律制度也常常是人们关注和研究的对象。美国虽然不是普通法系的母国，但却是普通法系在当代的重要代表。美国的法律制度包括民事诉讼制度虽然渊源于英国，但却素以特立独行著称，并且相当程度地超越了英国普通法的保守性，在当今世界法律发展的格局中占据了十分重要的地位，对其他国家的法律制度有着重要影响。美国属于联邦制国家，国会立法在赋予联邦法院审判管辖权的同时，州议会可以很大程度上对州立法地的州内法院规定审判管辖权。独立战争胜利后，美国宪法并未明确规定联邦审判组织的系统，但实际上已形成两套法院组织系统：一套是联邦法院组织系统，一套是州法院

---

① 在美国的司法改革运动中，最重要的例证是纽约州《菲尔德民事诉讼法典》改革，其扫除了多个当事人同时诉讼的障碍，并承认了衡平法对司法实务的影响。

组织系统。两者之间相对独立，并无从属关系，只是在司法管辖权上有所分工。同时，各州之间又具有相互独立性。殖民地时期的各州诉讼制度，承袭英国普通法。独立战争后，尽管美国宪法以及 1789 年制定的《司法条例》（又称《法院法》）以及其后的宪法修正案中都曾原则性地规定了有关诉讼程序问题，但各州竞相适应普通法形成各自独立的诉讼法制度。十九世纪中叶，各州开始变革，1848 年纽约州首先采用由大卫·达德利·菲尔德制定的民事诉讼法典，废止各种诉讼程式及极端复杂的书状，参照衡平法与海事法规制定简易制度以代替普通法的程序规定。其后各州纷纷推行，相继制定法典，从而进入了美国民事诉讼制度的成文法时期，并逐步发展成为美国现代民事诉讼制度。

美国民事诉讼立法的发展过程大体上可以分为三个基本阶段，即 19 世纪中叶前的民事诉讼立法、19 世纪中叶后的民事诉讼立法和 20 世纪的民事诉讼立法。

一、19 世纪中叶前的美国民事诉讼立法：判例时代

1776 年以前，作为一个国际法主体意义上的美国尚不存在。自 15 世纪末哥伦布发现北美新大陆之后，欧洲人出于逃避宗教迫害等原因，纷纷移民北美地区，并将其作为殖民地。英国从 16 世纪开始也加大对北美新大陆的殖民扩张，经过多年争夺，英国在 17、18 世纪战胜了其他殖民势力尤其是法国人，在大西洋沿岸建立了 13 个殖民地，它们是后来美利坚合众国的前身。各殖民地在发展的过程中，也逐渐形成了自己的法律制度，但最初这些法律制度是较为简单和粗陋的，法院及司法程序只不过是定居者在英国乡村早已熟知的地方制度的翻版。直至 18 世纪随着英国在北美地区统治地位的确立，各殖民地才先后较为充分地接受了英国的法律传统。可以说，美国独立前的 13 个殖民地基本上沿用的是英国法律，包括民事诉讼制度，这主要表现在其法律渊源上的唯判例主义，法律体系上的普法和衡平法并行，以及当事人对抗主义的诉讼模式和陪审制度等。独立战争后，虽然北美地区摆脱了英国的殖民统治，一些地区如新泽西、宾夕法尼亚等州还一度因仇视英国而出现了抵制英国法的现象，但由于英美两国在血统渊源、语言文化等方面的特殊关系，并且随着美国独立后美英两国关系的缓和以

及美国政治、经济和社会的发展，美国多数州通过主权认可和修改，仍然采用了原英国殖民地时期就已经存在且长期适用的包括民事诉讼制度在内的英国普通法。

英国普通法是典型的判例式法律体系，在后来进行法典式立法改革之前，"先例"一直是其惟一的法律渊源。这一传统被移植到了美国后，在民事诉讼领域内，"遵循先例"也成为最基本的原则。这一时期，关于民事司法程序的成文立法基本上是不存在的，判例是惟一的民事诉讼法律表现形式。自 1790 年起，美国开始由官方进行判例的汇编，逐渐形成了《美国最高法院判例汇编》《联邦上诉法院判例汇编》《联邦地区法院判例汇集》等三个判例集，这是美国法律渊源包括民事诉讼法律渊源最为集中和典型的表现形式。

二、19 世纪中叶后的美国民事诉讼立法：州法典化改革运动

18 世纪末到 19 世纪初法国大革命后的法典运动和英国的功利主义思潮，对美国法律的发展均产生了不同程度的影响，使美国在 19 世纪上半期的法律发展出现了有别于英国普通法立法传统中唯判例主义的趋向。1824 年，原属于法国殖民地的路易斯安那州仿照《法国民法典》制定了自己的《民法典》，开创了美国除宪法以外的法典式立法的先河，接着，纽约州、宾夕法尼亚州以及马萨诸塞州等州也相继制定和通过了一些成文立法文件。虽然这一时期美国法典化的立法趋势首先表现在民事实体法的制定上，但其对以后民事诉讼程序制度法典化的影响还是相当大的。

民事诉讼制度法典化的首次重大突破是在纽约州。从 19 世纪 30 年代开始，律师出身的大卫·达德利·菲尔德就积极倡导法典编纂运动，并致力于通过推动纽约州宪法明文授权来推进法典化立法。菲尔德被任命为纽约州法律编纂委员会的委员后，即着手进行法典的起草编纂工作。1848 年《纽约州民事诉讼法典》在所有拟立法典中率先获得正式通过，这就是历史上著名的"菲尔德法典"。1848 年的《纽约州民事诉讼法典》是美国乃至整个英美普通法系国家法律发展史尤其是民事诉讼制度发展史上的一个里程碑，它不仅在法律的表现形式方面较之传统立法有了重大突破，而且对有关民事诉讼的许多具体制度和程序也进行了十分重要的改革。这些改革

主要表现在：消除了传统上普通法和衡平法两种诉讼程序之间的区别，而代之以新的统一的诉讼程序；实行统一的起诉形式和诉答程序，废除了传统上复杂繁琐并具有风险性的令状式起诉模式与诉答程序；规定了诉讼请求的合并制度；允许当事人的陈述成为本案证据，初步确立了开示程序（discovery）等。

1848 年的《纽约州民事诉讼法典》是"普通法的诉讼程序到由 1938 年的联邦民事诉讼规则所导入的美国现代诉讼程序的道路上迈出的重要一步"①，它引领了 19 世纪美国各州民事诉讼法典化立法的潮流。在纽约州通过民事诉讼法典之后的半个多世纪中，美国其他各州如加利福尼亚州等州的民事诉讼法典如雨后春笋般陆续出台。到 20 世纪上半期美国国会授权联邦最高法院制定联邦民事诉讼程序规则时，全美已经有半数以上的州拥有了自己的民事诉讼法典，从而形成"地方包围中央"之势，这一局面直接促成 1938 年美国《联邦民事诉讼规则》的制定和出台。

应该说，19 世纪中叶开始的美国民事诉讼法典化立法的潮流，基本上是在州的层面上进行的。1848 年的《纽约州民事诉讼法典》之所以能够以"星星之火"而"燎原"。除了欧洲大陆法典运动和英国功利主义思潮的影响外，美国宪法确立的联邦与州分权的民主政治模式也功不可没，它使得各州有权自主选择适合本州的具体立法模式。这一制度优势，即便是作为近代宪政民主母国的英国也不具备，因而英国民事诉讼法的改革与发展较之美国自然要保守和艰难得多。

三、20 世纪的美国民事诉讼立法：联邦法典化运动

美国是一个复合制联邦国家，联邦和各州的权力在宪法层面上有非常明确的划分，各州拥有"州主权"，可以在其主权范围内自由行事。但是从建国伊始，美国的开国先驱尤其是联邦党人（如汉密尔顿）就一直孜孜不倦地追求建立一个强有力的联邦。根据这一理念，1787 年的美国宪法确定必须建立一个独立于州法院系统的联邦法院系统，以维护联邦国家的利益，

---

① ［美］史蒂文·苏本，玛格瑞特（绮剑）·伍. 美国民事诉讼的真谛：从历史、文化、实务的视角［M］. 蔡彦敏，徐卉译. 北京：法律出版社，2002：62.

并调节各州之间的纠纷，确保宪法的实施和司法的公正。美国两套法院系统的存在，正是渊源于此。

从宪法原则上理解，统一的美国联邦法院系统当然可以拥有自己独立的司法程序规则包括民事诉讼法典。但是基于各种原因，美国联邦法院并没有自己的一部系统的民事诉讼规则或法典，长期以来一直只是依案件性质划分为普通法程序和衡平法程序，并分别适用州法和联邦法。虽然在1822年美国联邦最高法院便首次制定了《衡平法诉讼规则》，以供联邦法院解决衡平法诉讼案件使用，但该规则解决不了普通法诉讼的问题以及普通法与衡平法诉讼程序的统一等问题。1848年的《纽约州民事诉讼法典》通过之后，其他各州相继效法，纷纷制定自己的民事诉讼法典，但美国联邦法院的民事诉讼规则却未能诞生。

1934年，在著名法学家庞德、克拉克等的影响和推动下，美国国会正式通过法律，授权联邦最高法院制定在本法院系统内适用的民事诉讼程序规则。由于负责该规则草拟工作的人员都是富有经验的著名学者、法官和律师，加之已有各州的民事诉讼法典可供参考，所以，规则草案在并不太长的时间内便被拟订了出来，并于1937年和1938年先后为联邦最高法院和美国国会所通过，自1938年9月1日起正式生效。这就是人们通常所说的1938年美国《联邦民事诉讼规则》。

1938年美国《联邦民事诉讼规则》是美国历史上第一部联邦国家层面上有关民事诉讼程序的成文法典，它分为11章，共86条，主要包括以下内容：

第1章到第4章（第1条到第26条）：规定了规则的适用范围、诉讼的开始、诉答文书和申请书，以及当事人和诉讼请求的合并等问题；

第5章（第27条到第37条）：规定了庭前准备的发现程序；

第6章到第7章（第38条到第63条）：规定了开庭审理及判决程序；

第8章到第11章（第64条到第86条）：规定了临时性和终局性财产救济方法、特别程序、地区法院及其书记官等。

规则的最后附有诉讼文书格式。

从1938年美国《联邦民事诉讼规则》的内容和所体现的诉讼价值观来看，它主要在以下两个方面有明显突破：

一是对原有的复杂的诉讼形式进行根本改革，建立起了单一的诉讼形式。美国原有的诉讼形式是从英国继承而来的，由于它和繁杂多样的令状制度结合在一起，形式主义的特征十分明显。这种诉讼形式中所体现的"程序先于实体"的观念，使得诉讼充满复杂性和风险性，当事人有可能因选择诉讼形式的错误而导致在诉讼上败诉的结果。针对这一过时的诉讼形式，《联邦民事诉讼规则》第2条规定，当事人提起的民事诉讼只有一种形式，名称统一叫作"民事诉讼"。这样便大大简化了诉讼程序的启动，只要当事人向法院递交了民事诉状，诉讼程序即告开始，这对于方便当事人行使诉权而言无疑具有重要的意义。

二是确立了进行庭前准备的证据交换制度，即发现程序。这一程序不但在美国诉讼制度发展中具有重要意义，而且对其他国家如日本等国民事诉讼法的发展也产生了深远的影响。美国原有的民事诉讼结构是由庭前的诉答程序和开庭审理程序两个基本阶段组成的，由于缺乏开庭审理前交换证据的程序，当事人在开庭审理中的突然袭击现象十分常见，这对于诉讼的顺利进行和效率的提高是十分不利的。美国《联邦民事诉讼规则》考虑这一情况，并借鉴1848年《纽约州民事诉讼法典》中初步建立的发现程序，在第5章专门规定了详细的以当事人之间进行证据收集和交换、确定争点、试行和解等为内容的诉讼阶段，即发现程序。发现程序的确立，使得美国民事诉讼审理的重心发生了前移，多数案件在庭审之前即可获得解决，从而大大提高了诉讼的效率和司法程序的便利性与可接近性。

但1938年的美国《联邦民事诉讼规则》出台于20世纪上半期，这时的大陆法系民事诉讼法早已发展到了以德国和奥地利等国为代表的"第二代"。因此，1938年美国《联邦民事诉讼规则》在内容的翔实程度、体系的周密程度以及概念的精确细密程度上显然无法与1877年制定、1896年首次修改的德国《民事诉讼法典》相提并论，1938年的美国《联邦民事诉讼规则》没有采取大陆法系国家总则和分则的结构以及完全体系化的立法模式，它更多的是对以往判例规则的归纳和总结。同时，基于与大陆法系国家不同的司法运作环境和秉承实用主义的法律思潮，该规则更多的是着眼于解决普通法程序与衡平法程序并行的弊端，如传统诉讼形式的复杂，旧有审理结构下诉讼的拖延等问题，这从规则的内容结构可以看得出来。

在美国学者眼里，1938 年美国《联邦民事诉讼规则》是继 1848 年《纽约州民事诉讼法典》后美国民事诉讼法发展史上的第二个里程碑，也是最重要的里程碑。该规则自 1948 年首次修改后，又历经 60 年代到 90 年代的多次修改，至今仍然有效，足见其影响力之大。如果说 1848 年美国《纽约州民事诉讼法典》引领的是美国各州民事诉讼法典化的"变法"潮流，那么 1938 年美国《联邦民事诉讼规则》则表明这一法典化的"变法"潮流在美国已经从州层面上升到了联邦国家层面。在 1938 年美国《联邦民事诉讼规则》之后，美国于 1967 年制定通过了《联邦上诉程序规则》，1975 年又制定通过了《联邦证据规则》。对于在历史上越来越推崇强势联邦主义的美国而言，这一变化的影响是巨大的。在 1938 年美国制定《联邦民事诉讼规则》之前，美国联邦法院遇有民事案件，所遵循的诉讼程序主要是各州既有的诉讼程序，使得州诉讼程序在民事诉讼中的主导色彩十分明显；而在美国《联邦民事诉讼规则》出台之后，情况发生了完全相反的变化，目前，美国共有 26 个州和首都华盛顿所在地的哥伦比亚特区通过司法规定或立法规定的途径，采用了实质上是以 1938 年美国《联邦民事诉讼规则》的形式和内容为范本的民事诉讼规则。虽然在美国尚有将近一半的州还没有采用该规则，但这些州实际上也受到了该规则的极大影响，诸如自由诉辩、广泛的诉讼合并、宽泛的发现程序等，在今天不仅是联邦法院体系中的诉讼规范，而且同时也存在于全美大多数州法院体系中。由此可见，在美国，经过了州诉讼程序主导民事诉讼的时代后，美国联邦诉讼程序主导民事诉讼的时代早已经到来。

1993 年 1 月 21 日，美国对《联邦民事诉讼规则》（Federal Rule of Civil Procedure，简称 FRCP）进行了修改。从修改的背景和经过来看，这次修改是在诉讼案件激增的背景下进行的。由于案件的增加导致诉讼迟延和司法成本的提高，但是，财政赤字使得法官人数难以增加。于是，减少诉争案件、简化诉讼程序，便成为一种客观需要。然而，程序的简化又不能改变宪法保障的陪审裁判制度本身。为适应减少诉争案件的要求，需要扩大诉讼外纠纷解决办法（Alternative Dispute Resolution）的适用；为适应简化诉讼程序的要求，则需要强化案件管理（Case-management）。本次修改可以说属于后者。

实际上，为了防止诉讼迟延，降低诉讼成本，美国早在 1990 年就已实施了民事司法改革法（Civil Justice Reform Act of 1990）。该法规定，先于 1991 年 12 月 31 日以前在 10 个联邦地方法院进行以防止诉讼迟延和降低司法成本为目的的试点工作。自 1993 年 12 月 1 日起推广至所有的联邦地方法院，到 1995 年底结束。并根据试点结果决定以后的司法改革。

1990 年民事司法改革法和这次对联邦民事诉讼规则的修改的目的是相同的，区别只在于前者是由联邦议会发起的，后者是由联邦法院发起的。但在实务上，对于两次改革是同等看待的。通过 1990 年的司法改革法，试点的联邦地方法院已经有在诉讼开始阶段就开示证据的尝试。并且对于书面讯问和庭外作证的次数已经开始进行限制。这可以说是本次修改联邦民诉规则的先声。根据《美国法典》第 28 编的规定，本次修改应由联邦各巡回区的首席法官组成的司法会议提出议案，由最高法院在 5 月 1 日之前提交国会，同年 11 月底之前，国会如果没有制定出与此不同的法律，该法案即从 12 月起生效。11 月上旬，国会众议院通过了在诉讼开始阶段不得进行证据开示的修正案，法案交到参议院后，由于正处感恩节放假期间，加之其他法案堆积如山，参议院尚未来得及审议就已过了 11 月。因此，最高法院提交的议案正式得以成立。

关于诉讼开始阶段的开示问题，修改规则允许各法院以地方规则（Local Rule）的形式作出不同的规定（即所谓选择条款，FRCP 第 26 条 a（1））。但是，特拉华州、密歇根州东部地区、纽约州南部地区（曼哈顿）直接采用第 26 条 a（1）；伊利诺伊州北部地区则由各法官自由选择适用。另外，新罕布什尔州 1993 年 12 月 1 日确定仍然按原规则进行，而华盛顿哥伦比亚特区则从 3 月起实行新的规则。由此可见，各法院还处在新旧规则同时并用的状态。

选择条款（opt-out）在修改规则方面，对于专家证言的开示、审判前的开示、庭外作证和书面讯问没有作出限制性规定，然而根据 1990 年的司法改革法是可以作这些限制的。如前所述，许多法院都对庭外作证和书面讯问作了限制，在这些方面，也是处于各自为政的状态。

本次修法的主要内容，一是在证据开示（discovery）程序中导入公开制度（disclosure）；二是限制书面讯问（interroqatory）和庭外作证（deposition）两种证据开示方法的使用次数。此外，关于证据开示程序，还作了如下修改：

（1）根据新增加的 FRCP 第 26 条 a（2）的规定，准备在审判中利用专家证人的当事人，必须在距审判开始前 30 日附具该专家的履历，将专家证人的报告向对方当事人开示。这样做目的是促使当事人尽量不用或少用庭外作证的方法对专家证人进行讯问。但是，通过庭外作证的方法对专家进行质证在实务上仍具有重要的意义，以上述方法代替专家庭外作证实际上将会非常困难。

（2）在审判前 30 日以内，当事人应当将准备在审判中使用的证据予以开示（FRCP 第 26 条 a（3））。虽然拟在审判中使用的证据可以在最后的审前会议（Pre-trial Conference）上进行整理，但为了使该会议能够迅速顺利地进行，这种开示是必不可少的。

从新规则的实际运作状况来看，诉讼开始阶段的证据开示是这次修改联邦民诉规则的最重要的内容，但实务中法院却以各种不同的形式对此加以排斥。不过，也确有在诉讼开始阶段就实行证据开示的法院，加州旧金山联邦地方法院即为一例。由于联邦民诉规则同该法院的规定几乎完全相同，就了解联邦民诉规则而言，该法院的实务运作具有重要的参考意义。有鉴于此，下面即以旧金山地方法院的实践为例，对修改后的联邦民诉规则的实际运用加以概述。

（1）当事人应当在被告第一次出庭时（即被告提出答辩状或要求驳回原告诉讼请求的申请书时或主张管辖错误的申请书时）起 75 日以内，或者自向被告送达起诉状起 105 日以内进行会面（第 26 条 f）。会面时，应当互相公开有关资料，确定证据开示的计划，并就其他事项进行协商。其中证据开示应当按下列程序进行（26 条 a（1））：

第一，在起诉状和答辩状中应当具体写明与主张的事实有关证人的姓名，已知证人的住所和电话号码的，也应写明。

第二，在起诉状和答辩状中应当具体写明与主张的事实有关并由当事人占有、保管或支配的文书、数据载体（如磁盘等）、有形物品的种类和存在场所，也可以提交实物的复制品。

第三，主张的一切损害的计算方法。这方面的资料，包括表明蒙受损害的性质和程序的资料在内，除享有特权（privilege）或可以免除开示的以外，应当允许日后查阅原文和复制。

第四，对于可能用来履行判决的保障合同，也应当做到可以开示、查阅原文和复制。

上述证据的开示也可以在当事人会面后 10 日内进行，根据双方同意，开示还可以推迟（26 条 f）。正如联邦民诉规则立法顾问委员会在说明（Note of the Advisory Committee）中所指出的，在送达起诉状后不久就进行会面的情况下，要求被告作充分开示，未免强人所难。

在会面中，一方当事人可能会指摘另一方当事人对于开示证据的记载有不清楚之处或遗漏了应该开示的证据。在这种情况下，如果双方不能达成一致意见，可以由法官在诉讼计划裁定（scheduling order）中载明双方意见后加裁决，但为了充分地开示证据，当事人也可以请求法官发布命令强制对方当事人开示证据（37 条 a（2））。根据 26 条 e 的规定，当事人负有补充开示证据的义务，在诉讼计划裁定中，法官可以指定补充开示的期间（见同条顾问委员会的说明）。

另外，当事人如能证明存在正当事由，可以提请法官签发保全裁定（protective order），以便对开示的方法（时间、场所等）或其他事项加以限制（26 条 c）。关于特权及劳动成果（work product）的规则也适用此规定（37 条 a（2）（3））。

（2）一方当事人没有开示证据或者开示不充分时，另一方当事人可以先同他交涉，如不能解决，可以向法院请签发命令，强制其开示（37 条 a（2）（3））。经法院命令之后，仍不充分开示证据的，可以给予如下处罚：

第一，此后不得使用没有开示的证据（37 条 c（1））。

第二，法院可以命令当事人甲或其代理人支付当事人乙为申请强制命令所花的费用以及其他由于当事人甲方不开示证据而造成的费用（包括代理律师的报酬在内）（37 条 a（4）.c（1））。

第三，不予争辩或驳回其诉讼请求。

第四，法院可以把甲没有开示证据的事实告诉陪审团（37 条 c（1））。

如果没有开示的证据是对本方不利，当然不可能采用第一种制裁方法，而只能采用后三种制裁方法。

（3）此外，当事人在会面时，还应当就必须开示的事项、证据开示的终止时间等相互协商（26 条 f）。

（4）经当事人上述会面之后，法院作出诉讼计划裁定，确定证据开示次数、时间和审判的日期等。收到裁定之后，当事人即开始证据开示。有关证据开示的方法方面的修改大体如下：

第一，庭外作证（deposition）

除非经法院许可或双方当事人合意，各方当事人可以进行讯问的庭外次数限于 10 次（30 条 a（2）（A））。一方当事人为二人以上时也是如此。

当事人在会面时，应就庭外作证的次数进行协商，法院以此为基础在诉讼计划裁定中确定庭外作证的次数。

即使不经法院许可，庭外讯问证人时也可以录像，但应事先通知，相关费用可要求讯问的当事人承担（第 30 条 b（2））。由于在审判中要求提交写明录像内容的文书，而加州州法院系统原则上使用录像的方法，因此出现了专门从事庭外录像作证业务的公司。

第二，书面讯问（interrogatory）

书面讯问的提问环节，最多不能超过 25 个问题（第 33 条 a）。当事人为二人以上时，比如有两名被告，对每个被告都可以提出 25 个问题。对书面讯问必须在 30 日以内予答复。如同庭外作证一样，书面讯问也可以经法院许可或当事人一致同意而境加其次数。

第三，提交文书

在被要求提交文书时，必须在 30 日以内给予回答（第 34 条）。关于可以要求提交的文书的数量，联邦民诉规则未作特别限制，但可以由当事人同意加以限制。

从联邦民诉规则的修改对民事诉讼实务的影响来看，首先，由于诉讼开始阶段的证据开示，可能会带来如下变化：第一，在此以前的典型做法是被动的应付对方当事人的书面讯问，今后则要求积极地讯问本方所需要查明的事实。第二，起诉状中对事实的记载将会更加详细。这是因为 26 条

a（1）规定，在起诉状中应当具体地写明与主张的事实有关的情况。联邦民诉规则从本来的事实抗辩（fact pleading）型诉讼向通知抗辩（notice pleading）型诉讼转变。第三，在此之前，一方当事人可能会在审判中突然提出有利于自己的证据而使对方当事人措手不及，因此法律要求对这种证据予以开示。修改后的规则规定，当事人对于有利于自己的证据必须在诉讼初期就加以开示，否则不能在审判中使用。这样，就使得当事人开示有利于自己的证据的时间提前，从而促进诉讼程序的顺利进行。第四，过去当事人对于不利自己的证据或者不开示，或者即使开示也总想尽可能地拖延开示的时间。现在，由于第37条规定的制裁也适用于律师，至少律师不得不敦促当事人开示证据。律师以前可以借口对方对于要求提出的文书不特定等为由而躲避开示不利于自己的文书，但如今则必须主动开示不利于自己的证据，因而很难再躲避对方提出的开示不利于其文书的要求。第五，法官在审理前的诉讼指挥中将以速度第一的原则处理案件。在涉及专门技术的案件中，律师必须花费一定的时间研究有关文书的含义。按新规则规定，法官有权决定延长证据开示的期限，但是法官如果决定依法定期限开示的话，律师将不得不在诉讼早期开示证据。然而，第37条又规定对证据开示不充分的予以处罚。这样一来，对于当事人及其代理律师而言，一旦法官认为某个案件中诉讼速度是首要的，是否会因证据开示不充分而受到处罚，将完全取决于法官的意愿。如果法官责怪当事人诉讼速度太慢，当事人有可能将自行和解。第六，证据开示有可能引起争议。除前文提到的证据开示的期限问题外，第26条a（1）规定提到"与在起诉状和答辩状中所主张的事实有关的具体的"证人和文书，究竟是指哪些证人和文书？也是不明确的。有的律师可能会说某个案件中存在几百名证人。不过，像这种证人众多的案件，为了避免诉讼迟延，可以交给治安法官（magistrate）处理。

对于庭外作证和书面讯问次数限制没有遇到强烈的反对，这是因为：一般的案件，庭外作证和书面讯问的使用原来就很少达到限定的次数；重大案件还可以经法院许可增加使用次数；新规则出台前，不少地区已有地方规则对此加以限制，没有地方规则的地区，很多案件中当事人也同意加以限制。

从理论上看，这次修改是对传统的对抗制的巨大变革。在许多律师的心目中，对抗制的观念根深蒂固，实务惯例也是在这种观念的指导下形成的。从这个意义上说，对抗制不仅在实务上，而且在观念上都将面临着严峻的挑战。对抗制虽然体现了平等武装的原则，有利于发现实体真实，确保当事人的主体地位，但由于其程序的复杂性，加之法院预算经费不足等现实因素的制约，导致诉讼效率低下，很多案件久拖不决。在一定意义上说，以本次民诉规则的修改为契机，努力提高诉讼效率和质量，将是律师们责无旁贷的义务。

四、美国民事诉讼法的特点

英美法系国家的民事诉讼法是在中世纪英国已存在的当事人主义诉讼框架的基础上，适应近代资本主义市场经济发展的需要而建立起来的当事人在诉讼中起主导作用的诉讼法律制度。美国民事诉讼是英美法系国家当事人主义民事诉讼的一个突出代表。美国民事诉讼法及其程序结构有如下特点：

（1）美国民事诉讼法继承了英国的当事人主义的诉讼传统。"当事人主义"（adversary system）一词含有敌手和对抗的含义，但由于英美法系的当事人主义的基本概念与大陆法系国家民事诉讼中作为诉讼原则的当事人主义的内容有相同之处，所以韩国和日本等国一般把"adversary system"一词译为"当事人主义"。其实，这两种当事人主义并不是同一的概念。英美法系国家的当事人主义诉讼制度起源于中世纪英国。1066年诺曼底人征服英国后，带去两种审判制度：一个是决斗审判，一个是事实审问。前者于13世纪在司法实践中已废止，到1819年英国正式颁布法律废除决斗审判制度；后者逐渐发展成为陪审团审判的当事人主义司法制度。在中世纪欧洲，欧洲大陆各国都实行纠问主义诉讼制度，但唯独英国例外。英国从来就把诉讼看成是当事人之间的竞赛或对抗，而法官只不过是在竞技场上的裁判员。就美国的诉讼观而言，现在仍然是这一英国的传统的诉讼观。

（2）在开庭审理之前，当事人确定争点并收集证据。英美法系国家传统的诉讼程序是由诉答（pleading）和开庭审理（trial）两个阶段构成的。诉答程序是通过当事人的起诉状和答辩状来确定争点，当事人之间在审前能否形成争点决定了要不要进入陪审团审理的法庭审理阶段。这是英美法系民事诉讼当事人主义一个突出的特点。但是几个世纪以来，在审判前的诉答程序里，当事人之间只确定争点而不交换证据，所以律师在开庭审理阶段往往冷不防地提出证据突袭（surprise）对方，以此为战胜对方的主要战术。1938 年美国联邦民诉规则在诉答程序之后接着规定了发现程序（discovery），就是把当事人有权在审前阶段向对方当事人收集和调查证据作为一个诉讼阶段规定下来，这不仅是为防止在法庭上当事人之间的突袭的问题，而且对整个英美法系的当事人主义机制产生了巨大影响。所以，现在美国民事诉讼的当事人主义不仅表现在由当事人确定审判的对象即争点上面，而且当事人之间在审前、在法庭外有权调查和收集证据（第 26 条至第 37 条）。

（3）陪审团或法官在开庭审理阶段站在中立的立场，认定事实并适用法律作出判断。由于美国实行陪审制，法庭审理的主要活动是由双方当事人律师进行的证明活动，而由陪审团和法官负责认定事实并作出判决。当事人证明的顺序是先由原告律师按照事先准备的计划进行证明并询问证人。询问证人时，提出证人的律师进行主询问之后，对方律师对该证人进行反询问。然后，原告律师继续往下证明，等完全证明结束之后，宣布证明终了，意思是委托陪审团判断。原告律师证明之后，被告律师也按照事先准备的计划进行证明。当事人证明活动结束之后，陪审团根据法官关于法律问题的指示认定事实并作出裁决。不论英美法系国家的民事诉讼还是大陆法系国家法国、德国和日本等国家的民事诉讼，尽管法庭询问的方式不同，但都要求法院站在中立的立场上，只根据当事人的证明情况作出判断。不过，由于英美法系国家民事诉讼在开庭审理阶段采用陪审团审判制的交叉询问的方式，就使陪审团和法官的中立超然的立场更为明显。

（4）为了提高诉讼效率，现在美国加强了法院的职权，特别是加强对发现程序的监督和管理。美国联邦民诉规则采用发现程序，这无疑是英美法系国家当事人主义诉讼制度的发展。但从 20 世纪 80 年代以来，当事人滥用发现程序的情况相当严重，致使诉讼迟缓，费用昂贵。因此，从 20 世纪 80 年代到 90 年代，围绕法院如何加强审前程序的管理问题，联邦民诉规则进行了几次重大修改，采用了强化法官审前会议权限等措施。1993 年美国最高法院又进一步修改发现程序本身的机制，采用了当事人向对方收集信息和证据之前先主动向对方提供与请求有关的信息和证据的"强制出示制度"。

第二节　诉讼合并制度的历史沿革

一、美国诉讼合并制度的渊源

美国诉讼合并制度最早起源于英国。英国的普通法从诞生之初开始就因其重先例、重形式化程序、重实用性的特点而与典型的大陆法系"形式理性法"格格不入。早期的程序法典从本质上看只是单纯的法令总结，并非大陆法常规意义上的成文法典。受制于当时的社会条件，早期法典中并不存在和诉讼合并有关的法令内容。随着司法系统的逐步完善，将特殊法和过往习惯综合在一起的判例汇编逐渐成为普通法的渊源。在各项司法组成部分中，诉讼格式（form of action）和令状制度（the writ system）是包括英国普通法在内的整个中世纪程序法发展最为关键的要素。当事人的诉求能否得到法院支持，基本取决于令状的选择，"无令状无救济"（Non potest quis sine brevi agere）现象即由此而来。种类众多的令状虽然在司法操作上难免造成繁杂局面，但在当时僵化的法律运作环境下，这种对号入座的令状选择也为当事人的救济提供了最大可能。有多少诉讼理由，就有多少诉讼格式（Tot Grunt formulae brevium quot Bunt genera actionum）。虽然当时存在各种类别的令状，但都未直接涉及诉讼合并的相关问题。随着社会整体进程的加快，民事交往日趋频繁，多样化的纠纷催生出前所未见的新型社会关系。陈旧的普通法规则已经无法适应新的纠纷解决需求，许多既定的令状已经无法涵盖新的事实状况。受制于传统的诉讼格式，法官在缺乏正式要件的情况下无法作出富有针对性的裁定，当诉请救济的现实需求与传统法律的一般性原则无法有机统一且其矛盾愈演愈烈时，社会秩序的演进逐渐扩展到基本的法制层面。为了填补普通法在某些纠纷领域的空白，衡平法正式在英国登上历史舞台。不同于普通法对严格诉讼格式的刻板要求，法官可以运用衡平法解决各种形式的新型纠纷，正义是法官在审判中追求的终极目标，其无须对照其他僵化文本规定。当衡平法官可以有选择地脱离现有规则划定的案件处理范围时，既可以总结先前案例的规律从而推理出最具普遍意义的原则，也可以随时对这些基本问题作出符合诉讼实际的修正。当时的衡平法具有诉讼程序相对简便、变通性强、法官的裁量范围大、去令状化的诉请方式等特点。在衡平法运行体制下，民事诉讼的顺利推进依仗于法官对双方的正确引导，比如原被告需要在诉答程序中对纠纷事实和相关争议的权利义务作出具体陈述，并就不同诉讼请求涉及的法律问题进行来回辩论，只有这样才能较大程度地保证法官审判之客体的正确性，实质性争点体系由此确立。这是衡平法诉讼案件正式迈入庭审阶段的必经之路。

从 19 世纪开始，令状制度带来的诉讼模式僵化问题愈演愈烈，当事人只要没有选择合适的令状，就基本失去了救济的机会，衡平法也无法解决现有规则的缺陷。为此，1852 年英国颁布《普通程序法案》（Common Law Procedure Act）开始逐渐淡化令状制度的影响，直至 1875 年《司法法案》（Judicature Act）的出台才正式将其废除。就诉讼合并制度的类型来看，英国早期的诉讼合并单指当事人合并。普通法对此设有较为严格的规定，凡是与案件争点相关的利害关系人都必须参加庭审，除非发生法律规定的例外情况，否则其缺席一律引发撤销诉讼的后果。而衡平法却相对宽松，其作出了一系列变通规定。① 经过长达半个世纪的司法改革，普通法院和衡平法院开始慢慢融合，原本严重的形式主义和固化主义得到纠正，抗辩程序和庭审规则也渐渐完善，组织结构得以优化的法院系统被赋予了制定民事诉讼规则的强大权力，法院的地位进一步加强。到 20 世纪，为了进一步提高司法效率，立法机关逐渐放宽了诉讼合并的标准。1981 年出台的《最高法院法案》第四十九条第 2 款规定："法院应行使自由裁量权以确保尽可能彻底、终局地解决当事人间的全部诉讼争议事项，以避免有关事项对司法

---

① Stephen C. Yeazell. Civil Procedure (6th) ［M］. Aspen Publisher, 2004：791－832.

资源的重复占用。"① 1999 年颁布的《英国民事诉讼规则》第十九条对此作出进一步规定："当民事诉讼中需要追加原告或被告作为当事人参加诉讼时，不受人数上的限制。"

二、19 世纪的美国诉讼合并制度

当英国的普通法发展如火如荼时，北美高傲的殖民者并没有承袭这一传统将普通法程序规则适用于社会治理，其中不仅有政治因素的考量，也与当地民众的心理因素密切相关。可以说，北美殖民地对普通法规则从一开始就显示出抗拒态度，而这种对制度的心理抵触在长期的社会发展历程中终究被新崛起的文明所吞没。② 由于处于殖民时代的美国完全受制于英国殖民者的制度推行和政策实施，其法律制度和程序体系也基本照搬了英国固有的制度体系，因此，当时美国的整个司法系统从成文法律到组织结构都和同时期的英国无异。在普通法院和特别法院分立的法院组织架构下，美国的诉讼合并制度承袭了普通法的基本特点。18 世纪的英国衡平法院在其本土创立了诉讼合并制度中的主体合并即必要当事人合并规则，此规则的设立初衷是王室法院为了促使诉讼中的当事人更加快捷地解决纠纷，因此允许其在综合考虑结果正义和诉讼效率的基础上将不同当事人合并在一个诉讼程序中处理，这是普通法院难以做到的，即便普通法院可以在某些特殊条件下适用类似诉讼合并的规则，相关程序的启动条件也比王室法院高很多。③ 对于当时的诉讼合并制度运行状况，哈泽德（Hazard）在其论著中总结出以下三点：第一，只要任何主体与诉讼争点有利益牵扯，就当然属于诉讼的关联当事人，其应该适用必要当事人合并规则进行统一处理；第二，如果关联当事人由于不可抗力、不切实际或者其他客观因素无法参加诉讼或者其参加诉讼会使得本诉过于复杂进而影响原告的实体和程序权

---

① Theoclore Eisenberg, Geffey Miller. The Role of Opt-outs and Objectors in Class Action Litigation: Theoretical and Empirical Issues [J]. Vanderbilt Law Review, 2004, 57: 1529.

② David Rosenberg. Mandatory-Litigation Class Action: The Only Option for Mass Tort Cases [J]. Harvard Law Review, 2002, 115 (3): 831 – 897.

③ Geoffrey C. Hazard Jr. Indispensable Party: The Historical Origin of a Procedural Phantom [J]. Columbia Law Rev, 1961, 61: 1254.

益时，则可排除必要当事人合并规则的适用。第三，在没有被当事人代表的情况下，非本诉当事人之诉权和实体权益不受本诉裁判的约束。该总结是 18 世纪英国衡平法中诉讼合并规则的蓝本，也是美国诉讼合并制度的基础。虽不具备正式的法律文本，但当时的大法官法庭通过默示的方法确立了一套极具正当性的诉讼理念：日常的诉讼中除了原被告以外，往往还会涉及其他关联人员的利益，这些人员都属于诉讼上的非正式当事人，当诉讼争点利益的影响范围足以覆盖非正式当事人的自身利益或者其与正式当事人之间的辅助利益时，就可以将其追加纳入本诉处理程序以更全面地推进诉讼。① 上述规则和理念被殖民者带到美国并加以推行，经过一段时间的磨合，即催生了《菲尔德法典》等程序规则中对于诉讼合并制度的定义。除此之外，18 世纪晚期的英国和 19 世纪早期的美国也在慢慢探索其他相关程序规则的内在精神和扩展可能，与诉讼合并紧密联系的比如"必不可少的当事人合并条件""不能追加合并的情况""排除合并所导致的诉讼驳回"等程序理论都得到进一步发展。② 随着民众法律观念和独立意识的不断加强，简单移植的陈旧法律制度已无法满足社会治理的现实需求。

　　19 世纪下半叶开始，北美殖民地开始逐步展开一场关于民事诉讼制度的深刻变革，其中 1848 年在纽约颁布的《菲尔德法典》是各州司法辖区开展程序改革的模板。从内容上看，《菲尔德法典》是当时普通法和衡平法权衡的产物，它几乎囊括了所有程序规则，并在此基础上摒弃了普通法规则中复杂的诉答模式，从制定法层面对衡平法实务中的诉讼合并制度划定了更加广阔的行使空间。在普通法院和衡平法院分隔明显的时期，民事诉讼中的诉讼复合性（multiplicity of suits，又名诉讼多重性）是衡平法院获得案件裁判权的基础，因此它被归类于管辖问题，如果某一诉讼不具有诉讼复合性即属于单一诉讼，这样的案件一般都交由普通法院管辖。③ 所谓诉讼复合性一开始牵涉的问题是诉因（cause of action）和当事人州籍的多样性，

① 美国民事诉讼规则第 19 条也体现了这种诉讼理念，参见 Stephen C. Yeazell. Civil Procedure (5th Edition) [M]. Aspen Law & Business, 2000：928.

② Robert G. Bone. Mapping the Boundaries of a Dispute：Conceptions of Ideal Lawsuit Structure from the Field Code to the Federal Rules [J]. Columbia Law Review, 1989, 89：1.

③ Bills to Prevent Multiplicity of Suits [J]. Virginia Law Review, 1916, 3 (7)：546.

其中诉因是最为关键的要素，但是学界一直没有对诉因作出标准定义，即便是以制定法形式颁布的《菲尔德法典》也规定得较为模糊，这就为法官在实务中的解释和学界探讨保留了巨大空间。在针对诉因提出的众多观点中，19世纪晚期最具影响力的法学家波默罗伊（Pomeroy）提出的"三要素观点"在当时占据主流地位，他在文章中将当事人提出的诉因拆解为六个部分：（1）原告的原生权利；（2）被告的主要义务；（3）侵害行为；（4）救济权利；（5）救济义务；（6）原告实际诉请的救济范围。其中，前三个部分一起构成了原告的"诉因"。除此之外，还有学者另辟蹊径提出了不同角度的定义，比如有人提出诉因是引发所有诉讼法律效果的事实总和。在笔者看来，诉因的作用在诉讼合并制度长期的演变过程中始终处于变化状态，因此很难用某种绝对的解释方法或者原则一以概之，其关键在于法官在具体诉讼中根据不同实际情况创建灵活的解决方案。诉讼复合性管辖规则可以将不同的诉讼要素合并到一个程序中统一处理，不管是作为主体的原被告还是作为客体的诉因都有可能并存于同一诉讼框架。在这样的情况下，普通法制度本身存在的诉讼成本高昂、程序繁琐、效率低下、判决确定性不高等缺陷就得到改善，这在当时也得到了立法者、理论界及实务界的高度赞同。[①] 当严格的诉讼格式逐渐退出程序规则文本，各地区法官开始倾向于通过实体法一般规则，主要是衡平法原则，以更加灵活的方式处理纠纷。尽管《菲尔德法典》放宽诉辩阶段的诉讼合并的适用条件，从而使得原被告人数不再单一，但这种特定的适用场景主要是针对同类诉因或者诉因对全案当事人的同一作用而言，这就导致合并要素和作用范围的局限性。甚至有学者指出这种形式的诉讼合并与普通法的严格诉讼格式本质上并无二致。不管制度改革的结果如何，不同法院系统的融合都在事实上转移了诉讼复合性对于管辖规则的影响，令其作为一个新的要素出现在诉讼合并规则的作用领域。美国民事诉讼中关键的实用主义特征由此确定基调，这对现代实证法的发展具有极为重要的意义。

美国民事诉讼中的诉讼合并规则深受权利救济论的影响，立法者普遍

---

① Charles M. Cook. The American Codification Movement: A Study of Antebellum Legal Reform [M]. Greenwood Press, 1981: 187 – 189.

认为任何类型的纠纷背后都存在一个能够面面俱到的理想救济方案和诉讼构成方式。从整体上看，当时的民事救济由两套法典规则共同规制：一是对诉讼中当事人的确定作出规定，类比于现存的强制合并制度；二是划定诉讼的外在边界，这与如今的任意性合并规则相似。对此，当时有学者指出不管合并的种类为何，法官准许合并之裁定都要遵循一个既定的原则，即案件当事人与争点之间存在某种特定利益牵连。这一核心原则直接与当事人的诉讼行为和最后的诉讼结果息息相关，①它包括两个方面的核心要素，一是被合并的当事人对于诉讼指向的法律关系（标的）具有利害关系，二是被合并的当事人对于诉请的救济利益存在既定的利害关系。这样就从引起诉讼发生的纠纷源头和结尾部分保证了所有关联人员的救济权。需要注意的是，如果被告主张被合并的主体为非正当当事人并就此提出异议，那么法院就会进行审核，若被请求合并的主体与原告不具有相同或类似的原生权利义务，法院将支持异议申请，裁定不予合并；反之则驳回被告异议。

尽管《联邦民事诉讼规则》对强制合并制度做出了具体规定，将潜在被合并人缺席状态下对现有诉讼当事人救济可能造成的阻碍作为关键的考量因素，但在实际审判中并没有取得明显成效，当时援用此条款的案例少之又少。一些实务界人士联合法学家对此提出直白的批评，认为这一条款形式大于实际。究其缘由，必须探查此条款的立法渊源。在强制合并制度正式出现之前，必要当事人（essential core of parties）是任何民事诉讼中不可或缺的组成要素，其诉讼参与权隐含着一定的"强制性"，虽然这一强制性的消极后果可能更大程度上会波及其他诉讼参加人。追加必要当事人在当时属于法院的义务，即便缺席人更倾向于另行起诉解决自身关联权益，也没有人对其缺席提出异议，但法院在此情况下作出的判决依然缺乏有效性。当某些州司法辖区开始适用《菲尔德法典》时，原告自主权（plaintiff autonomy）理念开始在民事诉讼中占据重要地位，原告需要选择与损害事实对应的诉因和救济权利来创建一个特定的诉讼结构，然后用诉讼结构来确定核心当事人的范围。虽然表面上看法院影响力在确定当事人的程序阶段

---

① S. Yeazel. From Medieval Group Litigation to the Modern Class Action ［M］. Yale University Press，1987：238－266.

呈渐弱趋势，但结合必要当事人的强制性来看，最终的有效判决依然需要法院在考虑最低限度救济的前提下适度追加缺席的必要当事人，只有这样才能保证整个诉讼的完整性和有效性。在这样的职责划分状态下，正式当事人的选定规程由此确立：正当当事人（proper party）由现有诉讼当事人选择追加，必要当事人（necessary party）由法院强制追加，而《菲尔德法典》中的强制合并也细分为利益关联型合并和法院追加型合并。①

三、20 世纪的美国诉讼合并制度

19 世纪末，联邦法院诉讼程序和法典化诉讼程序同时受到各方的激烈批判。虽然《菲尔德法典》具有不可动摇的法律效力，但在具体的诉讼案件处理中，当事人和律师依旧惯性般地参照普通法规则采取行动，典型的是原告在起诉书中遵循单一的救济理论，不仅如此，法院也对诉讼合并程序的适用进行限缩。此时，大洋彼岸的另一端，英国的司法改革正如火如荼地进行着，改革者批评旧有的司法改革法案一直无端限制诉讼多样性，进而影响了纠纷解决效率，这一观点在实践的反复验证下得到越来越多民众的支持，并最终导致旧法案的废除。这一结果极大鼓舞了美国的司法改革先锋。罗斯科·庞德（Roscoe Pound）于 1906 年发表了以"民众对司法秩序与执行方式不满缘由"为主题的演讲，内容涉及对当时民事诉讼程序的全面批判。虽然这种激烈的观点现在看来有失偏颇，毫无疑问受到其他社会因素和政治因素的推动，但其核心思想确实成为联邦司法构架中普通法与衡平法开始融合进而催生统一的民事诉讼程序规则之重要动因。20 世纪早期的改革先锋们摒弃了 19 世纪晚期侧重实体法的自然权力基础理论，转而主张程序法与实体法的适度匹配和独立运行，这种以实用主义为核心的改革基调将法律适用的实效作为最重要的考量因素，既包括法律制度的社会效果，也包括规则适用对争议中当事人产生的影响。如此一来，程序结构框架的转变对诉讼合并程序的适用就产生了微妙的影响，例如联邦法

① （1）法典第 119 部分中要求那些利益上具有牵连性的诉讼当事人必须作为原告或被告加入诉讼；（2）第 122 部分则另行规定：法院可以裁决提交其面前的当事人之间的任何纠纷，不带有偏见地对待或者保留其他人的权利；但是当没有其他当事人的出席而致纠纷不能得到完全裁决之时，法院应命令将其加入诉讼。

院在诉讼过程中更加注重诉讼效率和纠纷处理的便利性，并以此决定当事人的构成。这样一来，法官的自由裁量权在民事诉讼特别是具体案件中的诉讼构成中就起到了更加关键的作用。①

总的来说，20世纪的美国民事程序改革者一直希望通过《联邦民事诉讼规则》和司法实践之间的互动来推动诉讼合并制度的具体运用，而法官在自由裁量范围上所享有的广泛的权力也是为了在程序事项上减少对诉讼合并的阻碍，以此增加程序整体的灵活性。这样的总体思路需要通过两个层面的技术操作来实现，一是一般性规则的总体指引，二是具体运用时的灵活变通。一般性规则既是诉讼中厘清事实的保证，也是权利义务公正分配的前提，而灵活的修正措施使规则能更好地适应司法实践的特殊情况，这需要运用法官的专业法律技能和经验在两者之间作出适当平衡。法院通过司法实务中的操作来变通一般性规则的做法比立法机关繁复的修法过程具有更强的可操作性。这样一来，具体诉讼案件中的诉讼单位构成和参与主体就能在广泛裁量权的适用下基本确定，关联争点和冲突权益之间的矛盾与统一也可以更加顺畅地通过不同诉讼要素的合并来解决。②

经过长时间的观点交锋和实践检验，1938年《联邦民事诉讼规则》正式出台。在诉讼合并制度方面，《联邦民事诉讼规则》第二十条规定："（1）任意性合并。若基于同一交易或事件，或者由于一连串的交易或事件，或是选择性地主张救济的权利，并且在诉讼中产生的法律或事实问题对所有人员是共同的，那么可以将全体人员作为原告合并在同一诉讼之中。基于同一交易或事件，或者是由于一连串的交易或事件被（他人）合并地、单独地或是选择性地主张救济的权利，并且在诉讼中产生的法律或事实问题对所有人员是共同的，那么可以将全体人员作为被告合并在同一诉讼之中。原告或被告不需要与所主张或所抗辩的全部救济存在利益关联。判决可以依据原告各自的救济权利对一个或多个原告作出，也可以依据被告各自的义务对其中一个或多个作出。（2）分别审理原则。法院可以发布命令，

---

①　Robert G. Bone. Mapping the Boundaries of a Dispute: Conception Ideal Lawsuit Structure from the Field Code to the Federal Rules [J]. Columbia Law Review, 1988, 89: 81 - 81.

②　Geoffrey C. Hazard Jr. Indispensable Party: The Historical Origin of a Procedural Phantom [J]. Columbia Law Review, 1961, 61 (7): 1256.

避免某一当事人由于其提出请求的人员不参加诉讼从而产生的困境、延误或花费，法院可以命令分别审理以避免延误或不公。"这是关于当事人任意性合并最早的雏形。第二十一条规定："当事人合并裁定有误和共同诉讼当事人欠缺。当事人合并错误并不构成驳回诉讼的理由。法院可以在诉讼的任一阶段，根据任一当事人的动议或以自身的自由裁量权，在正当条件下，命令当事人退出诉讼或者是加入诉讼。对当事人提出的任何请求都可以单独地中断或继续审理。"这样，立法者就在法律层面确定了合并错误的法律效果与驳回裁定并非一一对应的关系。从《菲尔德法典》与《联邦民事诉讼规则》的内容对比来看，联邦规则没有过多强调"利害关系"这一概念在诉讼合并中的影响，这表明了立法者鲜明的改革理念，即不再单纯追求以法律概念为纽带的权利救济手段，而是将实用主义贯穿于民事诉讼全过程。如此一来，诉讼合并的限制条件大幅减少，原本受制于概念的关联争点并案处理问题在自由裁量权的推行下得到广泛适用空间。

在当事人强制合并规则方面，《联邦民事诉讼规则》第十九条对必要性合并、合并法律后果以及参与方式均作出具体规定：第一款将必要合并适用的主体条件限定为"共同利益"；第二款规定，如果符合条件的当事人未参加诉讼，而现有诉讼当事人只有在其参与诉讼的前提下才有可能获得充分救济，那么法院可指令其加入现有诉讼，但是判决不能影响必要诉讼人本身的权利。需要注意的是，虽然此条规则隐含了一定的"强制性"，但立法者在修法过程中经过充分考虑并没有使用"强制性（compulsory）"，而是采用了"必要性（necessary）"作为描述程序阶段的术语。究其缘由，笔者认为"强制性"侧重于诉讼初始阶段对当事人诉讼行为的控制，难免会影响其程序选择权，同时对于被强制加入诉讼的缺席者也是一种干涉。规则最重要的思想是立法者对诉讼公平原则的考量和当事人意愿的充分尊重，在他们看来，如果法院拥有更多的自由裁量权，其势必会出于方便审理的目的而"盲目"实行当事人合并，这就会与当事人自治之间产生一种紧张状态，从当时的立法者用词上的差别即可以感受其倾向。① 为了尽量避免诉

---

① Moore. Federal Rules of Civil Procedure: Some Problems Raised by Preliminary Draft [J]. Georgetown Law Journal, 1937, 25: 570 - 576.

讼合并制度的消极影响，立法者在联邦民事诉讼规则设计伊始就希望通过其他程序手段来防止潜在问题的发生，比如被告之间的交互诉讼（interpleader）、第三方当事人诉讼（impleader）、介入诉讼（intervention）等，这些配套程序规则都是为了让那些合并程序中有风险的参与者在程序选择上具备更强能力以维护自身合法权益。①

尽管法律规则在不断变化以适应社会生活中的新挑战，但 1938 年《联邦民事诉讼规则》的出台还是没有平息各界对于诉讼合并制度的争论。1966 年立法者再次对民事诉讼合并规则进行修改，理论界意图重新将衡平法的主导角色推上历史舞台，对此，著名学者弗里尔（Richard D. Freer）论述了被告和法院角色对于诉讼构成基本单位的影响以及避免重复诉讼的关键问题。② 作为社会问题在法律层面的反映，法律规则终究需要反作用于社会问题的终端解决，这样的相互作用有时难免遗漏一些细节，毕竟理论叙事和实际规则之间总是存在模糊地带，而这也正是理论界争论不休和实务界修法不止的原动力。

第三节　诉讼合并制度的理论基础及制度环境

作为一种制度化的纠纷解决方式，民事诉讼程序机制的理想状态是在一个诉讼程序中容纳所有与争点具有关联利害关系的诉讼要素，在不同类型、相互交叉的权利义务关系中剥茧抽丝、追根溯源，确定法律意义上权利义务的分配结果。在这样的出发点上，诉讼合并制度得到了广泛的认同，因为不管是客体意义上的诉讼请求合并还是主观意义上的当事人合并，诉讼合并制度的着力点都是通过扩大单个诉讼的容量，尽可能利用原有程序中的诉讼资料来实现纠纷的一次性解决。虽然美国各级法院的实践操作和具有指导意义的判例为诉讼合并程序的运行提供了切实可行的指导，但独

---

① 现行美国《联邦民事诉讼规则》规则在第十四、二十二和二十四条规定了这三种程序，此外，单独的《联邦引入诉讼法》（Federal Interpleader Statute）对被告引入诉讼作出进一步细致规定。

② Richard D. Freer. Avoiding Duplicative Litigation: Rethinking Plaintiff Autonomy and the Court's Role in Defining the Litigative Unit [J]. Pittsburgh Law Review, 1989, 50: 839 - 840.

特制度土壤背后所蕴含的法理基础同样至关重要。

一、纠纷一次性解决原则

为了弥补僵化制度设计的缺陷，美国早期的司法改革先驱在自由、平等和正义等理念的指导下于法哲学思想体系中引入了一种追求效果、收获，以及事实联系的实用主义学说，而纠纷一次性解决原则（Principle of One-off Solution）的确定即是该学说的典范，其在很大程度上推动了美国诉讼合并制度的建构和完善。"纠纷一次性解决原则"的基本含义是，诉讼当事人通过法律制度和程序实施的合理引导，最终借助法官的理性裁判完成法庭审判，并尽可能一次性解决所有关联纠纷。而从客观效果来看，诉讼合并制度体现了一种"本诉吞噬力"，而这正是民事诉讼立法初衷的核心——通过一次诉讼程序将所有关联诉讼要素纳入在内，解决所有关联纠纷，在平衡各方当事人利益的同时化解矛盾纷争，消除社会风险隐患，维护社会稳定和谐。从美国民事诉讼法学理论的主流观点来看，民事诉讼中的"证据开示制度""纠纷一次性解决原则""陪审制度"是现代美国民事诉讼程序的基石。日本学者小岛武司曾引用美国学者杰佛里·哈泽德对于民事诉讼一体化的论述将纠纷一次性解决原则分解为两个层面：一是所有关联请求的同诉处理，二是所有关联当事人的同诉处理。而这正是诉讼合并制度的基本结构框架。

从历史传统和法哲学的角度看，纠纷一次性解决原则可谓源远流长，其诞生具有独特的时代背景。1620 年，102 位对宗教信仰自由充满无限向往的英国人乘坐"五月花"号轮船来到北美新大陆，为了逃避英国王室宗族的追捕，他们长期颠沛流离。此后，他们怀抱梦想，抛弃陈旧的观念，将英国原有的刻板僵化体制彻底抛弃，意图建立起一个新的制度家园。在没有制度设计基础的现实下，他们将务实的态度应用于管理和生活，摒弃概念框架的束缚。管理者们仍然注重理性认知，但开始对结果的合理及正义衍生出新的推演逻辑——实用主义精神，这便是"纠纷一次性解决原则"的内在动因。我国学者张乃根曾这样论述实用主义的精神内核，"实用主义方法不是什么特别的结果，只是确立方向的一种态度。这个态度不是去看最先的事物、原则、范畴和假定是必需的东西，而是去看最后的事物、收获、效果和事实"①。从 19 世纪开始，以德国为代表的大陆法系开始对纠纷解决、法律秩序维护、程序保障、权利保护、多元混合等诉讼目的进行激烈探讨。而同时期的美国始终没有将民事诉讼的关注焦点置于诉讼目的多元性，他们将诉讼的现实效果和冲突消解放在第一位，并由此衍生出司法实务中的价值导向——司法实用主义。在这一思想的影响下，法官在民事诉讼程序中力求在最短的时间内解决所有关联纠纷，避免冲突判决和重复诉讼。随着实用主义在社会各领域的渗透，19 世纪 80 年代开始，实用主义法学在美国正式登上历史舞台，其中，著名的霍姆斯大法官就是实用主义法学最积极的推动者之一。在他来看，法律的生命在于对过往经验的总结和再运用，经验并非单纯地旧例援用，而是在遵循先例的基础上，充分考虑实时变化的条件后，给予先例新的逻辑和活力。在霍姆斯大法官的影响下，从 20 世纪初期开始，社会法学和现实主义法学相继诞生，这些都为概念法学的陨落奠定基调。实用主义从问题的本质着手，注重解决方法的效率和便捷性。时至今日，我们依然可以从美国民事诉讼法学研究现状和历史沿革中探寻这一精神内涵的发展进程。由于法律制度没有受到概念上的束缚，在经过充分逻辑论证的基础上，诸如强制反诉等制度设计都具有相当的创造性和实用性。立法者不需要太多考虑理论上的秩序，而可以将案件重点放在诉讼要素的实际联系。

从"纠纷一次性解决原则"的合理性来看，包括诉讼合并制度在内的大量美国民事诉讼程序制度都需要借助该原则的精神内化效应，而这也是制度运行的主观要求。在诉讼合并制度的配合下，纠纷解决与诉讼效益之间达成了有效平衡。其中，律师制度、陪审制度、集中审理制度以及证据开示制度是"纠纷一次性解决原则"最主要的制度支撑，同时它们也对美国法中诉讼合并制度的推行起到了促进的作用。

（一）强制律师代理制度

美国民事诉讼程序体系中存在大量复杂的成文法和判例法，尤其是在涉及群体性事件或者其他公共利益的案件中，不具有专业法律素养的当事

---

① Vince Morabito. Class Actions: the Right to Opt out under Part IVA of the Federal Court of Australia Act 1976 (CTH) [J]. Melbourne Law Review, 1993, 19: 615.

人很难独自厘清关联争点与众多法律条款之间的联系，进而采取充分的主张和抗辩，这就对当事人权利造成潜在威胁。而律师基于职业素养和办案经验帮助当事人在最短的时间里找寻不同诉讼要素之间存在的逻辑关联，并辅助其提出所有具有针对性和胜诉可能的诉讼请求或抗辩意见，这为当事人实体权益维护和关联纠纷的一次性解决提供了前提保障。尽管司法资源的整体优化由多方面综合决定，但原被告诉讼行为的不恰当选择不仅可能增加自己的诉讼成本，降低诉讼效益，而且还对他方以及国家或社会的诉讼成本和效益产生消极影响。日本学者谷口安平针对当事人在诉讼程序中的行为影响指出："在由当事人自己主导的诉讼中，裁判官必须告知并指导当事者各方面的信息，这是为了避免发生由于当事人不了解法律或程序技术手段而造成的不当后果。这样的告知和指导程序必然会给裁判官增加负担，并且仍将承担一定的风险，因为即便裁判官履行职责，当事人自身能否就自己的问题有效地进行主张和举证仍是未知数。"① 因此，强制律师代理制度既是一种防微杜渐的效率保障措施，也是纠纷发生时的黏合剂。程序效率节约了法院的司法成本，而纠纷解决质量的提高也能更有效地减少当事人上诉等后续救济成本。

（二）陪审制度

美国陪审制度是一项最基本的司法制度，简单来说，它是指由不具备专业法律知识和司法经验的普通公民负责案件的事实审理，即当事人在诉讼中对于争点事实的主张。而法官负责裁判相关的法律问题。陪审团审判可能是美国历史早期唯一被各州宪法所普遍认可的权利，陪审制度并没有被写入美国宪法，而是体现在美国宪法的第七修正案中。根据美国宪法第七修正案的规定："在普通法诉讼中，若争议标的的价值超过 20 美元，当事人将获得申请陪审团审判的权利。" 由此可见，申请陪审团审判的权利是一项基本的宪法权利。② 《联邦民事诉讼规则》第三十八条 a 款规定："美国宪法第七修正案赋予当事人有机会得到陪审团审判的权利或美国其他制定

---

① E. Farish Percy. Making a Federal Case of It: Removing Civil Cases to Federal Court Based on Fraudulent Joinder [J]. Iowa Law Review, 2005, 91 (2): 189.

② 宪法第七修正案原文为：In suits at common law, where the value in controversy shall exceed twenty dollars, the right of trial by jury shall be preserved.

法赋予当事人的陪审团审判的权利是神圣不可侵犯的。"此外，各州司法辖区宪法和有关的民事诉讼条例都对"当事人要求陪审团审判的权利"作出规定。

尽管如今民事诉讼中只有不到5%的案件最终经过陪审团审判，并且关于陪审制的批评从未停歇，但其存在的客观影响对诉讼程序的推进起到了关键作用。从陪审团的遴选阶段来看，候选人必须经过无因排除等若干程序，同时陪审团需要获得一定的报酬，这就增加了司法部门的经济成本，因此程序本身不可能存在太大的反复性。此外，一旦召集程序结束，负责事实审理的正式陪审团必须与外界隔绝，集中到某一场所处理案件，直到最终审结才予以解散，因此庭审需要采取相对彻底的集中审理方式，这样的尽可能一次性连续审理可以更好地推动案件进程，诉讼当事人可以在一次审判中提交所有的证据和诉讼请求，这就为纠纷的一次性解决提供了现实条件。时至今日，陪审制度仍然是美国民事诉讼程序体系的重要组成部分，它成为牵制司法权力和制约政府机构反民主倾向的不可或缺的程序机制。

（三）集中审理制度

集中审理制度发源于英美法系，由于陪审团由多人临时组成，并且每次召集需要耗费大量的时间和司法成本，因而出于对诉讼效率的考量庭审不可能总是间断进行。与此相对的是大陆法系审理由法官推进，不存在临时召集陪审团的困难，其审理阶段实际上可以看作是由法官主持的若干次会议。以我国为例，由于案件众多，法官不可能一次只审理一个案件，一般都是在一个时间段内同时负责多起案件审理，所以每个案件都只能分步进行，无法一蹴而就。相对主义真理观是美国民事诉讼程序体系审理阶段的主调，陪审团对事实的判断完全依仗对双方当事人所提供的证据以及庭上表达的权衡，尽管其中可能存在夸张或隐瞒的诉讼策略，但庭审上说服力的强弱还是决定了大部分诉讼结果的走向。从陪审团的审理方式可以探知这样一种诉讼氛围，即审理阶段的证据所反映的争点起因或事实问题只是真实情况的单方表达，或许不同风格的说辞会影响说服力强弱，但这一程度变化并不能再现事实场景，而陪审团在意的也不是事实场景的还原程度，所以当事人或代理人的着力点不应仅停留在事实，而应制造最能被陪审团所接受的圆满解释。正是在相对事实说服力的作用下，美国民事诉讼规则确立了集中审理原则，这不仅指诉讼主体的集中，也包括了证据材料以及庭审时间的集中。

为了避免当事人提供证据的随意性，满足集中审理制对诉讼的要求，法院必须对诉讼资料和证据的提交时间予以限制，这就是当事人在民事诉讼中的程序推动义务，或称程序协助义务。审理中诉讼效率与社会公共利益紧密相关，若个案处理迟延，必然会造成诉讼整体的迟滞，法院对于社会整体的服务品质将大打折扣。长此以往不仅会增加纳税人的财政负担，损害正在利用司法资源的其他案件当事人，同时也会对那些将来可能利用诉讼资源的潜在当事人产生消极影响。因此参与到程序中的当事人有义务协助司法机关减少负担，这是维护普通公民诉讼权利的客观要求。公共利益尤其是诉讼利益的维护以及司法资源的合理配置需要当事人程序推动义务的支撑，当一方当事人违反程序推动义务时，超过时限提出的任何诉讼资料或证据都将产生失权效果，不管对方当事人是否主动申请，法院都可以依法展开调查并作出裁定。

从诉讼合并制度运行的角度看，民事诉讼集中审理制度在纠纷一次性解决原则的贯彻下对诉讼合并制度产生了内在推动力，诸如强制反诉、当事人强制合并等有利于提升诉讼效率的程序制度应运而生。反过来，诉讼合并制度不但节约了诉讼成本，也避免了诉讼程序的拖延，从而推进了诉讼进程，这就为集中审理原则的实施创造了更好的实务环境。此外，集中审理原则有效减少了司法机关在证据调查、审核、研究案卷诉讼材料等方面的重复劳动，极大缩短了开庭时间，从而节省了整个诉讼成本的支出。对当事人而言，集中审理必然会减少当事人及其代理律师到庭次数，节约其诉讼开支，推动诉讼程序快速而有效地进行。两者相辅相成共同作用，为民事诉讼体系的顺畅运行提供良好的现实条件。

（四）民事审前程序

民事审前程序是指法院在受理当事人提起的诉讼后到正式开庭审理的这段时间内，当事人和法院按照法定规程开展的诉讼活动。作为诉讼程序的前期准备工作，立法者对审前程序的设计影响着案件的整体进程，它是案件进入开庭审理阶段的前提，具有优化司法资源配置、强化质证和辩论、重塑纠纷解决思路等重要价值导向。其中，美国民事诉讼审前程序中最重要的功能性价值有几个三点：第一，简化诉讼程序，方便法官审理；第二，维护当事人在诉讼中所享有的平等辩论权；第三，推动证据交换的广度和深度，明确案件争点，有利于双方厘清审理时的攻防思路，维护诉讼秩序。可见，民事审前程序对于实现法庭集中审理原则具有极大的促进作用。

根据美国的要求，民事诉讼审前程序包括诉答程序、证据开示程序以及审前会议。由于《联邦民事诉讼规则》现已被绝大多数州所正式援用，因此上述三个步骤即是当前美国民事诉讼审前程序的基本内容。其中，最重要的当属证据开示制度。根据《布莱克法律辞典》的解释，证据开示是指"了解原先所不知道的，揭露和展示隐藏起来的东西"。有的学者将证据开示界定为民事诉讼当事人获得和持有与案件有关信息的方法。作为美国民事诉讼程序的特色之一，证据开示程序蕴含着这样一种诉讼理念：其一，原被告依法将各自准备的证据和其他材料向对方当事人出示，使彼此之间能互相知晓对方的"筹码"，确立争点的同时平衡双方在审理阶段的攻防能力，避免当事人因突然出现的关键证据而削减辩论的主动性，以利于审理阶段的充分辩论；其二，为法官的审理工作明确实质对象，防止诉讼主体在细微问题上的反复纠缠，避免法院最终判决完全建立于律师诉讼技巧之上而与案件事实相违背的不公正结果。

在美国民事诉讼程序中，证据开示的适用范围十分广泛，所有与案件争点具有关联性且不属于保密特权范围内的事项都有可能被申请开示。当事人可依此程序获取相关证据资料，这就使其有机会在正式开庭审理前充实自己的诉讼主张，鼓励双方当事人更周全地制定诉讼计划，规范诉讼行为。在实际的审判实践工作中，存在大量在审前程序即告终结的案件。[①] 在了解对方的证据进而评估其证明力后，当事人在和律师沟通的过程中已经在心中反复评估了胜诉概率，其中审前评估对审前调解协议或和解协议的达成具有关键作用。有关资料显示，几乎90%的民事诉讼案件都以原被告和解或调解等非诉讼方式告终。从这一角度上看，证据开示程序使得美国

---

① Jack H. Friedenthal. Mary Kay Kane and Arthur R. Miller. Civil Procedure ［M］. 3rd ed. Minnesota：West Group，1999：168.

民事诉讼程序体系完美达成了程序效益和结果公正（形式公正）的目标。作为审前准备程序的组成部分，证据开示制度在最大程度上保障了庭审程序的有效推进，也为所有关联当事人在一次连续的庭审中解决所有相关纠纷提供了制度保障。①

二、民事诉因理论

（一）诉因的程序定位

诉因制度（counts/cause of action）是英美法系的专有概念，它直接诞生于美国 1848 年《民事诉讼法典》（亦称菲尔德法典）② 创设的法典诉答程序。该法典从根本上摒弃了传统的诉讼程序格式（或称诉讼形式），并通过正式法律条文确立了"独立存在的诉讼程序格式"。它规定了原告在起诉状中应该列明的内容，即"引起诉讼的单纯事实陈述"，具体要求为"起诉状应尽量使用符合生活习惯的普通语言以使得原告的表达足够明确，减少重复的事实陈述，并使得绝大多数具备通常辨识和理解能力的自然人能够知晓其意"。根据这一有利于原告的法典诉答规定，原告的起诉条件变得十分简便。这里所谓的引发诉讼的事实陈述就是指原告之正当法律权利受到被告民事违法行为侵害的事实。在这一阶段，唯一的标准就是法律预先为某种权利规定的程序格式，其设计初衷是方便司法机关了解诉讼信息，有效通知被告，并在此基础上对原告请求作出驳回、受理等裁决，尽量减少司法资源的重复利用。

就美国的司法体系而言，诉因制度在不同类型的诉讼中都扮演着十分重要的角色。在刑事诉讼中，它专指检察机关为了使自己的主张获得陪审团或者法官认可而在控诉书上提出的类似于犯罪构成要件的事实和理由，可以说诉因是连接公诉机关和审判机关的桥梁；而在民事诉讼中，诉因是指诉讼中具有法律意义的事实，③ 它既是民事诉讼中当事人享有诉权的前

---

① Richard D. Freer. Wendy Collins Perdue. Civil Procedure—Cases, Materials, and Questions（Second Edition）［M］. Anderson Publishing Co, 1997：649.

② 1848 年纽约著名的律师菲尔德（David Dudley Field, 1804—1894）长期致力于民事诉讼领域的程序改革，起草了最初的《民事诉讼法典》。

③ 此处的"事实"既可以是单个事实，也可以是数个相关的事实集合。

提，也是民事实体法和程序法的互通渠道。作为具体诉讼案件中既判事项边界的判定标准，民事诉讼意义上的"诉因"是一种确定不同时间段内诉讼构成单位①的限制性法律规定。② 从目前美国法学界的主流观点来看，民事诉讼中的诉因可以从广义和狭义进行解释。从广义上看，诉因由两个因素组成，包括民事法律中规定的权利和特定权利受损的事实。从狭义上看，诉因则专指特定权利受损的事实。需要明确的是，这里所说的特定权利受损的事实要求产生民事法律规定的效果，单纯的非法律效果纠纷或者自认为受损的权益主张无法被认定为诉因。对于广义和狭义的诉因概念究竟应该在何种场景下适用，学界普遍认为，具体诉讼案件中诉因的适用对象和诉讼主体意图达成的目标是两个最为重要的考量因素。

从作用上看，诉因制度在实体法和程序法间的串联作用导致它具有明显的双重特性，它的概念和性质偏向于实体法，但却主要在程序法运行体系中产生实际影响。在日常的民事诉讼活动中，诉因制度起到了承前启后的关键作用，从总体上看，大概可以概括为以下几点：第一，诉因的选择直接决定了民事诉讼中当事人诉权的有无。若提起诉讼的当事人在选择诉因时出现错误，诉讼相对方就可以用诉因不当或者不存在等理由提出异议，并申请法院驳回原告诉讼请求。这样一来，原告寻求救济的路径直接被堵在法院的大门外，连基本的事实陈述机会都无法被赋予。第二，诉因为法院的审判权划定了一个既定范围。诉因由各种不同的构成要件组合而成，并且不同法律都对其作出了相应的要求，因此在正式受理案件后，法院审理和裁判工作都将围绕原告最终选定的诉因进行，即便是同一类事实，不同诉因也将改变法院审查的事实范围。第三，诉因决定了原被告主张和抗辩的范围，也决定了其代理律师后续工作的主攻方向。由于不同诉因的构成要件对应着特定的证据材料，因此，原告针对被告的"主动攻击"，主要是证据收集工作必须围绕特定的诉因进行，稍有偏差都可能导致前期工作付之东流。同理，被告针对原告诉讼请求提出的答辩必须以诉因所圈定的

---

① 例如诉讼合并、诉答程序等不同程序阶段。

② 美国当代民事诉讼程序规则一般用"请求"代替"诉因"，并且，与这一变化相适应的是，如今既判事项的范围已经可以直接涉及诉讼请求的全部内容。

事实范围为基础，文不对题的答辩对被告而言是致命损害。与此密切关联的是，原被告的律师在接受委托后的第一个任务就是准确找寻与案件事实对应的诉因，并据此开展证据搜集、法庭陈述等工作。第四，当事人可以通过诉讼合并程序将某些诉因一并处理，而不同的合并选择会导致其救济方式和诉请范围的变更。从法律规定可以直接得知，不同的诉因对应着特定的争点范围和救济方式，当一起民事纠纷中的数个事实情节对应两个以上（包含两个）的诉因时，诉讼参加人为了更具效率、更加经济地解决争议，可以通过诉讼合并程序或者分割、分离程序对诉因进行重组，这就直接影响了当事人在诉讼初期的权利主张。不管其诉讼主张指向的目标是有形还是无形的客体，当事人寻求救济的具体方式，包括数额、范围、对象因素等都会随着诉因的合并而变化。①

从诉的理论上看，一个完整的诉必须具备三个基本要素，即诉讼主体、诉讼标的和诉讼理由。我国理论界对于诉讼标的之定义和最初认识就是从诉的理论展开。诉讼标的是大陆法系民事诉讼基本理论的研究重点，其经历了旧实体法说（旧诉讼标的的理论）、诉讼法说（新诉讼标的的理论）到新实体法说的演变。旧实体法说认为诉讼标的为原告正式提出的实体法上的权利主张，如果原告的事实陈述依照实体法规定的权利构成要件对应着数个不同的请求权，那么任何一个实体法上的请求权都可以被称为单独的诉讼标的，请求权即为诉讼标的之判断依据。实体法上请求权的数量直接决定了诉讼标的的数量，而且原告对于彼此竞合的多个请求权可以多次起诉。可以说，旧实体法下的诉讼标的等同于诉讼请求；诉讼法说的支持者认为旧实体法说面对消极确认之诉和请求权竞合等问题时无法发挥诉讼标的之作用，便相继提出了二分支说、新二分支说和一分支说，三者皆认为诉讼标的之构成要件为诉讼声明和事实理由，只是对于诉讼标的之单复数决定要素和识别方法持不同意见。在这一阶段，原告在起诉之初提出的诉讼声明大概等同于诉讼请求。可见，此时诉讼请求不具备实体法上含义，而仅为诉讼标的之组成部分；新实体法说对于诉讼标的和诉讼请求的关系又回到了最初旧实体法对两者的定位，将两者等同视之，只是调整了事实陈述、

---

① Cleary. Res Judicata Reexamined [J]. Yale Law Journal, 1948, 57 (3): 339-350.

诉讼请求和诉讼标的之间的逻辑关系。在某一民事违法事实引发的数个请求权竞合问题上，该学说认为诉讼中正式请求权的确定应该直接对应案件事实关系，如果诉讼在成立之初就只存在一个事实，那么不管原告诉请被告之诉讼行为对应多少实体法上的请求权，都只属于选择性竞合，这并非真正意义上的竞合，因为原告此时只能选择一个最有利于自己的请求权起诉。

从诉讼标的与诉讼请求的关系来看，诉讼标的是一种待决的法律关系，诉讼请求是当事人基于此种法律关系而向法院提出的具体救济手段，可见，没有法律关系就不会存在诉讼请求。即便存在客观的法律关系，若当事人不对此享有实体法上对应的权利，诉讼法上的请求权也无从谈起。从两者对诉讼案件的影响上看，诉讼请求可以在特定时刻增加、减少或变更，而且这一变化不会对已经启动的诉讼产生影响，而诉讼标的的变更会直接引起案件性质的变化，即诉的变更。两者区别主要包括以下几点：第一，诉讼标的是关于实体法权利和法律关系的裁判标的，并不涉及双方当事人的程序权益。诉讼请求则囊括了实体法和程序法上的权益。第二，在已经启动的诉讼程序中，当事人可以对诉讼请求进行变更，这种变更既可以是额外提出新的诉讼请求，也可以对已经提出的请求作出形式和数额上的变更。而诉讼标的在诉讼过程中是不允许变更的，因为这涉及案件性质的变化，原告可以选择先撤回原来的诉讼，然后基于新的诉讼标的另行起诉。第三，诉讼标的是概括性的，而诉讼请求是关于实体法权利的具体权利主张。[①] 第四，在起诉阶段，当事人需要明确诉讼标的的类型，但并不需要在起诉书中列明具体的诉讼标的，而诉讼请求是法院审判工作以及双方攻防的中心，原告必须清晰明确地表达个人主张。在"不告不理原则"的影响下，法院不会对未提出的请求进行裁判，因此原告稍有遗漏，将使自身权益失去全面救济的机会。

从诉讼标的与诉因的关系来看，两者在概念上具有一定的共性。由于诉讼标的理论是大陆法系民事诉讼体系的核心，不管基于何种类型的纠纷

---

① Deborah L. Rhode. Class Conflicts in Class Actions [J]. Stanford Law Review, 1982, 34 (6): 1183 - 1262.

启动诉讼，双方当事人的诉讼攻防行为以及其他诉讼参与人的行为都是围绕这一中心而逐渐深化，这既包括原告在正式庭审前的证据搜集，被告的抗辩，也包括双方在法庭上的质证和辩论，可以说，诉讼标的是任何一起诉讼正式启动的基础，但它不涉及对当事人行为的法律评价，而只是客观存在的行为或者自然事件所相伴而生的状态。诉因是原告在起诉状中为事实陈述和实体权利所选择的诉讼理由和依据，它建立在原告单方对民事法律事实的主观意见和法律评价之基础上。在笔者看来，原告选择的诉因不管形式为何，实质都是一种"处于争议之中悬而未决故需通过法院予以解决"的法律关系，这与诉讼标的的基本概念类似，但两者在具体操作过程中需要根据实际情况作出调整。在笔者看来，诉因和诉讼标的之间的关系可以从纠纷争点的主观评价入手进行认知：纠纷发生后随即产生争点，其对应法律规定上的诉讼标的，即客观存在的法律关系，但此时并不涉及任何一方的法律评价；客观存在的争点经过原告单方法律评价后，就可以产生各种不同的诉因，但其定性都只与原告有关，因为诉因只能用以支持原告方的诉讼请求。从两大法系诉讼程序体系的出发点来看，大陆法系致力于法律规则本身的内涵和效用，而英美法系往往关注事实和行为的具体构成特点，他们分属于规范驱动和事实驱动。简言之，大陆法系的诉讼标的致力于当事双方争议法律关系的探讨，其构成的是一个请求权体系。而诉因是原告在诉状中提出的侵权、违约等不同类型的民事违法行为，法律对其类型和适用作出了大量规定，只要违反了法律规定或者双方自由约定之义务，诉因即告成立，并且其构成的是责任体系。

从诉讼请求与诉因的关系上看，不管表述有何细节差异，学界对于诉讼请求之基本概念的观点大致相同，即是指原告根据争议民事纠纷和对应的法律关系要求法官作出特定判决的某种诉讼主张。可以说，诉讼请求是原告个人意志和请求权在诉讼当中的具象化。对于同一个纠纷事实，它有多种表现形式，比如请求继续履行或解除合同，请求赔偿交易损失，请求排除妨碍恢复原状，请求返还原物等。从大陆法系的程序规定来看，由于单一的行为或事实可能产生数个不同的法律关系，而权益受到侵害的主体在起诉时只能根据一种民事法律关系提出自己的救济主张，起诉状中所有的诉讼请求需要以此法律关系为基础。因此，原告在最终选择诉请的法律关系之前，需要根据具体的争议事实，权衡通过诉讼可能获得的利益以及诉讼本身的胜诉概率，这一选择过程在美国民事诉讼中实际上就是原告对于诉因的选择。原告对于诉因的选择直接决定了案件的性质，从这一刻开始，诉讼程序的构成基本尘埃落定。法院最终判决之既判力的客观范围也由法官根据诉因或诉讼请求指向的法律关系来依次确定。

从上面的分析可以看出，诉讼标的、诉因、诉讼请求之间具有十分微妙的关系，他们在不同时期的诉讼程序体系中扮演着不同角色，三者概念部分重合，但始终存在差异。当同一民事法律事实产生多个法律关系进而引发请求权竞合时，三者在不同法系背景下都是当事人主要是原告提起诉讼的核心问题。鉴于当代美国民事诉讼逐渐用诉讼请求的概念取代传统的"诉因理念"，可以说美国民事诉讼程序规定中诉讼请求的概念与大陆法系诉讼标的理念已经具有越来越紧密的关联。

（二）诉因的确定性要求

诉因的确定性是指原告需要在起诉状中针对特定对象的民事违法行为进行确定的事实陈述，其目的在于将原告的诉讼主张在程序启动之初予以固定，以避免往后审判过程中原告任意变更诉讼请求给被告防御权和法院审判范围造成消极影响。对于诉因确定的标准，主要存在三种不同的学说。第一种为受损权利说，该学说从原告受到侵害的正当民事权益出发，将诉因的数量与受到损害的权利种类直接相关，一个单一的民事违法行为同时侵害了实体法上的多个权利，那么就会同时存在多个相对应的诉因，这与大陆法系传统的诉讼标的理论的辨识标准极为相似。第二种为违法行为说，该说将被告实施的具体行为作为诉因识别的关键，认为诉因的数量取决于被告之民事违法行为的数量，此时原告所受之实体法上具体侵害在所不问。即便一个行为对原告本人身体和其财产分别造成了侵害，也只存在于民事违法行为对应的一个诉因。第三种为关联行为结果说，该说是对违法行为说的修正，将诉因的确定标准规定为一个时间段内对原告产生的具有关联后果的一系列行为或最初行为延续的状态。此时，原告需要在事实陈述中列明被告多个民事违法行为或者一个时间段内延续的违法行为及其对应的实体法上不同权利。简言之，原告必须将各请求权合并，同时提出，否则他将在往后的诉讼活动中失去就相同事项主张既判力的权利。

对于诉因确定性的具体要求,虽然《联邦民事诉讼规则》没有作出直接精确的条文规定,但从相关规则还是可以窥见立法者的态度。综合学界对此问题的多方论述,笔者认为在美国民事诉讼体系中,制定法和判例法都要求诉因具备两个基本因素:一是事实因素,其类似于刑事诉讼中的罪行细节(particulars of offence),一般是指原告提出的权利被侵害的具体行为或者事件,主要包括权利致损行为发生的时间、地点、具体方式、行为人特征描述等细节;二是法律因素,其类似于刑事诉讼中的罪行陈述(statement of offence),一般是指对被告权利致损行为所作出的法律评价,具体包括可能对应的法律条款,致损行为法律类属,同质案件的判例传统等。由于诉因具有很强的特定性,所以不管是事实因素还是法律因素,都必须在综合考虑其组成部分的前提下被具体化。对于法律因素的具体性,相关条文要求原告及其律师不能只是在起诉书中笼统提出某一类违法行为,而应载明具体的致损行为类型和对应的法律条款,比如对于"财产侵权行为"的诉因主张,原告不能泛泛地表达为"被告对原告实施了某一类可起诉的民事违法行为",而应该具体提出侵犯财产权这一概念;而对于适用的法律条款的主张,若《联邦民事诉讼规则》或者其他州司法辖区的法律规则中某一具体条款之下还有其他相关规定,那么除了提出该条款之外,其他相关规定最好也要在起诉书中具体列明,标准格式为"根据某法某条某款某项之规定,被告的行为属于民事法律中的……"可以说,准确的诉因确定和文书表达是寻求充分救济的必备条件。

从本质上说,当事人及其代理律师对于法律因素的确定一般围绕民事实体法进行操作,诉因能否在诉讼程序中完整指明致损行为所违反的特定法律条款和具体罪名等要素,可以通过对照现有实体法给出答案,所以法律因素的确定并不复杂,没有太多可以争议的余地,法官对此也比较容易作出客观性判断。而对于偏主观的事实因素,因为其具有比较强的主观性,在没有证据还原现场的情况下,法官对此无法进行直接的是非判断。① 事实陈述的不可复制性注定了法律不可能对其作出格式化的标准规定,因此,

---

① Schopflocher. What is a Single Cause of Action for the Purpose of the Doctrine of Res Judicata [J]. Oregon Law Review, 1942, 21: 319 – 324. .

要满足事实因素的确定性要求比较困难，特别是在日益复杂的民事诉讼环境中，为了避免法官在起诉状的影响下对被告产生先入为主的片面判断，民事诉讼规则对起诉状作出了一系列限制性规定，这就进一步加大了法官判断事实因素的困难。因此，可以说事实因素是确定诉因的关键。

对于事实因素的陈述，在美国民事诉讼发展历程中经过由严格形式主义到实质主义的变更。在严格的普通法形式主义时期，法院对诉因作出了一系列具体要求，违法侵权事实陈述必须足够精确且符合格式要求才能成为呈堂证据，这样严格的审查方式导致了大量案件因为诉因被判断为过于模糊而无效。[①] 当时对于某些民事违法行为规定了较为严格的惩罚性手段，为了避免被告无故承担不利的判决后果，法官必须严格审查起诉要件以最大程度维护广泛的司法正义。随着民事诉讼体系从程序和救济手段上不断发生变更，过于严格的诉因事实陈述传统得到一定缓和，法院开始摸索一些更加灵活的诉因运用方式，比如不再对原告提出的诉因从形式上作出严格的具体限制，而是从其整体内容上要求诉因的提出能够使被告通过起诉书知晓自己应该从哪些方面进行防御准备，并由此确定法院的审判范围。因此，发展到这一阶段，诉因之事实因素的基本指导原则可以归纳为陈述某一确定的侵权事实并能够使被告据此展开防御工作。

在诉因选定的过程中，原告和其代理律师可能需要经过重复探讨才能确定起诉书中列明的诉因，虽然在某些特殊情况下，当事人可以在法官的允许下合并或更改诉因，但中途的程序变更既会对被告造成不利影响，也对原告前期的准备工作造成一定冲击，这意味着他可能需要重新准备新的证据和庭上陈述。同时，事实因素和法律因素虽然具有一定的独立性，但更多时候是以一种相互配合的状态出现。[②] 法律因素并不单指生硬的实体法条文，其最后成形必须依仗具体致损事实的记载，采用何种程序、援引哪一法律规定都必须在事实因素的基础上通过法律因素的判断才能作出最终决定；同样，事实因素的陈述也不是简单的"现场还原"，而是在考虑程序适用、救济手段和胜诉概率后对致损事实进行适当加工，整个陈述过程都

---

① Vestal. Res Judicata Preclusion: Expansion [J]. California Law Review, 1974, 47: 357 –359.

② McCaskill. Actions and Causes of Action [J]. Yale Law Journal, 1925, 34 (6): 614 –651.

要围绕法律因素展开。因此，对于诉因的选择和判定，诉讼各方和法院必须时刻从案件整体出发才能准确把握诉因对于诉讼本身的攻防指向。

（三）诉讼合并制度与诉因的关联性

1. 禁止诉因分割原则与诉因合并

禁止诉因分割是美国民事诉讼程序中的一项重要原则，它是诉讼合并制度的内在动因之一。禁止诉因分割原则的内涵与诉讼合并程序的制度框架基本吻合，它主要包括以下几个方面：首先，当事人合并。对诉讼争点具有关联权利义务关系的当事人都应该参与诉讼程序。其次，诉讼请求的合并。当事人——主要是原告——应当在一次诉讼程序中提出所有与对方当事人之间纠纷相关的诉讼请求。作为美国民事诉讼中的基本司法理念，禁止诉因分割原则与纠纷一次性解决原则具有一脉相承的紧密关系，它们共同引导并规制着原被告双方的行为，具有普遍约束力。具体到规则层面，比如诉因合并规则对应的是原告的权利义务，它要求原告将尽可能宽泛的诉因范围作为起诉对象，强制反诉制度对应的是被告的权利义务，其内涵的是关联事实或法律问题。法官在审理时若发现某一诉讼请求本应在之前的诉讼中提起，但当事人却未提起时，即会裁定不允许再次提出。

作为纠纷一次性解决原则和禁止诉因分割原则在制度上的具象化，民事诉讼中的诉因合并规则是指将源于几个关联行为或事件的诉因同时列于起诉状，并于本诉中一并处理的法律规则。与刑事诉讼中诉因的选择或者预备陈述不同的是，民事诉讼中的诉因合并将几个关联诉因同时并列，他们之中并没有顺位关系，每个诉因指向的是不同的诉讼请求，源于不完全相同的行为或者事件，法院需要对这些诉因分别审查、分别处理并最终作出裁判。实际上，起诉书中的数个诉因本身就可以被分别看作是一份独立的"诉状"，审判过程中某一诉因被宣告无效并不会对其他诉因对应的诉讼请求产生太大影响。而与另一类似概念——刑事诉讼中存在过的诉因复合记载不同是，虽然两者都指向不同的侵权行为或者犯罪行为，但诉因复合记载实际上是将几个不同的罪名用一个诉因作统一记载，这不符合刑事诉讼诉因记载的明确性和单一性，这一行为在法律原则上被明令禁止。而民事诉讼中的诉因合并是为了更加高效地利用司法资源，为了能够一次性解决当事人之间的关联纠纷而将他们之间发生的数个争点用不同的诉因进行描述并在诉讼中同步处理，每个诉因对应的是独立的权利致损行为或事件。①

从程序功能上来看，诉因的合并与诉讼合并具有很多相同点。它可以防止重复审判对资源和当事人诉讼成本造成的浪费，为法院的强制执行以及证人出庭作证创造了更加便利的条件。通过查阅联邦法院系统以及各州司法辖区法院的案例，笔者发现，对于当事人之间的某些关联行为，有时会在不同法院呈现相互矛盾的判决结果，若将他们置于同一程序中同时处理，法官便可以及时发现其中的问题并将其作为一个整体作出具有承接性的判决。一般而言，当原告诉请提供救济的数个侵权陈述源于同一行为、事件以及一个时间段内发生的系列行为或事件，或者数个行为相互关联构成一个整体行为的组成部分，原告就可以将其对应的不同诉因合并列于起诉书要求法院同时处理。有的学者认为，民事诉讼中诉因的合并实际上包括了两个部分，一是事实的合并，二是被告的合并。② 事实的合并是指将被告统一所实施的几个关联行为分别用不同的诉因进行概括并将其合并列于起诉书诉请法院处理。这些关联行为都直接或者间接损害了原告的民事合法权益，其关联性既包括事实本身的关联，也包括适用民事法律条款的关联，用一句话概括即事实与法律上的同源性，这也是合并的前提条件。对于被告的合并，虽然学界对其与诉因合并的关联性尚存争议，但支持者普遍认为当数个被告共同侵犯某人民事权利时，此时的诉因合并即与被告人合并紧密相关。不管是事实合并还是被告合并，最终的合并裁定都是由法官审查之时的条件决定的。如果从表面形式上看诉因合并符合条件，但对合并请求存在异议的当事人提供证据表明合并裁定有误或者法院经过审查发现此时已经不满足合并条件，也不会必然导致诉因无效或者被撤销，法院可以建议原告将不同诉因分别处理。这既是司法资源对当事人诉权行使方式的引导，也是系统内对司法资源本身的重新分配。

---

① Kane. Original Sin and the Transaction in Federal Civil Procedure [J]. Texas Law Review, 1998, 76: 1723.

② P. G. Barton, N. A. Peel. Criminal Procedure in Canada [M]. Butterworths Toronto, 1979: 93.

虽然民事诉讼中诉因的合并对各方当事人都具有一定的积极意义，但其本质属性决定了必然会对被告的权益造成一定影响。有数据显示，在民事审判中，虽然原告合并列入起诉书的诉因不一定被全盘采纳，但在那些提起过诉因合并请求的案例中，同样或者类似的诉讼请求比在那些"没有原告申请过诉因合并的诉讼"中更容易得到法官和陪审团的支持，并且这一趋势随着原告提起诉因的数量增加而愈发明显。① 总的来说，诉因合并对于原被告的消极影响主要表现为以下几个方面：第一，诉因会影响被告在民事诉讼中的防御权。如果原告同时将被告的多个关联行为通过数个诉因提起诉讼，那么在法官裁定准许合并不同诉因的前提下，被告将同时应对多个诉讼请求，此时他将付出更多诉讼成本。所以，为了使自己的答辩得到法官或陪审团的支持，被告需要在后续诉讼中顾及可能被列入起诉书中的诉因和对应的行为、事件。第二，诉因会影响证据在诉讼中的实际效用。当法官对不同侵权行为或事实对应的诉因进行审查时，若单个诉因独立存在，原告的诉讼请求不会得到法官或者陪审团的支持，但是当多个诉因叠加时，法官就会不自觉地受到先前处理过的证据的影响。换句话说，即便诉因合并请求没有得到准许，法官也有可能受到"起诉书中多个诉因对应的不同致损行为或者事件"的影响，对被告产生先入为主的负面推断。特别是当案件涉及刑事和民事交叉问题时，这种情况就更为明显，比如刑事罪名的指控即便最终没有成立，但其"较之民事违法行为严重得多的具体情节"已经影响到了被告在裁判者，尤其是一般不具备专业法学素养的陪审员心中的角色定位。②

为了革除上述弊端，美国立法和司法系统一直在探索新的手段来尽量减小诉因合并对诉讼各方之程序权益的影响。比如法官通过审理前的简单告知程序对陪审团成员进行基本的案情以及法规疏通，或者直接指令将诉因对应的不同争议分开审理。具体来说，若数个诉因对应的证据单独存在时符合民事证据规定的要求，只是相互之间无法佐证，那么在事实关系可

---

① George G. Thomas. Criminal Procedure: Principles, Police and Perspectives [M]. Minnesota: West Group, 1999: 894.

② Millar. Counterclaim Against Counterclaim [J]. Northwest Law Review, 1954, 48: 671–690.

以厘清的前提下，法官可以指示陪审团在判定事实问题时，将不同的证据单独考虑；如果被告认为这样的指示无法消除既定证据对于事实认定的影响，他还可以提出申请，要求法院将不同诉因在新的诉讼中分别处理。由于合并诉因或者分拆诉因属于法律问题的范畴，所有法官对此享有最终决定权。

2. 诉因制度对诉讼合并程序的影响

1938 年进行的《联邦民事诉讼规则》改革对当代美国的民事诉讼程序演进产生了深远影响，它不仅放宽了证据开示的范围，也赋予了当事人，主要是原告更加便利的诉讼途径，让他可以根据一项日常的侵权陈述而寻求正式的法院救济。在诉讼合并程序方面，改革遵循先前的司法实践趋势，进一步扩充了当事人合并规则，使其能够更加便捷地提出合并请求，与此同时，大量的复杂诉讼和集团诉讼也因此相继出现。在这些特殊的复杂诉讼或者集团诉讼中，可能会出现数个诉因集中于同一程序的场景。例如，一家上市公司的股票早前已在公开的证券交易市场自由买卖，因这家上市公司未按期履行付款义务，数个原告将其诉至法院。本案中，不同诉讼主体之间的请求涉及以下多方面的复杂关系：第一，作为原告的上市公司债权人指出，有证据表明公司在有能力时没有用正常的商业资产偿还债务，而是违规用于其他开支，故要求该公司及时履行还款义务；第二，债权人或者上市公司法人代表针对上市公司内部财务人员、投资顾问以及会计师等关联人员提出的，由于关联人员过错导致上市公司损失从而要求其承担法律责任的诉讼请求；第三，可能为公司致损事实承担责任的关联职员为了推脱或者分摊责任而以被告身份在彼此之间提出的交互请求；第四，购买公司股票而持有股权的上市公司股东因为自身损失而提出的要求公司内部管理层承担运营不当责任的诉讼请求；第五，上市公司一般员工提出的，公司由于资产不足没有及时为其支付五险一金而导致其权益受损，要求其赔偿的诉讼请求；第六，原告要求追加保险公司为利益相关第三人的诉讼请求，此举是为了防止公司资产不足以清偿全部债务而做出的防御性诉讼请求。① 在这种因为某一争点而引发的牵涉多方的复杂诉讼中，遭受财产或

---

① W. M. G. Code Pleading：Nature of a "Cause of Action"：Count Quieting Title to Realty and Personality States but One Cause of Action [J]. California Law Review，1924，12（4）：303－306.

者人身伤害的众多受害者将会对争点中的主要或次要责任人提出各种诉讼请求，即便是被告人内部也会发生分摊责任和推卸过错的交互诉讼请求，这些都涉及诉讼合并制度中各种具体的程序操作。这些不同诉讼参加人提出的不同的诉讼请求都具有各自对应的诉因，而这些诉因背后的权利依据可能涉及各种不同的法律规章，包括普通法、衡平法、联邦制定法、州司法辖区制定法以及行政规章。面对纷繁复杂的诉因构成，法官就需要清晰地认清其本质，通过对其合并提高诉讼的效率和经济性。①

在美国民事诉讼程序的发展历程中，诉因、诉讼程序和救济这三者之间曾经具有紧密的对应关系，从如今"自由之风"盛行的美国民事诉讼运行现状来看，这种关系显得有些僵化。法典化改革剔除了这种固定思维主导的严格对应模式，将其打破重构，建立一种更加灵活的民事诉讼秩序。其中，最重要的影响就是将过往复杂的诉讼程序大大简化并且将众多标准不一的严格诉讼格式统一合并到具体的民事诉讼程序中。然而，美中不足的是法典化改革的简化和统一手段还只是停留在诉讼程序上，各种带有实体法意义的诉因和救济方式仍然缺乏统一性。从实践经验上看，这样理想的绝对统一基本上是无法达成的，因为诉因和具体的救济方式在性质上偏向实体法，一般都由制定法中规定的具体权利义务关系进行调整，而实体法中各种关系又分别源于各领域的社会关系，当时的法院根本不可能简单地将形式多样的社会关系置于统一的模板中一概而论，因此只能在程序法上将各种关系对应的具体诉求进行合并。前述诉因、严格诉讼格式和救济手段之间紧密的对应关系就是在这样的背景下遭到强烈冲击。在新的民事诉讼模式中，原告可以选择主张任何诉因，但对应的诉讼程序已经标准化、统一化，法院通过程序操作所产生的最终救济方式可能与最初原告主张诉因对应的救济方式不再完全一致，其他类别的诉因选择在合适的情况下也可以被法官加以利用成为最终解决纠纷病症的良药。比如，在大量案件中，原告基于衡平法规则的诉因提起诉讼，在通过统一诉讼程序处理后却最终获得了损害赔偿、偿还债务等普通法规则中的救济。在法典化改革以前，原告必须先找寻到法律规定的救济手段才能被赋予与之对应的诉因，而如

---

① Harris. What is a Cause of Action? [J]. California Law Review, 1928, 16 (6): 459–477.

今不管法律规定是否涵盖了某种诉求的救济措施，只要原告认为自己的合法权益遭受侵害，就自然拥有了诉因，而且其在起诉时提出的诉因将有可能获得多种救济。在牵涉当事人合并或者诉讼请求合并的案件中，诉因与救济之间曾经息息相关的对应关系被完全打破，这是基于诉讼自由主义和诉讼经济效率的考量，司法机关希望可以通过拥有专业法律技能支撑的自由裁量标尺来取代严格的诉讼格式，在这样的程序模式中，法院仍然可以达到过滤不当诉讼的效果，虽然其自身需要承担一定的判断风险，但处于争点中的当事人，主要是权益受损的原告却因为这样的模式而普遍受益。①

虽然诉讼参与人和诉讼程序本身不再像以前一样受到诉因的严格约束，但《联邦民事诉讼规则》在将以往众多严格诉讼程序格式化繁为简并最终统一的过程中已经慢慢用"诉讼请求（claim）"代替诉因的作用，而这里所谓的诉讼请求结合诉因制度来定义的话，就是当事人基于某种诉因而提出的具有法律意义的正式主张，诉因在经过当事人的诉讼主张后就以诉讼请求的形式存在于之后的程序运行机制中。②

三、自由裁量权与程序规制理念

涉及司法权对当事人诉权的引导和分配，因此民事诉讼中的诉讼合并制度需要合理的自由裁量权作为制度运行的必要条件，尤其是在某些非强制的"选择性程序"中，③ 法官享有自由裁量权的范围非常广泛。联邦巡回法院曾清晰表明对于自由裁量权的态度，即是否允许纳入选择性合并的当事人完全属于各州司法辖区法院自由裁量权的范围，只要不违反正常的权力运行秩序，一概不受上级法院的干预。对于选择性合并事项，联邦地区法官在解释"单一行为或事件"时也不受规则的严格限制；在解释"共同的事实或法律问题"时，也并不要求所处理的所有事实或法律问题具有共同性；他们可以采用书面审理，也可以只进行简单的口头审理。尽管存在充足的权力运行空间，但联邦法官的自由裁量权仍受到一定的限制。在著

---

① Whittier. The Theory of a Pleading [J]. Columbia Law Review, 1908, 8 (7)：523 – 540.
② McCaskill. Actions and Causes of Action [J]. Yale Law Journal, 1925, 4：614.
③ 比如当事人选择性合并程序、第三人诉讼参加程序、选择性反诉程序等。

名的莫斯雷诉通用汽车公司【Mosley v General Motors Corp.（1974，CA8 Mo）497 F. 2d 1330】案中，原告以通用汽车公司旗下的雪佛兰分公司为被告向法院提起诉讼，起诉书指出雪佛兰公司在招聘、入职待遇、晋升条件等方面存在对黑人的歧视现象，并在黑人员工就公司不公行为开展抗议活动后，对其实施报复。因此原告总共提起了诸如通用公司故意在招聘过程中对黑人员工设置额外条件，因种族原因解雇黑人员工，因性别原因不雇用妇女等八项主张。地区法院经过审理后认为，本案的诉讼争点涉及不同的事实和法律问题，故裁定将诉讼中的争点分案处理，原告对此裁定不服，提起上诉。联邦巡回法院认为，本案中全体原告诉求的关注焦点在于公司的歧视问题所造成的不公待遇和心理伤害，并且这种歧视性政策很显然是对某一群体的针对性措施，虽然各原告由于自身的实际情况不同，歧视问题可能对其产生不同的后果，但这些后果并不属于共同事实问题的决定性基础条件。因此，联邦巡回法院最终裁定将此案合并审理。

美国法院对于选择性当事人合并的审查一直以来都保持了相当开放的态度，这种宽松尺度下的尺度拿捏是值得细心品味的。在民事诉讼中，由于诉因一般属于双方当事人所争议的事实问题，因此大陆法系上存在的请求权在法律关系上的限制一般不会发生。在民事司法实务工作中，基于关联事实而缠绕在一起的法律纠纷比比皆是，而司法政策对于诉讼合并制度的态度实际上也引导着这样看似纠结的诉讼常态。在大多数联邦法官看来，自由裁量权对于诉讼合并制度的控制和引导具有不可低估的正面价值，这不仅从客观上提高了案件审判的效率和便利性，进而减少重复诉讼的发生，也优化了司法资源和当事人诉讼成本的配置。从《联邦民事诉讼规则》中的相关规定可以探知立法者的态度。在一起保险纠纷案件【Texas Employers Ins. Ass'n v. Felt（5th Cir. 1945）150 F. 2d 227】的处理过程中，美国联邦法院再次表明了对于诉讼合并程序的鼓励。案卷中记录，菲尔特生前很长一段时间里都在几个客户那里打零工，并不存在正式的长期雇佣关系。后菲尔特在工作中死于意外事件，其继承人以原告身份起诉，要求菲尔特的雇主承担赔偿责任。然而原告并不知晓事故当时菲尔特的真正雇主是谁，为了提高获得赔偿的概率，原告将三个存在雇佣可能性的公司以及保险协会通通列为被告。联邦法院认为，本诉中的合并属于程序性事项，明显存在共同的事实和法律问题，因此符合选择性当事人合并的条件。在某些案件的审理过程中，即便程序性问题对合并事项产生阻碍，但只要合并程序有利于纠纷的一次性解决，法院一般也会根据实际情况，"利用"或"创造"某些合理条件促使诉讼合并程序的推进。

需要注意的是，程序支配权是与自由裁量权相关的程序理念，它与当事人的程序选择权相伴相生，并时刻处于对立统一的"和谐"状态。法律赋予法官充分的程序支配权以预防恶意当事人滥用程序选择权以阻碍诉讼进程，但为了不造成过犹不及的情况，又对法官的程序支配权设定了一系列规制手段。比如《联邦民事诉讼规则》五十六条第七款规定："原告递交的宣誓陈述书，一旦法官认为具有明显恶意或者阻碍诉讼进程的可能，那么无论诉讼处于哪一阶段，法官应当马上指令该宣誓陈述书的当事人向对方当事人支付因为该宣誓陈述书而使对方蒙受的损失，包括合理的误工费、律师费用、车旅费等，同时，任何存在违反法庭规则行为的当事人或律师都可被判处蔑视法庭罪。"可见，美国法律在赋予当事人程序选择权的同时，也为其设定了权利边界，而法官所具有的程序控制权就是其权利边界的把控主体，实践中存在多重因素影响着两者之间这种对立统一的状态，其中最重要的就是诉讼主体的诚实信用。一般情况下，法官并不会过度干预边界之内正常行使的程序选择权，当事人享有足够的程序自治余地，可一旦违反诚实信用原则，利用程序选择权破坏正常的诉讼秩序，法官便会利用程序控制权施以惩戒。若一方当事人的程序选择权已经明显属于诉讼拖延，并对另一方当事人造成实际损失，美国法律会以损失一方的诉讼成本为基点对拖延者施加严厉的经济惩罚，这就使得某些心怀恶意的当事人在行事前自觉地权衡利弊。

四、既判力权威理念与失权效果

判决效力是诉讼合并制度中最常涉及的问题之一，它既是诉讼合并制度存在的理论动因，也是解决诉讼合并制度关联问题的重要支撑。既判力是西欧法律文化传统中历史地形成的一种观念。它起源于罗马法中的"诉权消耗"（actio consumitur）理论和制度。根据"同一案件无二次诉权"（Bis de eadem re ne sit actio）的法谚，当事人起诉的实体请求经法院审理并作出判决后，其再次起诉的权利即已消耗殆尽。即使允许当事人针对同一案件提出诉讼请求，被告也可以实施"既济案件的抗辩"（exceptio rei judicatae）或"诉讼系属的抗辩"（exceptio rei in judicatae deductae），使当事人的诉讼请求不至于诉讼系属。这也是罗马法中的"一事不再理"原则（ne bis in idem）。这种消灭再次起诉权利的效果就是既判力，但在当时并没有这样的术语表达。后来德国普通法在扬弃罗马法诉权消耗理论的基础上，改进并扩大了罗马法中"既济案件的抗辩"的适用范围，与既济案件中的"既"相联系，就将此种效力称为既判力。既济案件的判决，则称为有既判力的判决，并首次在 1781 年的《奥地利普通法院法》中首次使用"既判力"（Rechtskraft）这一术语。① 这种既判力的观念，在英美②和大陆法系的诉讼制度中被继承下来。尤其在大陆法系，更是与诉讼目的论、诉权论、诉讼标的论等并列成为民事诉讼法学的基本理论之一。

既判力理论在民事诉讼法学的基本理论中处于十分重要的位置。它有利于生效裁判的终局性效力的探讨，不仅对一国的审级制度具有建构作用，而且可以保证民事纠纷的及时解决，保证民事经济生活的正常流转，使民事案件摆脱"再审、再审、再再审"的恶性循环。"如果说诉权论是关于诉讼的出发点的话，那么，既判力可以说是诉讼终结点的理论。"③

理论界存在各种关于判决效力客观范围的学说，但总的来看，判决效力的客观范围就是指判决效力辐射范围内的具体事项和作用方式。不管是英美法系的既判力（res judicata）理论（或称既判事项理论）还是大陆法系的既判力理论，都在这一问题上存在共性，即前诉判决中已经过法官判决的内容与之后的诉讼中争议内容相同时，前诉判决在"特定范围"内对后诉具有拘束力，后诉不得再就相关问题进行争论。可见，判决效力的客观

---

① 张卫平. 程序公正实现中的冲突与衡平——外国民事诉讼研究引论 [M]. 四川：成都出版社，1993：348 – 352.

② 英美法在判决的约束力方面使用了与大陆法系既判力概念相近的"Res judicata"。根据《布莱克法律词典》的解释，是指"已判决的事项或案件。其效力规则是有完全实务管辖权的法院作出的终局判决而对当事人及其利害关系人的权利具有决定作用，同时该判决绝对地阻止他们就同一请求和诉因再行起诉"。有的学者干脆将英语（拉丁语）中的"Res judicata"直译为"既判力"。参见江伟. 中国民事诉讼法专论 [M]. 北京：中国政法大学出版社，1998：153.

③ ［日］兼子一，竹下守夫. 民事诉讼法 [M]. 白绿铉，译. 法律出版社，1995：156.

范围所要解决的是后诉裁判的事实范围问题，而识别判决效力的客观范围本质上就是对诉讼中判决对象的认知，其重点在于前诉与后诉中判决对象的同一性。在美国民事诉讼程序体系中，诉因（cause of action）或诉讼请求（claim）是确定判决对象的唯一要素，大陆法系则习惯用诉讼标的来识别判决对象。

美国对于判决对象的确定问题经历了漫长的发展过程。起初，令状（writ 或 brevia）是用来判断诉讼对象同一性的唯一标准，此时的诉因识别比较简单，因为基于同一事件而发布的令状只给予一个诉因，因此不同的事件必然会对应更多的令状并由当事人分别提起诉讼。而如果仅存在一个交易行为（transaction）或事件（occurrence），但当事人获得了两个令状，比如返还原物请求权（detinue）和对非法占有者提出的损害赔偿请求权（trover）并存，当事人可就此分别提起民事诉讼。直到《联邦民事诉讼规则》的出台才确立了以"行为或事件"的同一性来识别诉因。就此，强制反诉等基于关联事实问题而生的新制度应运而生。法院鼓励当事人将所有关联争点在一个诉讼程序中统一解决，"纠纷一次性解决原则"开始在司法实践中日益盛行。由于诉因具有一定的模糊性和不确定性，所以有时无法准确界定审判对象，并给法院在规则解释上带来一定的困难，于是，后来立法者逐渐用"请求"来表明"诉因"的内涵，因此如今美国民事诉讼中的既判事项范围完全可以用当事人请求的范围来界定。《联邦民事诉讼规则》用"结论性或终局性"（conclusive）来表达法院最终判决的规制结果，不仅涉及所有关联当事人权利义务的确定以及此后基于相同诉因而产生的案件，也影响着那些本应该提出却没有在本诉程序中及时提出的"特定诉因关联事项"。

从判决效力的客观范围来看，美国最初是以衡平法和普通法两套体系来确定既判事项的作用对象。衡平法院（Court of Equity），又称良心法院（Court of Conscience）或大法官法院（Court of Chancery）。早期普通法传统过度拘泥于令状主义，不能给予普通法程序规范中所未涉及的财产纠纷领域，诸如信托、借贷、保险等新形式的纠纷中的当事人以及时而有效的法律救济，因此英国从 14 世纪左右起由衡平法官通过自由心证，依据"良心"与"公正"原则发出禁令或特别履行令，来给予当事人以普通法外的救济手段，从而逐渐形成衡平法判例。衡平法包括一系列"切合实际"的原则，如"衡平法不允许有违法行为而无法律救济"（Equity will not suffer a wrong to be without a remedy）、"衡平法注重意图而非形式"（Equity looks to the intention rather than the form）、"衡平法不做徒劳无益的事"（Equity does nothing in vain）等，这些原则集中表明了衡平法不拘泥于法律程序的约束、给予当事人及时有效的法律救济的特点。衡平法院没有陪审制，由大法官凭良心独自进行案件审理，因而存在很大的自由裁量余地，基于不同的判案思路，不同法官判决存在很大的差别。因此，有人说衡平法院的判决是由大法官"脚的长短来决定的"。需要强调的是，衡平法仅在普通法难以救济的方面发挥作用，是对普通法的补充。衡平法与普通法长期处于并立状态，在衡平法院管辖的案件中，大量属于欺诈案件。美国法在继承英国法传统的同时也完全吸收了衡平法精神与规则，从而形成了英美法系中法官造法和自由心证主义的巨大特色，使得英美法保持着活力和不断发展的局面。1848年，美国纽约州颁布了《民事诉讼法规》，规定将衡平法院与一般法院合并，随后其他各州纷纷仿效，只是在履行衡平诉讼职能时，没有陪审团参加审判。如今，美国仅有少数几个州保留着单独的衡平法院。

虽然普通法和衡平法都依托于王权而存在，并且都以判例为表现形式，但两者在几个方面仍存在巨大差异：第一，调整对象和内容不同。普通法调整的对象是全方位的，几乎涉及法律的各个领域，主要包括刑法、合同法、民事责任法等。衡平法调整的对象是有限的，只涉及普通法不能调整的领域，主要包括公司法、继承法、破产法等。第二，渊源不同。普通法的渊源以习惯法为主；衡平法则以罗马法为主。第三，诉讼程序不同。普通法的程序比较复杂、僵化，有陪审团制度，以口头答辩询问方式审理案件；衡平法的程序比较简单、灵活，一般不设陪审团，通过书面方式审理。第四，救济方法不同。普通法的救济方法只有损害赔偿，包括金钱赔偿和返还财产，通常以金钱赔偿为主；衡平法的救济方法则比较多，除了损害赔偿之外，还有依约履行、禁令等。第五，审判风格不同。普通法以普通法官的判例为主，自由度大，但是缺乏标准。衡平法官以高级官员的判例为主，自由度小，但是标准性强。通过以上分析可以得知，在美国民事诉讼程序的法律适用上，一般适用普通法，但是当事人如果有充分的理由，并且法官也同意的情况下，可以适用衡平法来作为一种救济手段。衡平法的很多原则可以补充并打破普通法的规定，但其适用必须保持谨慎态度。实际上，普通法和衡平法的关系，类似我国《合同法》中的"情势变更"原则，它可以在某些特殊时刻打破合同法的一般性规定，但法官在民事诉讼程序中对其援用时，通常会非常谨慎。

在衡平法和普通法合并以前，当事人可以先向普通法院提起诉讼，若对普通法救济结果不满，他可以在诉讼结束后就普通法未涉及的领域再次向衡平法院起诉，以此补充普通法未涉及的救济内容。但是，若当事人一开始就选择在衡平法院就一项金钱赔偿寻求救济，那么他就不能在衡平法诉讼结束后重新在普通法院提起诉讼。这是基于衡平法上的"衡平性清除"（equity clean-up）原则，衡平法院有权处理诉讼中附带的法律争点，若这一争点在先前的诉讼中有获得救济的可能，属于受案法院的救济范围，① 就会直接排除二次起诉时的重复救济。随着两者的合并统一，当事人有权在一个诉讼中同时提出所有普通法和衡平法上可能的救济请求，否则会失去就相同事项诉请救济的权利。这也是既判力规则的客观要求。例如，原告基于对方欺诈而诉请法院撤销合同，其后败诉，那么他在之后的救济过程中就不能再次根据合同欺诈提起一个要求对方赔偿的诉讼。此外，若原告没有在要求赔偿的诉讼中成功证明存在合同违约情形，他也不能再根据衡平法诉请法院变更争议合同内容。同时，具体诉讼方式在程序上的差别逐渐消失，这不仅拓宽了诉讼中并存于单一请求的判决事项空间，也扩展了原告的救济之路。但随之而来的问题是，对前后诉讼中的诉讼构成单位进行辨别进而决定既判力规则的排除范围就变得更加困难，这就涉及不同诉讼中的诉因范围。从相关规定可以得知，诉讼合并相关裁判效力的影响因素如下：

第一，受案法院对于诉讼经济和司法效率的态度。既判力原则所内含的对于重复诉讼的预防是显而易见的。当法院识别并确认诉讼合并程序中的诉因范围时，总是绕不开两个相互对立的因素：程序体系本身的运行效率和个案公平。对个案的偏重可能造成司法资源在某一问题上的重复运行，

---

① 比如金钱赔偿既是普通法救济事项，也是衡平法救济事项。

在阻碍其他争点审查进程的同时，这会对整个程序体系产生吞噬效应。从另一角度看，若法官过于关注司法效率的实际履行，则会对个案救济目标的达成造成心理上的障碍。基于这一现实预估，美国民事司法体系习惯于扩张既判事项的范围。

第二，民事诉讼程序规则对于争点的规定。当前民事程序规则中存在众多关于争点范围的规定，诸如请求合并（joinder of claims）、诉讼请求（pleading）、法院管辖等内容都对当事人提出争点的范围产生影响。现代民事诉因比以前具有更丰富的内涵，特别是在联邦法院体系中，诉因的宽泛特性得到进一步印证。由于《联邦民事诉讼规则》规定原告有权选择合并的请求范围，被告也受制于强制反诉，因此关联纠纷在同一法院的同一诉讼程序中得到解决就具有更大的可能性。这也直接影响了既判力规则的适用范围。

从两大法系对于判决效力的相关规定来看，英美法系国家的判决效力客观范围普遍比大陆法系国家要广泛，由此衍生的复杂问题也使得美国民事诉讼规则体系对诉讼程序中的当事人作出更加严格的规制，相应政策也对其提出了更高要求，这是与不同国家的民事诉讼制度体系紧密联系的重要问题。究其缘由，笔者认为主要有几点值得思考：第一，美国法官在任职前需要经历相当长周期的职业训练，普遍具有较高的法律素养，对诉讼中复杂问题的把控能力较强；第二，美国民事诉讼采取强制律师代理制度，所以法律对当事人提出的许多技术性要求，实际就转化为专业律师在诉讼中的实务操作目标，这是美国在判决效力问题上采取严格的排除理论的外在动因，当事人未在诉讼中提出关联主张或抗辩的，视为对相关权利的主动放弃。而除了德国以外，以我国为代表的绝大部分大陆法系国家并没有规定强制律师代理制度。由于一般当事人的法律素养和诉讼水平无法与职业律师相提并论，因此法律基于保护当事人正当程序权利的立场，为当事人（主要是原告）在诉讼程序中享有的权利规定了更多可供选择的救济路径。

第四节　诉讼合并制度的功能与价值分析

一、提高程序效益和减少诉讼成本

曾担任美国联邦上诉法院法官的波斯纳说过，"完备的诉讼程序不仅可以通过最终判决将固有资源的分配效益最大化，并且也应当解决诉讼本身的成本问题，将其程序效益最大化"①。公民不仅是司法保护权属中最重要的主体，也是司法机关提供司法服务的核心主体，但其在享有一定权利的同时，也需要在司法程序中付出直接或者间接成本。当市场经济和民事程序体系建设发展到一定阶段时，诉讼中不同主体的资源投入和最终效用之间的关系就显得尤为重要。诉讼程序中的理性思考与实际成本的耗费之间存在不可控制的误差，从这一角度上看，必须在民事诉讼程序机制、公平正义的纠纷解决结果、诉讼主体的"成本立场"之间找到最恰当的平衡点。诉讼经济和效率直接指向程序整体的产出效益，而根据经济学上的假设理论，效益最大化就是指以最小的成本创造最大的产出。因此，民事诉讼中的诉讼经济和效率理论就是指司法机关必须以最少的程序资源成本实现最大范围和程度上的纠纷解决效果。诉讼成本不仅指程序运行成本，也包括错误裁判的后续成本。② 从诉讼合并制度的角度看，其与诉讼效益原则的关系主要体现在民事程序机制运行成本上。

其一，诉讼合并程序是诉讼效益理论在实践层面的形式载体，它们内涵统一，都注重时间成本的投入与产出。当诉讼中的诉讼主体和诉讼请求增加时，程序的运行难度将大大提高，这不仅体现在初期的送达、庭审安排，也贯穿于后续的当事人举证、法庭审判等阶段，这会对民事程序机制整体产生消极效果，诉讼程序的延期和权利救济的滞后均与此相关。为解

① Arthur R. Miller, David Crump. Jurisdiction and Choice of Law in Multistate Class Actions After Phillips Petroleum Co. v. Shutts [J]. Yale Law Journal. 1986, 96（1）：1–81.

② ［美］理查德．A. 波斯纳. 法律的经济分析［M］. 蒋兆康，译. 北京：中国大百科全书出版社，2003：717.

决这一难题，美国民事诉讼程序中的法官具有较高的诉讼管理权限，这是诉讼经济和效率理论践行的基础，这一权限分配效果在某些涉及广泛群体的复杂案件中尤为明显。若将诉讼合并程序的基本目标——纠纷的一次性解决纳入考量范围，法官的权力属性优势就显得更具有说服力。诉讼合并程序的涵盖范围并非单指某一既成诉讼，而是原本可能发生的一系列关联诉讼和关联当事人，若考虑这一系列关联诉讼中的诉讼要素投入成本以及司法资源的耗费，则重复审判引发的矛盾判决和后续救济程序①将占用十分有限的司法资源。因此，诉讼合并程序对于程序效益的提升显而易见。

其二，在程序效益理论下，当事人付出的成本及其分配能得到合理引导。这在其直接付出的成本——即诉讼救济手段的相关问题上显得尤为关键。在群体诉讼或集团诉讼中，需要通过多方鉴定、审核或者评估才能对案件事实最终定性。这就必然会延长案件的程序周期，当事人在这期间所付出的成本也难以预估。在程序效益原则的影响下，诉讼合并程序对于当事人直接成本的引导体现在以下几个方面：第一，当事人可以平摊诉讼费用；第二，当事人可以共同委托第三方机构进行审核、鉴定等技术性工作，以减少事实调查成本；第三，处于同一立场的数个当事人可以委托同一位律师参加诉讼，以避免高昂的律师费用开支。在这样"协同作战"的背景下，诉讼合并程序较之原本可能发生的多个单独诉讼具有显著的经济成本和时间成本上的优势。需要注意的是，这样的成本摊薄现象或许会引发一个新的问题：某一当事人可能会因此希望付出更多直接经济成本来换取更好的结果，而其他当事人的经济条件各不相同，其不一定有付出更多成本的打算，那么这一想法可能会导致共同战线的分裂。同时，基于效益理论的基础关系，即成本—收益分析，单个诉讼程序标的额一般也比合并后的案件小，因此原被告在诉讼过程中达成和解的可能性更高，甚至在初始准备阶段就达成和解，这样就能省去一大笔费用开支。民事诉讼程序中的庭审往往需要投入大量的时间、金钱和人力，因此在诉讼合并程序中，当事人在争点性质比较激烈时，难以达成和解，更加丰厚的赔偿数额会增加他们的冒险意识，毕竟失败的风险不需要独自承受。

---

① 包括重复的上诉和再审程序。

二、避免矛盾裁判和维护司法权威

从理论上看，普遍司法权威的确立需要具备两个前提条件：一是司法的普遍公正，二是司法公正的广泛信任。在众多影响因素中，矛盾裁判无疑是最为致命的负面效果。若原本可以适用诉讼合并程序的纠纷通过数个单独诉讼的方式解决，必将增加矛盾裁判的可能性，进而损害司法权威。"同案同判"是普通民众对司法公正性最直白的认知。矛盾裁判往往会导致这样一种主观猜想，即在类似案件的裁判中肯定有一个存在问题，这种对于结果的质疑会与普遍的司法权威产生冲突，进而冲击人们对司法权力的信任基础。

诉讼合并制度中的许多规则都涉及失权理论，比如在强制反诉程序中，未提起强制反诉的被告会丧失就相同事实争点另行起诉的资格。这在一定程度上导致了程序选择的必然性。就失权理论而言，它看似是对当事人处分权的干涉，而实际是基于既判力理论对司法资源的优化配置。诉讼合并规则存在的意义在于避免就相同或类似事实重复诉讼，减少司法资源的浪费。由于衡平法的盛行，美国民事诉讼程序运行体系中一度缺少对当事人权利行使方式的引导，而当事人权利义务的最终分配必须依靠国家权力的推动，这就涉及司法资源的效用最大化。为了对复杂的社会纠纷及其救济路径加以规制，司法政策开始对一般事项规定"全局性"的诉讼要求，这是维护法律安定性的内在要求，也是提高诉讼效益的必由之路。既判力规则的核心内容就是限制被告的后续诉讼保留权，具体包括两类请求标的：一是争点事实所指向的诉因已经在先前诉讼中提起并经过法律处理的请求标的，二是争点事实本身有可能与先前诉讼中处理过的事实存在很大的相似性。随着社会矛盾的多样化和民事诉讼救济需求的提升，既判力规则所涵盖的范围正在不断扩大，所有被限制后续诉讼救济的事实都指向重复诉讼的防御性手段。

在民事诉讼既判力规则的改革过程中，存在三个原则性问题，它们一直作为判断既判"吞噬效力"和范围的标准而存在，三者都直接指向具体的诉讼理由。① 第一，《裁判重述》中规定的既判力标准。它将诉讼程序中

---

① Michael D. Conway. Narrowing the Scope of Rule 13（a）[J]. Chicago Law Review, 1993, 60（1）：141-165.

证据的关联性作为判断既判力作用范围的主要指标，此时，当事人权利的关联性和同一性不再具有决定作用。根据《裁判重复》的规定，若支撑后一个诉讼的必要证据同样也被用来支撑前一个诉讼，那么后一个诉讼就属于重复诉讼。第二，联邦最高法院标准。1927 年，联邦最高法院指出单纯的事实要素不应被纳入诉讼理由的范围，但事实背后所对应的任何一个权利侵害行为以及被侵害的权利本身都属于独立存在的诉讼理由。因此，被告侵害行为所指向的权利同一性就成为既判力作用范围的判断标准。第三，交易标准规则。这是《裁判重述》（第二版）重新规定的既判力作用范围标准。简言之，当一个正当且具有终局效力的判决作出时，原告在后续诉讼中的请求范围也同时被限制。因此，原告在诉讼中应一次性提出所有可用来对抗被告的救济理由和救济方式，不管救济请求所指向的事实来自同一交易还是来自一系列与之相关的交易，原告都必须一次性提出，不得就关联事实和救济请求有所保留。需要注意的是，美国法律体系中的《裁判重述》是美国判例精神的典型体现，包括合同法重述，侵权法重述等不同体系分支。它是美国法学会出版的一种法律规则汇编。进行法律重述是美国法学会的重要任务之一，其目的是把美国法律的主要类别和相关学理汇编成册，其结构类似于正式的法典条文，尤其是那些在当今社会领域中仍主要依靠判例法的法律分支中被认为合理的学说与原则，更是其主要研究对象。具体内容包括介绍各领域的法律及其发展进程，并对其将来的发展趋势发表见解。①

综合来看，我们可以从两个不同的主体来理解美国诉讼合并制度对统一裁判的推动效应。其一，诉讼合并规则的初始目标是避免当事人提起重复诉讼；其二，诉讼合并制度内涵的既判力规则禁止法院对具有同一性诉讼理由的重复处理。究其缘由，两者都是为了防止出现矛盾判决。其客观效果不仅与当事人之权利义务直接相关，也对法院的行为作出限制。经过民事诉讼审判程序所产生的终局判决本质上是法院审判权与当事人诉权的

---

① 《裁判重述》第 1 版于 1932—1957 年间出版，从法律角度看，这完全是私人的编著，并不具有太强的权威性，但其负责各个分支及分支委员会的人都是声名显赫的法学家，从而使其具有事实上的权威性，许多法官判案都会参考其中的论述。《裁判重述》第 2 版于 1952 年印行。

复合效应，因此，因既判力规则而产生的失权效果就显示出独特的激励效应。诉讼合并制度下的裁判能保持最大程度的统一，是维护司法权威和诉讼秩序的必要前提。从理论上看，单纯的既判力扩张制度亦可起到预防矛盾裁判的效果，但诉讼合并制度极大扩张了既判力的主观和客观适用范围。因此，诉讼合并制度在避免矛盾裁判和维护司法权威方面具有不可替代性。

三、确保程序正义和裁判的实效性

若我们可以将单一的诉讼程序看作一场博弈，那么不同诉讼信息的获取无疑是影响当事人诉讼行为的关键因素。与单独诉讼不同的是，诉讼合并程序中的当事人既有机会获取于己有利的证据和于己对立的对方当事人观点，也可以与基于同一立场而加入诉讼的当事人展开程序外协商，他们有机会组成利益共同体，在诉讼合并程序推进中保持行动一致性。诉讼合并制度中基本程序框架的统一为不同要素的同案处理创造了便利条件。由于当前当事人所提出的各种诉讼请求都对应着统一的诉讼程序构架，因此法院和当事人为了使纠纷的解决更具效率性和经济性，一般都期待将那些源于同一争议事件的关联争点合并处理。不管是在诉讼请求合并程序还是当事人合并程序中，合理的程序适用既与关联利益的延伸密切相关，也是解决诉讼争点等核心问题的关键。当事人为了自己的利益，必须在诉讼合并程序中陈述与争点相关的全部事实，只有这样才能保证合并程序在正常的程序期限内得到充分应用，于是，当事人和法院搜集证据的范围就被扩大到任何"诉讼当事人认为与诉因相关的行为或者事件"。《联邦民事诉讼规则》规定，"原告可以在起诉书中要求法院指令被告在正式审判开始前提供与其诉讼请求以及事实主张相关的全部资料，不管其最终在法律上是否可以成为可采信的证据"。在类似规定下，民事程序中几乎所有的诉讼参加人都被彻底囊括在由诉因所链接的庞大事实网络中。

诉讼合并制度对当事人之期待利益也具有不小的影响。在统一的民事诉讼程序框架内，同一诉讼中数个当事人所选择的合并程序和最终获得的救济方式可以在普通法和衡平法之间秉着最优原则交叉适用，即便先前判例没有提供可供参考的救济手段，只要当事人的合法权益受损并作出侵权陈述，便享有提出申请的程序权利。虽然原告在提出诉讼请求时无法马上确定可期待的救济方式，但原告可以在经过深思熟虑后在数个诉因中选择最有利于自己也最容易证明的一类提起诉讼，也可以在诉讼过程中选择合并不同诉讼要素以增加胜诉的可能性，法院会在审理过程中通过法律逻辑推演找到最合适也最合理的救济手段来匹配诉因，这种灵活的匹配方式为现代民事诉讼中原告的权利救济方式带来更大的实效性和选择空间。①

第五节　诉讼合并制度的基本内容

一、诉讼合并制度的类型化分析与启动条件

按照诉讼合并程序的适用目标来划分，美国法中的诉讼合并制度可以分为当事人合并和诉讼请求合并，前者是对诉讼主体的合并，而后者则属于对诉讼客体的合并。当事人合并制度是指在一个既成的诉讼中，法院将存在关联利益或在法律上有利害关系的当事人进行合并的行为，它既可以是单独对原告、被告的合并，也可以是对原被告双方的同时合并。具体来看，当事人合并可以分为当事人强制合并和当事人选择性合并。诉讼请求合并制度是指在一个既成的诉讼中，法院将不同当事人基于不同权益出发点而提出的主诉讼请求、反请求、交互请求或者第三方当事人请求合并处理的行为。需要注意的是，主诉讼原告在提交起诉状时，有权针对被告一次性提出所有关联请求并申请合并审理，无论这些请求之间是否存在真正的联系。由于法官需要到正式审理时才能作出准予合并或拒绝合并的裁定，所以对此合并申请持有不同意见的当事人只有在审理程序正式开始后才能提出异议。在诉讼合并制度中，不管合并程序适用的目标是当事人还是诉讼请求，同一诉讼中需要处理的诉讼要素数量增多往往意味着不确定性的增加。

对当事人合并而言，为了满足一些特殊案件的需要，美国法院需要通过程序手段将司法资源主要是法院解决纠纷的能力最大化，因而其需要获

得司法权力来处理当事人合并诉讼中的程序问题。比如批准扩充提起诉讼的原告范围、拒绝扩大当事人范围的请求以及修改对当事人范围的解释。但是，美国传统的权力分立与权力相互制约理念注定法院对诉讼合并的裁量权不可能无限扩张，当事人合并程序的启动必须符合下列条件：

（1）提起诉讼的主体必须是"有法律上利害关系的当事人"；

（2）诉讼主体具有"诉讼能力"进行起诉或者被诉；

（3）法院准许合并的诉讼主体必须是"适格的当事人"；

（4）数个当事人与原诉讼请求的争议点具有"必要的牵连性"，以至于案件的合理推进需要将他们一并纳入统一诉讼程序；

（5）假若上述"必要的适格当事人"无法被合并，诉讼进程将停滞。

对于诉讼请求合并而言，判断数个请求能否合并至同一诉讼程序的标准在历史上存在不同的观点。但是，正如在当事人合并程序中所贯穿始终的司法理念，不管如何演化，诉讼请求合并的发展始终遵循着扩大法院自由裁量权的趋势。虽然法院对于当事人之诉讼请求的裁量权无法在不同情境下作出统一解释，但历史上所有的诉讼请求合并规则都受到司法程序理性、陪审制、诉讼效率等因素的影响，法官必须对合并请求所带来的诉讼争点混淆与故意拖延审理等现实情况进行适当的考量，总的来说，诉讼请求合并需要考虑以下两条规则：

（1）多个诉讼请求之间存在必然联系；

（2）对多个诉讼请求进行合并审理将提高司法效率并且符合正义原则。

在上述情况下，即便当事人的多个诉讼请求是基于合同法、侵权责任法等不同的实体法，它们仍然可以被同时并入一个诉讼程序进行审理。在法官对合并请求进行判断的过程中，不论是否基于同一令状，"方便法院解决相关纠纷"的事实组群分类方法都起着至关重要的作用，这是对早前相关制度的改进。在之前的程序规则中，当事人的诉讼请求只有基于相同诉因或者当它们被特定司法辖区的法典划为"同种类"时，才有可能被合并处理，其目的是对相关权利义务进行特定分类并有效分配。

在民事诉讼程序推进的过程中，法官经常需要面对复杂的诉讼组成，然而，不管这"复杂因素"对应着何种诉讼要素，法官的判决及其引导作用很多时候都无法轻易获得诉讼当事人的同步认可；在对抗制盛行的背景下，当最终判决无法迎合当事人的需求时，法官在纠纷处理中的作用和权威将受到质疑，这种质疑所形成的作用力在无形中影响着舆论导向和法院对大规模复杂诉讼的处理态度，进而影响了各方对诉讼合并程序的心理认可程序和实际援用范围。

二、诉讼合并程序的裁判类型

在诉讼合并程序中，如果合并请求被法院准许，那么源于一个共同事实或者法律问题的数个争点将被并入一个程序中进行处理。法院可能为了对多个诉讼的共同争点进行合并审理而将至少两个原本完整且独立的诉讼进行合并，也可以为了促进审前阶段的顺利进行而对前述争点和诉讼合并处理。由于美国的民事诉讼程序繁琐，从起诉到正式审理所需要的时间存在很大的不确定性，所以在一个诉讼周期内对彼此关联的多个诉讼进行同步处理，对于司法效率的提高是显而易见的。从整个民事诉讼发展的历史上看，诉讼合并的裁判类型可以大致分为以下三种：

（1）如果法院在针对一个诉讼作出判决的同时中止了与其相关的其他多个诉讼，那么法院作出的判决对其他相关诉讼中的争点可以被证明具有结论性；

（2）法院将多个诉讼合并为一个诉讼并对此作出唯一判决[①]；

（3）法院裁定对多个诉讼进行合并审理，但针对各诉讼的独特性分别作出具体判决。

对于上述三种情况，虽然《联邦民事诉讼规则》第四十二条（a）提到了指令合并庭审和指令诉讼合并，从字面上看似乎其同时内含着第（2）和第（3）种类型，但根据相关判例及解释可以推断出《联邦民事诉讼规则》实际上将诉讼合并限定为第三种类型。也就是说，美国现今司法体系中诉讼合并程序并不会使相互关联的诉讼丧失其独特性。从联邦层面来看，法院对合并的自由裁量权主要存在于各司法辖区，这也就意味着当一些诉讼在不同的司法辖区提起时，合并的请求并不必然获得批准。但是，即便是

---

① 例如，相同当事人之间存在多个尚未判决的诉讼，而这些诉讼涉及原本可以在一个起诉书中以数个独立诉因提出的多个请求。

在"合并不同辖区诉讼请求"可能不被批准的司法辖区，在决定是否可依照《美国注释法典》将某一诉讼移送至另一司法区时，合并对案件审理的影响及其在其他辖区被准许的可能性也会成为重要的考虑因素。另外，为了审前活动的顺利展开，"多地区诉讼司法小组"也可以根据《美国注释法典》指令将原属于不同司法辖区的多个待决诉讼合并审理。除了上述限制外，只要符合法定条件，联邦法院在裁定诉讼合并事项时享有不受约束的自由裁量权利。即便当事人拒绝合并审理，只要法院认为合并处理有利于庭审或者审前程序，其仍然可以行使诉讼合并权，需要注意的是，被合并的各诉讼中当事人不一定完全相同。同样，法院也可以只对产生于完整案件的若干争点进行合并。在裁定是否合并处理时，司法成本、程序适用可能产生的争议、审理的延迟和缴纳费用等问题是法官必须关注的问题。①

三、诉讼合并制度的关联程序

现代美国司法体系中，除了诉讼合并程序外，法院通常还会交叉运用诉讼请求的分开和诉讼请求的分离程序来解决合并过程中的难题，三者经常在一个独立的诉讼程序中分阶段适用。比如美国法学会建议扩展现有规则以便批准在不同管辖区提起的案件被移送或者被合并纳入一个法院进行审理，该法院被授权对该诉讼中的一些请求进行安排，包括分离请求或者再次移送这些请求，只要能够对当事人的争点作出公正有效的判决。此举即是为了应对产生于大规模侵权和其他全国性商业活动的多地区和多数当事人诉讼。法院为了提高审理案件的效率而将一个诉讼分拆为多个部分，在作出具体指令时，这些术语经常在实践中被交叉使用。然后，请求的分开和分离其实不尽相同，两种程序是单独设计、单独运行的，其在理论上也存在诸多差别。从概念上看，诉讼请求的分开又称诉讼分开（bifurcation），是指将一个诉讼分为两个以上的请求或者请求组群。法院将单独审理各个组群，但最终会作出唯一的判决。诉讼的分离又称诉讼分离

---

①　例如，在一系列完全因可转换债券私募而产生的诉讼中，法院对主要被告相同的两个诉讼进行合并审理，但却拒绝合并其他两起案件，这两起案件所涉及的当事人和争点因而没有被并入同一诉讼中。

（separation），是指将先前已经合并的诉讼请求分为数个相对独立的请求，法院最终会针对各分离开的请求作出独立判决。

（一）诉讼分开程序

初审法院享有是否将案件分别审理的自由裁量权，其判断标准在法定范围内具有很强的开放性，最重要的考量因素即"便于法院审理原则"。以法院审理之便利性作为决定分别审理与否的出发点在一定程度上避免了法官对任何一方当事人的偏见，而且可以将司法运行成本和当事人所需要付出的代价降到最低。之所以将此原则作为判断标准是因为法院希望尽可能找到在结果上公正合理的诉讼适用程序。按照法院的这一考量路径，若任一当事人享有在某一争点上获得陪审团审判的权利，那么请求分开程序就不能被援用来作为剥夺他寻求公正审判的方式。需要特别注意的是，假设裁定分开的某一诉讼同时牵涉普通法和衡平法上的请求，那么陪审团必须首先就两种请求的共同争点作出裁判。只有这样，法院才可以根据陪审团的这一裁决来解决剩下的衡平法争点。请求分开程序经常被用于从损害赔偿问题中分拆出不同类型的责任。特别是在某些问题可能将由缺乏专业法律知识的遴选陪审团进行审理时，请求的分开能最大程度确保"原告受损害程度的证据"不会给陪审团带来非法律理性的刺激，进而对被告的主观过错认定造成不当影响。① 通过相关的统计数据表明，与没有采取请求分开程序的案件相比，责任问题和损害问题的分开明显降低了原告胜诉的可能性。② 这一统计结果说明，受感性思维驱动较多的陪审团在面对一些类似身体受损害等证据时，往往会在怜悯情绪的影响下不自觉地加重证据背后对应的责任。显然，请求分开程序是为了避免对一方当事人的偏见。同样的，如果各争点相互交织在一起，以至于将其单独提交给一个陪审团会导致不可控的偏见，那么就不应该指令进行分开处理。除此之外，请求分开程序还能通过预先处理某些争点来提高司法效率。例如，在经过事实审理后发现被告并不对损害承担责任，那么下一步的损害赔偿认定问题也就没有必

---

① Henderson, Bertram. Toke. Optimal Issue Separation in Modern Products Liability Litigation [J]. Texas Law Review, 1995, 73: 1653.

② Rosenberg. Court Congestion: Status, Causes, and Proposed Remedies [J]. The Courts, the Public and the Law Explosion, 1965, 29: 49.

要继续了。一项早期研究表明，与将责任和损害赔偿问题同时提交给陪审团审理的案件相比，以诉讼请求分开方式处理的案件可以节省百分之二十的时间。[①]

就启动请求分开程序的方式来看，当事人申请和法院指令皆可能导致程序的正式展开，而且多数情况是在审前会议阶段作出决定。即便当事人对分开审理的裁定不服想提起上诉，在多数司法辖区内都不会成功，因为分开审理的裁定并不是最终判决，其对当事人的权利义务也没有进行终局确定，所以不能立即提起上诉。美国各级法院已断然拒绝了要求对附带裁决原理下的分开指令进行审查的建议。但是，当事人可以在最终判决作出后，以分开审理对其存在偏见，影响案件公正处理为由提起上诉，这是当事人反对法院分开指令的唯一方法。即便在少数存在例外规定，允许在分开指令作出后当即提起上诉的司法辖区，当事人在自由裁量权的影响下也难以成功上诉。[②]

（二）诉讼分离程序

诉讼请求分离程序的启动时间和条件相较诉讼请求分开程序要更加灵活，只要法官认为先前采取的诉讼合并难以达到预期的作用或者对任何一方当事人造成不公平，即可立即启动此程序。请求的分离有时会包含一种剔除或追加当事人的程序，此程序可以成为对错误当事人合并或者未使必要当事人参加诉讼的一种补救措施。需要指出的是，这里诉讼合并的消极作用并不需要确实发生，虽然合并程序在启动时符合条件，但只要法官在此后任一阶段认为此程序的延续会阻碍诉讼程序的有效推进，则可依职权采用分离程序来阻断合并程序。

（三）小结

从上面的分析可以看出，诉讼请求的分开和分离实际上具有很多共同点。除了"引入"情形外，当某一法院对案件的管辖存在错误，而某一被合并的被告对法院的管辖权提出异议时，法院即可对异议方提出的请求进

---

① Zeisel, Callahan. Split Trails and Time Savings: A Statistical Analysis [J]. Harvard Law Review, 1963, 76: 1606－1619.

② Korn. Civil Jurisdiction of the New York Court of Appeals and Appellate Divisions [J]. Buffalo Law Review, 1967, 16: 307.

行分离。即便法院的管辖没有任何错误，只要分离有利于当事人获得公平的利益，法院就可以采取分离程序将某一请求分离然后移送到更利于案件审理的法院，是为了最有效地分配司法资源，采取有针对性的审判方式对诉讼整体进行的分步解构。诉讼合并和请求分离往往存在密切关联，一个案件的顺利推进有时需要交叉运用两种程序才能产生最佳效用。比如，若上述案件中的请求被分离，那么为了使最适当的法院审理此案，法院可以将分离后的请求再次予以合并，或者批准当事人加入新的诉讼请求。类似情况在联邦法院经常发生。

美国的诉讼合并制度在其司法体系中占有重要地位，它不仅拓宽了单一诉讼的广度，也直接扩展了法院审判的维度。由于当事人可以利用此程序根据不断变化的现实情况选择性地合并或者分开、分离各项诉求，引入新的当事人，因此合并以及相关程序对诉讼效率和司法成本的意义是显而易见的。在诉讼要素复杂化愈演愈烈的现代社会，美国《联邦民事诉讼规则》始终关注程序效益对实体法的支撑。当法院对数个当事人和数个诉求作出具有指导意义的体系性判决时，诉讼的结果往往更加切合实际。虽然合并程序和其他程序的结合有时会产生错综复杂的衔接效果和连锁反应，但环环相扣的程序设计只要运用得当就可以最大程度地保证案件得到司法权力的公正对待，这也是理论界和实务界致力于完善诉讼合并制度的关键所在。

第二章
美国民事诉讼中诉讼合并制度之诉讼主体合并

第一节　当事人合并制度

一、诉讼合并程序中的适格当事人

当事人适格问题几乎是所有民事诉讼程序的起始问题，潜在的诉讼参加人需要满足特定的要求并以此作为启动程序的依据。从微观层面上看，该问题又可以分为三个不同的考量因素，第一，当事人是否属于诉讼中有利害关系的实际当事人；第二，该当事人是否具有提起诉讼或者被起诉的诉讼能力；第三，当事人主要是原告的诉讼资格处于何种状态。下面，笔者将结合美国民事诉讼中的诉讼合并制度对这三个要素进行逐一分析。

（一）有利害关系的实际当事人

1. 不同场景下"利害关系"的定性

对于第一个考虑因素，有利害关系的实际当事人通常适用于诉讼中的原告以及其他在不同程序阶段主张权利的潜在当事人，比如第三人诉讼参加申请人，交互请求权人，反诉人都必须被证明是与其特定诉讼请求存在利害关系的真实当事人。根据这一要素的内在要求，当某一当事人，主要是原告诉请法院强制执行或者恢复某种权益状态时，必须存在民事实体法上对应的权利条款。需要明确的是，有利害关系只能保证当事人最基本的适格性，但并不表明某些当事人必然被并入已经开始的诉讼。例如，在涉及部分转让标的物的案件中，法官需要考虑所有的部分受让人和原告之间是否存在利害关系，进而需要考虑是否应该将合并规则适用于这一争点并将全部关联主体纳入本诉审理程序以查明争议的法律关系。

从不同的法律传统上看，普通法较衡平法而言更注重对"有利害关系的当事人"这一因素进行严格的规范审查。在普通法上，对于被告的某一侵权行为，只有拥有"侵权行为指向的权利"的主体才可以原告身份起诉；而在衡平法上，对争议权利或者衡平法上其他相关权利持异议态度的任何人都可以起诉。依照美国当代民事诉讼程序理念，有利害关系的实际当事人并不一定是胜诉结果的最大受益人，尤其在衡平法中，如果诉讼是为了他人利益而提出，原告依照法律确实可以基于某种利害联系，为了使最终受益人获益而起诉，这就使得法院认定"有利害关系的实际当事人"的过程变得更加复杂。一般来说，法院的认定过程分为以下三步：第一，确定当事人所主张的权利性质；第二，根据案件审判地的程序法典，主张该权利的当事人是否属于有利害关系的实际当事人；第三，适当考虑当事人从最终胜诉结果获益的情况，但并不一定会因此具有权利优先地位。例如，依据宾夕法尼亚州的制定法，法院在意外死亡诉讼以及不当致死诉讼中将有利害关系的实际当事人限定为具有特定身份关系的人，包括死者的配偶，子女以及父母。除了这三类人之外，其他亲属在一般情况下都不能被认定为具有利害关系的实际当事人。只有当上述当事人都已经不在世或者无法联系上时，遗产代理人才可以"利害关系人"之身份提出诉讼，但是其可以获得的补救类型也只限于特定的损害赔偿。

在转让某种权利或者动产的情况下，如何认定有利害关系的实际当事人也是法院经常需要面对的难题。其一，法院必须查明转让的标的物是什么，并以此确定受让人是否依法享有请求救济的权利。如果转让的标的物与救济请求没有实际关联，受让人就不能以转让行为不当为由提出诉讼。其二，法院必须确定转让行为的效力。这一问题的难点在于不同州司法辖区对不同权利或者动产的性质有不同规定，比如某些司法辖区就明确规定不允许转让侵权赔偿请求。而依照《反转让法》和《美国注释法典》第三十一章第3727款的规定，针对美国联邦政府之行为所提出的诉讼请求不能被转让。仅就这一审查要点来看，主张自己拥有某项被转让的请求权之民事主体是否在特定诉讼中属于有利害关系的实际当事人，将最终取决于实体法律规定如何对"其主张的权利或者动产的可转让性"进行规制。例如，为了偿还贷款，一家超市将收取特定销售合同价款的权利转让给一家银行，由于销售合同相对方最终没有履行合同，所以银行在此情况下可以提起违约诉讼。但是，已经转让合同价款收取权利的零售商不能再起诉，因为它已经不再享有要求合同继续履行的实体法权利，进而也就不再属于有利害关系的实际当事人。

《联邦民事诉讼规则》第十七条（a）款规定"任何一项诉讼都应该以有利害关系的实际当事人的名义进行"。也就是说在一般情况下寻求救济的原告都应该在诉讼中公开其名称，唯一的例外是法院为了正当保密条款而准许原告以虚构的名称进行诉讼。不只在起诉阶段，绝大多数程序体系都对利害关系人作出了类似规定，并且所有程序规定都无一例外地为法律上特定利害关系人的诉讼行为提供了详细指引。比如，《联邦民事诉讼规则》第十七条（a）款规定，监护人、信托受托人、遗产管理人、遗嘱执行人、寄托受托人和其他为了他人利益订立合同的当事人都可以自己的名义提起诉讼，并且不用主动将那些可能从最终胜诉结果中受益的当事人并入诉讼。

2. 联邦与州辖区的申请主体与管辖规则

有利害关系的实际当事人规则在诉讼中究竟应该处于何种地位？如何才能实现其价值的最大化？这些问题一直以来都受到学者的关注。有学者提出，法院在诉讼中应该允许被告对原告是否属于有利害关系的实际当事人提出异议，这可以使其最大程度避免遭受"源于同一请求或者类似请求"之重复诉讼的侵扰。按照这一观点，该规则是倾向于保护被告的，因为被告可以据此要求原告为其提供一项针对利害关系的抗辩，如果双方争议一直围绕实体法上的问题进行正常的诉讼程序，那么被告要求的抗辩就可以在"一事不再理"原则的范围内为自己提供保护。但是，下列事实似乎又从侧面削弱了这一论点的合理性，即若原告依据实体法的规定本不应该享有诉讼救济权，那么被告在诉讼提起之初就可以申请驳回起诉，而这与上述有利害关系的实际当事人规则并没有太大关联。有鉴于此，有人认为，这一规则并没有太大的作用，并且容易造成误解。① 在他们看来，实体法上

① Atkinson. Real Party in Interest：A Plea for Its Abolition ［J］. New York Law Review, 1957, 32：926.

的规则是一种"平行的程序指令",它应该作为一种依据用来判断适格的当事人是否已经提出诉讼,而不是作为被告主动防御的武器。在一些偏保守的司法辖区中,此观点占据了主导地位。

从当事人庭审策略的角度上看,有利害关系的实际当事人规则是可以择时利用的法律武器,原因在于提出诉讼请求的主体之社会身份一般都会对陪审团的遴选思路产生影响。例如,在保险损害赔偿案件中,保险公司一般都倾向于让受到过人身伤害的被保险人作为原告,因为对于那些一般不具备法律逻辑和法学背景的陪审员来说,个体的真实侵害更容易受到同情,这在诉讼中是非常关键的胜利因素。因此,为了达到这一目标,保险公司可能在一开始就会对被保险人施加压力,比如赔偿较少的金额,或者以保险单之外其他形式进行赔偿,由此激发被保险人的诉讼欲望。在没有得到足额赔偿的前提下,被保险人通常都保留起诉实际侵权人的实体权利,所以他仍然可以作为有利害关系的实际当事人存在,并且此时保险公司不会被要求在诉讼中出庭,这对保险公司来说是十分有利的。在联邦法院的审判过程中,有利害关系的实际当事人规则经常会给法律选择带来难题,这样的难题不仅来源于联邦法律和州法律之间的不同,也与不同州之间的不同判断标准密切相关。从上述保险损害赔偿案件来探讨这个问题,保险公司在诉讼前通过以"借贷收据"的方式赔偿被保险人并试图确保被保险人在人身损害案件中有利害关系的实际当事人地位,有资格处理不同州籍当事人之间案件的联邦法院系统为了确定被保险人是否是真实的利害关系人,必须结合管辖地所在州的法律来判断被保险人是否在实体法上享有寻求救济的权利。如果管辖地所在州的法律认可了借贷行为以及转让行为的法律效力,那么联邦法院就会认可当事人对借贷收据性质的主张,并同时确认被保险人的利害关系人地位。与此相对应的一个问题是,当案件涉及某些联邦法律问题时,联邦法院需要在联邦问题管辖权下适用联邦实体法以确定谁享有起诉权利。但是在某些情况下,即便联邦法院依据联邦问题管辖权管辖案件,州司法辖区的实体法仍可能被适用,以确定谁是有利害关系的实际当事人。比如,当构成诉讼管辖权基础的联邦法律或者联邦规则只是为州法上的起诉权创设了一种联邦层面的后备救济手段时,秉承方便查明案件的原则,州法可以得到优先使用。另一种情况,当联邦法律或者联邦规则所创设的新的诉因是当事人提出诉讼请求的基础时，就必须援引联邦实体法来解决有利害关系的实际当事人问题。在上述两种情况下，各州司法辖区的单独规则与有利害关系的实际当事人的认定并无太大关联。但是，当涉及"以谁的名义起诉将更有利于强制执行代位人权利"的州法规定与联邦法规相冲突时，应该以《联邦民事诉讼规则》第十七条（a）款为准。所以，某些当事人虽然无法在州法院以自己的名义起诉，但却可能在联邦法院正常行使自己的诉讼权利。

3. 异议的提出与补救措施

就当事人对有利害关系的实际当事人提出的异议而言，由于其通常涉及一项初期答辩行为，所以法院通常都会要求异议人在答辩书或者前期申请中主动提出。不管在什么情况下，提出异议申请的时机越早对申请人越有利，如果异议人没能在较早时间提出异议申请，就很可能被视为主动放弃异议权。而对于法院是否具有主动提出异议的权利，当前学界对此莫衷一是，但主流趋势是允许法院在处理利害关系的实际当事人问题时，享有更大的自由裁量权，以此来弥补某些当事人在合理情况下对于"初始资格问题"的延迟或者错失。例如，在一起案件的诉讼过程中，某一当事人在庭审前4天提出了正式异议申请，但法院最终判定其属于延迟提出行为并驳回申请，原因是该案件虽然于近期才进行正式庭审，但实际上已于两年前正式提出诉讼。此时的异议申请对于已经为案件进行长时间准备工作的当事人而言都是一种消极的拖延，并可能导致前期准备的方向误导。但是，这样的驳回情况并不是一成不变的铁律，就像在其他程序中主张存在不合理的延迟情况一样，法院有时会综合考虑异议方在维持原状情况下的实际损害程度，并以此作为接受异议申请与否的检验标准。

即便某人对有利害关系的实际当事人问题所提出的异议成立，也并不一定给现有诉讼当事人带来重大损害。法院会根据实际情况规定一个合理期限以便并入新的适格的当事人或者直接替换原有当事人，如果这一并入或替换程序无法在合理时间内完成，那诉讼就会由于当事人问题上的固有缺陷而产生无法挽回的影响。另外，替换原有当事人将导致诉讼时效的重新计算，也就是说溯及到最初起诉之日，这样是为了使真正适格的利害关系人免受时效经过的影响。如果法院或者现有诉讼当事人穷尽一切合法手段仍然无法找到适格当事人，起诉就会被正式驳回。但这种驳回只是对于先前当事人的程序利益的重新洗牌，并不是针对实体上的权利问题，换句话说，有利害关系的实际当事人可以在随后的诉讼中重新提出同样的诉讼请求。

（二）诉讼能力

对于第二个考虑因素诉讼能力，又称诉讼行为能力，一般包括起诉和应诉能力，是指任何民事诉讼意义上的诉讼参加人在诉讼中独立且充分代表自身权益并行使相关权利的能力。也就是说，这种能力是不需要他人协助而产生的。从身份角度上看，这一因素体现了认定"缺乏诉讼必要资格的个人或者群体"的一套总括性的规则。从美国的司法历史上看，曾经最主要的诉讼能力欠缺主体类型包括：婴儿，智力不健全的人，已婚妇女（仅存在于过去普通法规定中），已决犯（有时只是不享有起诉能力但是可以被起诉），在其任命地以外的司法管辖区以代理人身份处理职务相关事件的个人，国外或者州籍不同的公司或者已经破产倒闭的公司，合伙或者非法人团体。一般来说，诉讼能力的有无与诉讼的性质无关，这就不同于前面所论述的有利害关系的实际当事人规则，后者的认定结果会随着争点中实体权利义务的不同而产生变化。所以，一位原告即便根据实体法权利规定享有起诉权，也可能由于年龄问题导致缺乏诉讼能力而无法起诉；另一位原告或许与诉讼争点或者结果有利害关系，但由于他按照法律应由监护人代表诉讼，所以其本人不能依照住所地法提起诉讼。

1. 诉讼能力的缺失

诉讼能力的欠缺通常包括两种情况：第一种是基于生理或者心理现实情况的能力制约，第二种是由于组织地位或者特定法律关系的能力制约。法院对缺乏诉讼能力之主体的应对措施需要根据具体情况区别对待。由于生理或者心理问题而产生的能力欠缺，比如婴儿或者智力不健全的人，法院会将其认定为必须受到监护的人，因此，法院会为其指定一位符合条件的当事人来代表其行使程序权利。而对于那些由于组织地位或者特定法律关系而不具备诉讼能力的人（主要适用于所有非法人团体），[①] 比如工会或

---

① 属于普通法规则。

者在某些司法辖区的涉讼财产管理人，则不会受到这种"法律层面的照顾"，法官不会为其选定合适的代理人，这类诉讼主体寻求法律救济只能在符合管辖规定的某些州司法辖区起诉，或者依据新的诉因使自己具备诉讼资格从而重新提起诉讼。对两类人展现出的不同处理方式表明了法律对不同种类能力欠缺人群的针对性政策导向。当面对第一类人群时，法院根本没有理由期待他们能够基于自己的合法权益独立行使诉权。而后一类人只是受制于客观存在的法律规则，法院对其诉讼能力的考虑更多是为了对其诉讼活动加以有效控制。

除了天然存在的固有缺陷会阻碍某民事主体行使诉权，现有当事人也有可能在诉讼中途获得或者失去诉讼能力。比如，在一起案件【Ju Shu Cheung v. Dulles，16F. R. D. 550（D. Mass. 1954）】中，一位本来缺乏诉讼能力的当事人摆脱了无能力状态，那么根据大多数州司法辖区的规定，法院将裁定终止监护人代为诉讼的权利，无论该监护人是否由法院指定。依照实践中的做法，当事人应当及时提出申请来要求法院撤销代表人。相反，如果某一诉讼当事人在诉讼过程中突然丧失了诉讼能力，那么起诉将被直接驳回。例如，在一起案件【475F. 2d at 1155】中，原告在起诉之后的 20 天因没有按时支付税款而被暂停营业，依照州法，暂停营业这一事实导致无法再以公司的名义起诉，因为也就丧失了诉讼能力，故法院将起诉驳回。法院认为，诉讼行为能力不单单是指主动起诉的攻击能力，也包括被动应付诉讼的防御能力。

2. 不同层级审查规则的冲突与平衡

即便由联邦法院审判的案件，当事人之诉讼能力问题也主要受到各州法律的规制。根据《联邦民事诉讼规则》第十七条（b）款的规定，除开以某当事人之代理人身份行使诉讼权利的人外，当事人的诉讼能力应该依照其住所地法决定；法人的诉讼能力依照其成立时参照的法律决定。另外，在不考虑少数例外情况的条件下，当事人的诉讼能力都是依照联邦地区法院所在州的法律决定的。仅有的两种例外情况是：（1）依据州法不具备诉讼能力的合伙和非法人团体在涉及联邦民事问题的案件中可以其通用名义（common name，或称惯用名义）起诉；（2）联邦涉讼财产管理人依据《美国法典》享有特定的诉讼能力，此时可以排除州法对其定义的不适格性。

在这样的规则背景下，《联邦民事诉讼规则》就在"支持通过地方规则处理诉讼能力问题"以及"主张依据全美国统一标准以获得更加公正的审判权"的地区之间发挥着极为重要的调和作用。

当管辖地的州法与《联邦民事诉讼规则》的规定不一致时，到底应该适用何种法律对当事人的诉讼能力进行判断就变得比较复杂。在 1949 年发生的伍德诉州际房地产公司（Wood v. Interstate Realty Company）一案中，联邦最高法院判定，当密西西比州法院驳回此类起诉时，在田纳西州成立的一家公司法人就不能在位于密西西比州的联邦地区法院起诉一位密西西比州的当事人。即便该公司在事实上依照其成立地所在州的法律拥有诉讼能力，但由于其根据密西西比州独立的法人诉讼能力规则没有就当地的经营性活动重新注册，所以不具备起诉或者应诉的资格。但是，在随后发生的汉娜诉普卢默（Hanna v. Plumer）一案中，联邦最高法院似乎修正了此前在 Wood 一案中隐含的判断思路。法官认为，在有些案件中，机械地适用州辖区的实体法规则会对权利恢复进程造成重大阻碍，因此可以选择性适用某些州法上的程序事项、送达方式等无关当事人实体权利的规则。而除了那些明显有违 1934 年《规则制定授权法》的情况外，联邦程序规则应该可以适用于存在不同州籍当事人的民事案件，这就对之前案例的指导性产生不小的影响。《联邦民事诉讼规则》第十七条（b）款第二节明确规定法人的诉讼能力应由《法人组织法》进行规制，而非管辖地所在州的法律。但是，如果管辖地所在州在自己的诉讼能力规则中针对某些特定案件表现出一些重要的政策取向，那么最理想的解决方式就是通过正当的引导促使当事人提起的诉讼既符合《联邦民事诉讼规则》第十七条的规定，又不违背管辖地所在州的法律。在这样的理想情况下，不同层级法律之间的冲突就能被有效避免，并且也兼顾了管辖地所在州的法律规制利益（regulatory interests）。

从整个美国的司法演进历史上来看，一般很少有当事人就诉讼能力问题提出异议，所以大多数州的现代程序规则都没有要求当事人在诉讼提起之初就对自己或者其他当事人的诉讼能力进行主动证明。而从实践做法来看，除了有必要证明法院对特定当事人或者案件的管辖权以外，各当事人通常都不需要对自己的能力进行主动证明。从形式要求上看，如果某一当事人的能力受到他方怀疑，对方当事人必须通过对法定的否定事实进行主张并作出充分举证才能正式提出异议；从时间要求上看，如果异议人没有通过答辩状或者正式审理前的初期动议（preliminary motion）提出异议申请，法院将视其主动放弃对诉讼能力的异议权，这一做法在绝大多数采取普通法和法典诉辩程序的州司法辖区得到广泛适用。但是，少数法院将当事人的诉讼能力问题作为一种事务管辖权的客观要求来加以对待，依照这方式，任何人对诉讼能力提出异议，不管何时出现都不会视为放弃。由于这种结论显然与《联邦民事诉讼规则》第九条（a）款以及大多数州的类似规定完全矛盾，因此后来被联邦最高法院通过正式的判例指导进行了纠正。

（三）当事人的诉讼资格

当某一民事主体试图对一项制定法规则或行政机关作出的决议提出异议并诉至法院时，对此类诉讼中当事人资格问题进行讨论就凸显出其必要性。正如法院一直遵循的"司法与政治分离原则"所隐含的指导思想，诉讼资格规则实际上是对可诉至法院解决的争议类型所设计的可控机制，在这样的机制运转下，法院可以对当事人准入问题做出合理限制。

1. 公民诉讼资格与宪法限制

尽管从源头上看，诉讼资格问题属于联邦法院层面的问题，但是由于其适用的实效性和现实性，其概念为各州司法辖区的法院所广泛采纳，尤其是在涉及纳税人的诉讼合并案件中，诉讼资格审查起到了强大了过滤作用。现今，几乎所有的州法院都准许纳税人针对地方政府过往的财政开支问题提起诉讼。即便在其他持相对保守态度的少数州辖区，法院也会受理纳税人针对"州政府的支出决策"提出异议的案件。① 比如，洛杉矶的纳税人就被赋予起诉警察署或者警长的诉讼资格，目的是防止公众缴纳的税款被用于电子窃听设备领域。在法院看来，取之于民的税款毫无疑问应该符合"最广泛的公共利益原则"，而窃听设备虽然有助于某些案件的侦查追踪，但必然会给公民隐私权带来一定的损害。尽管多数州和少数州对"纳税人与政府支出问题之间的诉讼关系"所展现的态度具有差异性，但它们

---

① Jaffe. Standing to Secure Judicial Review: Public Actions [J]. Harvard Law Review, 1961, 75 (2): 225 - 305.

共同反映的"各州对州辖区法院在审查立法和行政决策方面所应扮演何种角色的不同认识",对于法律规则、政府行为以及公民权利之间的边界划定具有重要意义。目前,尚且没有州司法辖区准许普遍意义的广泛的公民诉讼资格(citizen standing),但由于近年来针对有关消费者、环境事业以及政府公共资金开支的联邦管制、行政决策等提出的异议案件数量直线上升,联邦法院对于广泛的公民诉讼资格问题投入了更多关注。但是,由于修法涉及不同党派之间在某一执政党任期内持续的利益博弈和价值主张,当前的联邦法院对于诉讼资格问题仍然处于一种模棱两可的状态。道格拉斯法官对此作出如下评论:"对于享有广泛自由裁量权的法官而言,在法定规则之内对原告的起诉资格作出过于具体的分类和定义在很大程度上不具有现实价值"。

总的来说,民事案件中所有的诉讼资格问题都源于"法院只能对民事案件争议作出裁判"这一宪法上的既定限制。根据宪法第三条的规定,原告必须明确主张自己受到被告显著且容易察觉的侵害,即使这一侵害实际上是由更多其他潜在的诉讼当事人所共同造成的。所以,如果联邦法院判定诉讼中的当事人与案件争议之间没有足够的关联,那么就会依据联邦宪法第三条禁止对该案件启动庭审程序。一般来说,法院对诉讼资格问题都是逐案分别讨论,但在一些特殊情况下,法院可能对一起诉讼进行分拆,将诉讼资格问题放在不同部分中分别进行裁判,一方当事人可能有资格针对一项公共法令或者行政行为在民事领域的影响提出异议并将其诉至法院,但却不能在公共法令和行政行为涉及的其他领域提出诉讼。可以说,诉讼资格的宪法依据将本来看似属于常规问题的基本内容转换成一个在特定类型诉讼或者特定诉讼部分中突出的关键问题。

2. 诉讼资格的判断标准

除了宪法对基本资格问题作出的框架性条件外,民事案件中的资格问题还涉及一些具体的政策因素。诉讼资格对于异议当事人所具有的审慎特性以及判断是否满足当事人目标的准则都随着当代社会生活的演变而催生出新的现实状况。比如,联邦最高法院在某些判例中确定的直接侵害标准,除非原告能够证明被告的行为直接对其产生损害,否则原告将不具备诉讼资格。原告必须提出在现行制定法或者判例法中明确规定的可由法院管辖的诉讼请求。针对目前的发展趋势，一些学者在评论中指出，诉讼资格原理的下一个发展阶段或许会是采纳更加严格的"法定权利"标准。现行诉讼资格的判断标准是联邦法院规定的两重标准，即具备适当诉讼的资格的原告必须证明：（1）所起诉的行为已经在事实上构成了侵害；（2）诉请法院救济的权利属于制定法或者宪法原则所保护或者间接保护的权益范围。对于第二部分"保护范围标准"来说，虽然规则表述不够精确，但法官在实际操作中无论何时，只要没有特殊的确凿理由需要否认当事人的诉讼资格，一般都会视原告符合资格条件。① 因此，讨论的重点主要放在第一部分。在联邦最高法院审理的一起案件【405U. S. 727，92S. Ct. 1361，31L. Ed. 2d636（1972）】中，作为原告的环境保护组织对美国内政部和沃特迪士尼娱乐公司之间达成的将红杉国家森林的部分区域开发成滑雪度假区的合作协议提出异议。法官经过审查认为，环保组织自身并没有受到未成形项目的实际损害，其所主张的侵害经过审慎评估仍具有很大的不确定性，无法受到现行法律的即时规制，因此环保组织在本案中不具备诉讼资格。而在另一起案件【412 U. S. 669，93S. Ct. 2405，37L. Ed. 2d 254（1973）】中，作为原告的学生对美国州际贸易委员会提高铁路运费的决议提出异议，理由是这一行为会间接阻碍大量可回收物品的利用，因为费率提高必然导致运输成本的上升，在无法对可回收物品进行低成本价值创造的条件下，商家对森林和其他自然资源的开采频率肯定会增加，这就会剥夺原告享有的受到法律保护的诸如徒步旅行、登山及其他户外活动权益。虽然其中的法律逻辑推演并不完美，但法院最终接受了这一主张并视其具备原告诉讼资格。与这一案件事实逻辑类似但结果完全相反的是另一案【422. U. S. 490，95S. Ct. 2195，45L. Ed. 2d 343（1975）】的审判，作为原告的当地纳税人对将纽约州罗彻斯特附近郊区划为保护区的做法提出质疑，因为这样的分区划定必然会增加罗切斯特对享受政府补贴的住宅的需求量，进而会增加地方居民的税收。对此，四位法官均提出了明确的反对意见并最终判定纳税人不具备诉讼资格来质疑政府的区域划定行为，最主要的判

---

① Sedler. Standing, Justiciability, and All That: A Behavioral Analysis [J]. Vanderbilt Law Review, 1972, 25: 479.

断基础是对行政行为的性质、公共利益目标与个体当事人私人利益之间的权衡。

诉讼资格认定标准的变化趋势表明了美国司法系统对原告权利救济和诉讼自由的偏重。但是，对于两种互相关联却又时常冲突的主体利益——原告寻求救济的权利和立法机关享有的免受司法干预的政策实施权，法院仍然没有达成一套清晰有效的平衡策略。虽然学界对司法机关的利益裁决权进行了长时间的系统性讨论，但目前为止，其具体权限也没有被准确界定。但不管现实状况如何，当面对具体案件中某些相互冲突的利益和主体价值时，法院仍然是最重要的协调部门。

最后需要提到的是，当事人对于特定问题的诉讼资格问题与有利害关系的实际当事人以及诉讼能力问题虽然联系紧密，但实际操作中更重要的是在不同诉讼阶段对其适时区分，谨防错误混淆。原因在于，虽然这三个因素都是为了确保正当的当事人诉权以及当事人对于特定诉讼目标的合法程序权益，但诉讼资格问题立足于联邦宪法和公共政策基础，它更多是从宏观角度对当事人问题进行全局把控，而其他两个因素偏重对民事实体法规则的综合考虑。同时，司法机关在某些特殊领域的现实角色和特定政策导向也在涉及行政主体的民事案件中贯穿于当事人适格问题的讨论。

二、当事人强制合并（compulsory joinder of parties）

当事人强制合并是指诉讼中数个原告或被告必须同时起诉或应诉，否则法院应当依职权主动追加将其合并到同一诉讼中审理的诉讼程序，若被追加的当事人拒绝被合并，法官有可能直接驳回诉讼，尽可能避免诉讼的不当终结。根据《联邦民事诉讼规则》第十九条（a）款的具体规定，如果某一当事人原本就在法院传唤文书指定的范围之内，而且将此人合并到诉讼中不会影响法院对本案的管辖权，那么在下列情况下，必须将该当事人合并：

1. 已经参加到本诉的当事人是否能得到公平的处理结果受该当事人的影响；

2. 被合并人的诉讼请求与本诉的诉因有直接联系，并且他的缺席很有可能导致下列事项的发生：（1）有损被合并人自身的救济权利；（2）其他已经参加到诉讼中的当事人可能遭受实体权益风险，或者可能导致其在先前程序中所主张的诉因与真实诉因不一致。

历史上曾将当事人强制合并细分为"不可或缺的当事人合并"和"必要的当事人合并"，不适用前者将直接导致诉讼终结，而后者只是在特定的情况下必须被合并，其排除适用并不会必然导致程序终结。在本诉程序中，不可或缺的当事人比必要当事人的位阶更高，他的缺席不仅损害自身利益，而且会给其他诉讼当事人造成不利影响。此时，缺席者本身和其他当事人是一个权益统一体，以至于在合并失败时诉讼程序必然终结。从权益统一体的角度看，"必要"和"不可或缺"的分类要求法官对诉讼进行精确的逐案分析，以便对非现有当事人进行恰当划分。为了简化繁琐的诉讼程序和实际操作中的其他复杂问题，1966年修订的《联邦民事诉讼规则》彻底将前两种合并方式简化为一种，统称"当事人强制合并"，并沿用至今。修订后的《联邦民事诉讼规则》在摒弃原有"不可或缺的当事人"和"必要当事人"的基础上，将特定情形下某一当事人缺席可能引发的不利诉讼后果作为判定是否允许合并的重要准则。如果由于不同司法辖区法律适用或管辖权问题导致合并事项受阻，进而影响案件进展时，法院可以依据《联邦民事诉讼规则》第十九条（b）款以衡平法的考量标准裁定是否对案件继续审理，具体包括：

1. 强制合并人缺席下的法院判决可能对此人或者其他已经参加诉讼的当事人造成不利后果的程度；

2. 是否可以引用如下法律条款降低或有效避免不利后果：（1）判决书中列明的保护性条款；（2）是否能够找到其他正当且有效的救济手段；（3）法院认为合适的其他正当条件；

3. 强制合并人缺席状态下的判决于法律逻辑上是否公平合理；

4. 若强制合并人的缺席导致原诉的直接撤销，原告寻求其他救济方式的路径是否畅通。

（一）　强制合并的法律逻辑基础

衡平法的日益盛行催生了联邦规则中的当事人强制合并，立法初衷是为了广泛正义的实现，司法机关的每一个判决都应在最大限度内维护所有"关联当事人"的正当权益。所以，只要某人属于强制合并当事人，法院都应该充分利用程序手段将其有序纳入一个既成的诉讼。除了对强制合并人之权利的积极维护，《联邦民事诉讼规则》实际上对已经处于本诉中的其他当事人和其他有可能关联但还未发现的缺席人具有重要意义，强制合并的出现有效避免了恶意诉讼和重复诉讼对程序效益的无端伤害和受害者诉讼成本的浪费。

强制合并的强制性和必要性源于对诉讼程序公平公正原则的考量。在某些案件的审判中，当事人可能是法院公正处理案件、判定权利义务归属的必要主体。《联邦民事诉讼》第十九条的标题在 1966 年以前是"对当事人的必要合并"，在这之后则改为"对公正审判所需主体的合并"，① 由此可见强制合并早期立法初衷的局限性。在当代美国司法程序中，法院会在特定情况（可行情况）下通过令状对必要主体进行合并，若无法合并，法官会在考量衡平法上的原则的基础上裁定中止诉讼，此时，某个当事人的缺席会导致诉讼无法继续。《联邦民事诉讼规则》第十九条（b）款的原文是"本着对良心和衡平法原则的考量"，这一描述清晰印证了诉讼实体正义在"决定当事人合并与否，即使可能会终止整个诉讼也在所不惜……"这方面所发挥的关键作用。② 上述种类昭示了诉讼统一体的组成部分，处于不同诉讼地位的当事人基于自身权益在诉讼中的优先性而被全部纳入统一体。符合强制合并条件的当事人必然与已经处于诉讼进程中的当事人具有特定的共同利益，而且这种利益关联的强度明显强于选择性合并，其缺席不仅会对诉讼产生消极影响，也会使自身的权利受损。所以，法律条文中"特定情况"之措辞是对被强制合并人缺席状态下诉讼效率和诉讼主体将承受的不利后果的综合表述。

在普罗维登特贸易银行一案【390 U. S. 102, 88 S. Ct. 733, 19L. Ed. 2d 936（1968）.】的判词中，联邦最高法院解释了对《联邦民事诉讼规则》进行重新修订的必要性，它推翻了联邦上诉法院第三巡回审判庭的裁决。在以往的案件审判中，法院往往遵循第三巡回审判庭先前作出的判例

---

① Kaplan. Continuing Work of the Civil Committee: 1966 Amendments of the Federal Rules of Civil Procedure（Ⅰ）[J]. Harvard Law Review, 1967, 81: 356 – 365.

② Reed. Compulsory Joinder of Parties in the Civil Actions [J]. Michigan Law Review, 1957, 55: 327 – 356.

主旨，即可能与本诉有牵连并受到其影响的潜在诉讼人必须以当事人的身份参加审判。同时，联邦上诉法院将一些案件直接援引为正式法律依据。联邦最高法院在对传统判例进行革新的一份判决书中【390U. S at 107，88 S. Ct. at 736.】提道，"在本案的审理中，我们发现联邦上诉法院所一直沿用的僵化方式表明了这样一种推演过程，即当事人强制合并规则之所以存在就是为了避免……"通过对现代美国司法系统运用当事人强制合并的场景进行分析可以得出，恰当适用这一机制可以充分体现司法灵活性以及所必须的对各方冲突权益的谨慎而有效地平衡。

当事人强制合并在法定规则上的演进反映了美国司法系统经历过的那段刻板僵化的历史，而 19 世纪希尔兹一案【58 U. S.（17 How）130，15L. Ed. 158（1955）.】的判决更是这段历史中的典型案例。在案件的处理过程中，联邦最高法院适当区分了不可或缺的当事人和必要当事人。通过法官的判词可以得出，所谓必要当事人是指"与诉讼利益具有利害关系因而符合诉讼当事人的要件，其参加诉讼的行为可以使法院参照如下规则审理案件，'法院应该对争议集合体的全案进行裁判并通过对诉讼利益的相关主体和权利进行调整、分配以实现最大程度的正义精神。但是，若被合并当事人的权利可以与现有诉讼当事人的权利分开处理而且不会使判决有失终局的正义，也不会损害其他案外相关人的正当权益，那么这样的当事人只是必要的，而不是必不可少的'"。可以说，只有当某一当事人自身带有"独特的权益性质"以至于终局判决与次权益息息相关，或者现有当事人的争点在某一当事人缺席状态下即便被解决也不符合衡平法上的原则和良知观念时，该主体才符合"不可或缺当事人"的条件。虽然法院在判例中对合并类别的定义反映了司法的灵活性，但法官在实际审判中仍偏向于通过即时推断运用这些专业术语，① 其间出现的一系列混淆类别和适用不当的情况都是由于未对当事人强制合并的法定基本原则进行深入理解和分析。在思考特定主体某些场景下是否应被司法力量强制合并的指导准则时，法律和规则的制定者联合实务界和理论界的人士一起论证，并试图缩小主观

---

① Wright. Recent Changes in the Federal Rules of Procedure［J］. F. R. D, 1966，42：552 – 561.

推断的范围，确立一些稳定的判断原则。

无论当事人合并还是请求合并，美国民事诉讼中诉讼合并机制的主要目标就在于通过尽可能简洁的诉讼程序在同样的时间里满足当事人的诉求，实现实体和程序上的双重正义。① 然而，法院在启动当事人强制合并时所需要处理的事项可能与该程序的基础目标不完全一致，甚至互相矛盾。比如合并的裁定可能会给现有诉讼当事人带来诉讼效率上的消极影响，也可能损害被合并当事人的正当权益。此外，本诉法院对"潜在被合并当事人"的司法管辖权限同样值得探讨，它不能仅从现有诉讼当事人的利益出发作出判决，法院必须考虑到合并裁定和最终判决对全案当事人以及未参加诉讼但符合选择性合并条件的当事人所造成的后续影响。不管胜诉还是败诉，对于那与诉讼当事人没有利害关系的潜在当事人而言，审判法院都无法事先自主决定其终局判决的拘束力。但是，通过考察实际案例【Haas v. Jefferson National Bank of Miami Beach, 442F. 2d 394 (5th Cir. 1971)】可以得出，先前的法院判决确实对缺席诉讼人后续的诉讼程序选择以及被动答辩产生消极影响。

当某一当事人坚持要求合并纳入一位新的当事人时，会出现一个宪法上的潜在问题。例如，在西联电报公司诉宾夕法尼亚联邦案（Western Union Telegraph Company v. Commonwealth of Pennsylvania）【368 U. S. at76, 77, 82S. Ct. at 202.】中，当事人的主张涉及不同州之间的冲突，根据联邦最高法院的裁定，若其他对本诉争议标的物主张权利的当事人最终没有参加本诉审理，由此导致本诉被告有可能承担原本不应该承担的多重责任，那么本诉即应终止。同时，若将对本诉标的主张权利的当事人分开单独审理，并且在此情况下被告可能将重复清偿某一固定债务，那么这就属于"没有经过正当法律程序"的权利剥夺。虽然上述案件的最终裁决没有适用于数个当事人对同一诉讼标的物主张权利的请求，但仅从法律逻辑的角度看，并不能因此就认为法院应当限制合并机制的适用范围以使其不适用于后一

---

① Freer. Avoiding Duplicative Litigation: Rethinking Plaintiff Autonomy and the Court's Role in Defining the Litigative Unit [J]. Pittsburgh Law Review, 1989, 50: 809.

个场景。① 尽管如此，当不可或缺的当事人无法参与合并程序时立即终结本诉审理的做法与法院力求最大限度解决当事人争议的初衷明显冲突，特别是在终止诉讼或将导致某一权利本已受损的当事人无法寻求救济时，这样的冲突就显得更加激烈，而实际上，这样的冲突在其他类别当事人合并程序中也或多或少地存在。在《联邦民事诉讼规则》对当事人强制合并进行修正前，法官通常会将缺席的当事人裁定为必要而非不可或缺，这样既是为了保证当事人的后续诉讼权利，也是为了本诉的正常审理。有时，法官会将缺席审判的当事人划分为不可或缺的当事人，但却没有通过强制命令对其予以合并，这样的做法是出于对后续程序选择的考量，即缺席所致的程序终止是与强制合并机制的基本目标相违背的，法院在任何时候都应穷尽所有合法手段对当事人的请求作出终局的、确定的裁判。

1966 年，立法机关在《联邦民事诉讼规则》第十九条明确承认了当事人强制合并所涉及的政策之间存在内部冲突，其规定的"因素分析方法"要求初审法院对与特定缺席诉讼人相关的相互冲突的因素进行权衡考虑。在修订后规则的指导下，法院不应再对"标识法学"（jurisprudence of labels）等传统法律分类方法进行机械运用，而应该采取灵活应变的态度处理那些政策冲突问题，在实际裁断中要注重实效。如果由于现行规则冲突不能合并某个"强制合并当事人"，也必须对其权利救济路径的选择作出合理的负责的司法评估。

现代美国民事司法系统中当事人强制合并的法律逻辑表明，恰当适用程序机制既可以将司法资源效用最大化，其必要的灵活性和适时的变通性也恰好印证了民事诉讼结构中法院对各方权益冲突的谨慎而有效的平衡。

（二）强制合并的综合审查

法院在裁定是否应该适用强制合并程序将某一缺席当事人纳入本诉审理时，必须全面评估该缺席诉讼人对各诉讼主体之法律权益产生的影响，特别是其在本诉中可期待救济权利的优先等级和现实状态。这样的综合评估可以拆分为三个具体问题：第一，现有诉讼当事人主要指本诉原告，在

---

① Kaplan. Continuing Work of the Civil Committee: 1966 Amendments of the Federal Rules of Civil Procedure（Ⅰ）[J]. Harvard Law Review, 1967, 81（2）: 356 – 416.

其缺席状态下是否能够得到公正合理的救济？第二，缺席当事人在未参加本诉审理的情况下是否会影响其自身对本诉争点的权利主张？第三，若将该诉讼人另案处理，现有诉讼当事人主要是被告是否会因此承担相互矛盾的责任或者重复责任？若法官对上述任意一个问题作出肯定答复，那么该缺席诉讼人就应该被合并纳入本诉程序。可以看出，法院对"强制性"的判断标准总的来说是围绕"未裁定强制合并将使何人遭致何种损失"来分步考虑的，而并不是如某些学者所言是依照"合并所意图实现的目标"来预先规划。下面，笔者将就这三个核心问题进行逐一分析。

对于第一个问题，若现有诉讼当事人在"待合并当事人"缺席时不能获得充分的救济，那么就必须通过强制合并程序将其纳入本诉审理中。这一标准是为了让权利受损之人的救济之路不被阻塞，从而在同一诉讼程序中对关联请求或者申诉进行统一审理，进而提高司法系统的整体运行效率。比如，被保险人在一起车祸中将他人撞伤，为了保证自己得到赔偿，受害人将非案件当事人的保险公司告上法庭，要求其承担第三者保险责任。此时，若保险合同一开始就写明只在特定金额范围内承担保险责任，那么在此范围之外的判决将对被害人没有任何意义，这时，案件当事人就可能基于"实质相同的事实"而再次向被保险人起诉。这样就无端浪费了司法资源，为了避免这种情况的出现，法院在受害人起诉伊始就应该启动强制合并程序，将被保险人与保险公司并入诉讼之中。

对于第二个问题，若不适用合并程序将损害该非诉讼当事人的实体和程序权益时，就必须对其进行合并，这是为了避免某些缺席诉讼的待合并当事人遭受终局判决既判力的影响。该问题的核心要素在于厘清非诉讼当事人在不适用合并程序的情况下将在哪些方面受到侵害，涉及哪些权益以及受到侵害的程度为何。这样的细分步骤就要求法院在合并可能发生之时就对各种可能的诉讼结果进行合乎逻辑的推理。普罗维登特贸易银行信托诉帕特森案（Provident Tradesmens Bank & Trust v. Patterson）【390 U. S. at 113 – 16，88 S. Ct. at 739 – 41.】的审理就充分体现了这一问题的关键。在该案审理中，联邦上诉法院第三巡回法庭撤销了一项有利于原告的判决，同时以审判时"未将一个应该合并的诉讼人"合并为由驳回了其诉讼。需要注意的是，在一审时败诉的被告并没有在初审和上诉阶段就未启用合并程序提出异议。联邦最高法院认为，在上诉审阶段，在初审中缺席的诉讼人之权益没有因此而受到侵害，因此他不属于不可或缺的当事人。所以，联邦上诉法院以此为由驳回其诉讼权利的做法是错误的。换言之，潜在被合并人的权益并没有因为不合并就处于侵害危险之中。联邦最高法院在判决意见书中重申了先前程序实效考察对合并程序的参考性，尤其是在适用强制合并标准时，未合并给非诉讼人带来的损害程度需要紧密结合先前程序来进行综合评估。根据《联邦民事诉讼规则》的规定，初审法院在案件审理过程中有责任援用一切可能的程序以避免司法权力对现有当事人和其他潜在关联当事人的合法权益造成损害。所以，若某个案外人与一份一次性偿付的保险合同具有可推测的利害关系，必然需要对其合并，此处的法律逻辑在于，即便该案外人的权益暂时不会受到后续排除规则的影响，但诉讼中存在的保险合同是其唯一的求偿来源，此时的判决将直接分配合同中的保险金，若不参加诉讼，可能使其承受无法被偿付的风险。

对于第三个问题，其存在同样是为了避免现有诉讼当事人权益受损，但其更多指向诉讼终结时的终局影响。在该问题的审查中需要司法机关明确的是，必须确定对现有诉讼当事人（主要是被告）的损害程度以及损害发生的概率才能裁定是否适用强制合并程序。对此，《联邦民事诉讼规则》第十九条（a）款规定，当事人必须面临"承担双重、多重或者不一致责任的实质风险"，但在某些情况下，只要存在危及一方当事人权益的可能性，也被视为足以达到要求。可见当前法律文本中尚无法找到对判断标准具体确切的描述，我们只能通过一些实际的案例【47 F. R. D. at 256.】来探寻法官审查问题的标准边界。例如，一家企业的工会组织为了在集体劳动合同中争取到有利于己的申诉、仲裁等纠纷解决条款而将雇主诉至法院，法院经审理判定，原被告间的争议实质是"工会之间对不同权利的要求和意见"。若法院不采取措施将另一个工会合并处理，则雇主很有可能在本诉结束之后再次面临被诉风险，而且另一工会提出的诉求将很大程度上与本诉原告类似，他们的意见都是基于集体劳动合同而产生。因此，法院判令将另一未起诉的工会进行合并，在本诉中统一处理。在另一起"哈斯诉国家银行"【442 F. 2d 394（5th Cir. 1971）】案中，哈斯因股权转让问题起诉银行，其声称与另一股东阿尔维克一起购买了全部股份，并要求银行在接到阿尔维克的申请后发售等额的相当于哈斯二分之一所有权的股票。而实际上，银行后来将所有股份以阿尔维克的名义进行了发行活动。法院经审理认为，若阿尔维克不参与本诉的审理就肯定不受判决的约束，那么他可能在随后的诉讼中再次将银行列为被告，主张对发行股份，也即全部股份的所有权。此时，由于阿尔维克的缺席会致使国家银行遭受重复法律责任的风险（本诉二分之一股份与后诉全部股份重叠），所以法院裁定将阿尔维克合并到本诉中一同审理。

总的来说，只要法院认为对案外当事人的合并是可行且必须的，本诉中请求合并的现有当事人都会被赋予机会向案外人传达合并意愿。大多数情况下，案外人会考虑自身权益实现的概率而参与到诉讼中，只有当案外人故意抗拒法院指令且符合法定条件时法院才会裁定终止全案审理，这是所有诉讼参与人最后的无奈之选。

（三）司法主动性与当事人程序权利的冲突与协调

1. 司法权对诉讼主体之身份调整

若案外人的权益与本诉标的紧密相关以至于符合成为原告的条件，但其本人并不愿意以此身份加入诉讼，那么法院可以依据充分合法的对人管辖权而以令状的方式指令他作为被告参加本诉。此外，在某些特殊情况下，尤其是涉及专利权以及版权纠纷诉讼时，非诉讼当事人可以作为非自愿原告被合并。由于专利法和版权法均规定，如果未将专利所有权人或者版权所有人合并入诉讼之中，排他性被许可人就不能因侵权而提起诉讼，所以必须适用合并程序。在法院管辖范围之外的所有权人将以非自愿原告的身份被合并，而在法院管辖范围之内的所有权人可以作为非自愿被告被合并。需要特别注意的是，在以被告身份加入诉讼后，法院可以将其身份重新调整为原告，这种调整是出于这样的考虑，当该诉讼中的当事人具有不同的州籍或者国籍时，这种变动往往有利于维持联邦法院的固定管辖权。但是，若这一被强制合并的诉讼人除了自身意愿之外还因为权益要求的特殊属性而与本诉原告存在法律上的对立关系，那么法院就不会对其作出"被告转原告"的调整。举例【Ross v. Bernhard, 396 U. S. 531, 538, 90 S. Ct 733, 738, 24 L. Ed. 2d 729（1970）.】说明，公司的某一个人股东怀疑总经理的不当行为给公司造成了损失进而损害了自身利益，因而向总经理提起派生诉讼，要求对自己赔偿相应损失。由于诉讼显然关系到公司的利益，所以公司主体属于不可或缺的当事人。然而，本诉中的特殊关系在于不可或缺的当事人处在现有被告——总经理的管理和控制之下，而总经理必然会反对原告的派生诉讼，因此，若公司在非自愿的状态下以被告身份被并入诉讼，法院就不应该对其身份进行调整。

当出现以下几种情况时，法院可能无法通过令状的方式合并非诉讼当事人：第一，法院的事务管辖权因合并而失效；第二，法院对主动请求被合并的当事人不具有对人管辖权；第三，非诉讼当事人虽然希望合并参与本诉审理，但对现有法院的地域管辖提出了于法有理的异议。《联邦民事诉讼规则》第十九条（b）款规定，在这三种情况下，法院需要本着"衡平法原则和良知意识"来决定是否在必要的案外人缺席的状态下继续审理案件。若法院经审查发现如果继续诉讼将确定侵害现有诉讼当事人和该案外人的权益，那么该案外人就可能被法院划分为不可或缺的当事人。

2. 司法权的张力与边界

在判断一个案外人是否属于不可或缺的当事人的过程中，法官必须针对案件的实际情况有限度地行使自由裁量权。《联邦民事诉讼规则》第十九条（b）款和其他州司法辖区的既定规则所共同勾画的"四步标准"为这一限度描绘了大概的范围。但这看似精确的标准其实也只是为法官提供一种指导性参考，当面对具体的复杂问题时，法官需要考虑的事项绝不能一概而论。另外，四步标准在独立满足的情况下往往还需要综合考虑"逻辑关联"，不仅包括标准之间的互相支持，也包括标准与实际事实的联系。法律规则并没有侧重写明某一标准的独特地位，法官最终的决定需要在考虑标准的情况下根据衡平法原则和良知意识作出。[①]从标准的第一步来看，当前施行的规则要求法院在判断某案外人是否属于不可或缺的当事人时必须查明"某人的缺席是否会导致其自身和现有诉讼当事人权益受损"。就像笔者在上文提到的那样，法院所做的每一个合并与否的裁定都是对预防损害这一目的的维护。当法院裁定将不可或缺当事人合并处理时，他必须考虑实

---

① Fisk. Indispensable Parties and the Proposed Amendment to Federal Rule 19 ［J］. Yale Law Journal, 1965, 74 (3): 403–448.

际连锁后果的发生概率，此外当事人对后续诉讼的寻求也是不能忽视的问题。正如联邦上诉法院第五巡回审判庭所声明："当法院适用《联邦民事诉讼规则》第十九条时，法官既不能过分推测判决的侵害，也不能轻视判决对所有诉讼参与人的影响。"对此，《联邦民事诉讼规则》第十九条用"实际性"和"效用性"来表达这一判断原则的主旨。

从标准的第二步来看，法院需要考虑的问题是"若合并程序的适用确实造成了消极影响，法院是否可以通过其他手段消除或者将不良影响限制在可控范围"。这一条是法院司法主动性（judicial initiative）的鲜明体现，也表明了强制合并对法官灵活变动程序手段的迫切需要，具体的选择方向受到案件特征的约束。从各地法官的实践经验总结来看，法官可以合理变动判决书的内容来避免未合并当事人的权益受损。案例一，在加利福尼亚发生的一起案件【Bank of California, Nat. Ass'n v. Superior Court, 16 Cal. 2d 516, 106P. 2d 879（1940）】中，原告为了强制履行一份其声称对其有利的合同而起诉，按照法律规定，他将所有遗嘱受益人列为被告，但是却只向剩余遗产受遗赠人送达了诉讼文书。由于初审法院可以通过以下方式确保缺席诉讼人的权益免受侵害，即在现有被告权益上设定一个有利于原告的推定信托来向原告提供救济途径，因此加州最高法院最终将缺席诉讼人界定为必要的而非不可或缺的当事人，同时裁定准许诉讼继续进行。案例二，联邦最高法院在普罗维登特商人（Provident Tradesmen）一案的审理中提出，当一起部分被保险人起诉保险公司时，未起诉的某一被保险人因为自身的缺席而可能遭遇保险赔偿金被其他原告"瓜分"的窘境，此时，法院可以据此指令将所有涉及共同保险金的判决延期执行，直到所有关于此保险金的诉讼，包括缺席诉讼人后续可能提起的诉讼全部终结，再恢复正常履行程序。若对于权利请求人的救济方式与原告最初的请求内容不完全一致，缺席的权利受损人的利益仍然可以得到最大程度的保障。

为了避免给缺席诉讼的案外人造成损害，当事人可以主动采取或者由法院在各当事人之间作一些法庭外的非正式安排并提醒他们适时运用一些具有"侵害预防性"的程序措施，主要包括将缺席诉讼人并入被告的反请求之中，或者提起防御性的竞合确权诉讼以合法引入缺席诉讼人等。另外，对于那些法院依法暂时不能采取强制合并的缺席诉讼人，若他的缺席依据合理推测将很有可能对自己或现有诉讼人之权益造成损害，那么法院可以赋予他一个放弃阻碍条款、自愿加入本诉审理的机会，此时，缺席诉讼人可能需要声明放弃自身对属人管辖权和地域管辖权的异议。可以判断的是，当法官遭遇"是否会对抗拒合并指令的缺席诉讼人造成实质损害"这一问题时，上述灵活的程序选择具有重要意义。

从标准的第三步来看，法官需要判断在案外人缺席状态所作的判决对于权益的最终分配和所有关联当事人的后续程序选择是否足够明确。这一问题要求法院全面考虑最终判决给现有诉讼人造成的影响，同时，法院要在慎重地将当事人的请求全面照顾的前提下，思考如何顾及案外人的救济，以使得后续诉讼的可能尽可能降至最低，这不仅需要法官对关联诉讼人权利义务的准确定位，也牵涉到判决书中的恰当措辞。在一起案件【Kroese v. General Steel Castings Corps. , 179F. 2d 760（3d Cir. 1950）】的审理中，由于法院不能依照州法律将所有与诉讼标的相关的被告同时纳入本诉，进而也就不能直接判决支持原告提出的"要求公司宣告股息"的请求，但是法官为了间接保证原告请求效果的实现，发出令状要求对公司的资产进行扣押。

对于标准的最后一步，法官需要处理的问题是，如果原告提起的诉讼因为强制合并人的缺席而最终被裁定驳回，原告的诉讼成本将受到何种损害。若原告在联邦法院提起的诉讼由于强制合并程序的失败而被驳回，一般他会选择在其他州法院重新起诉。所以，联邦主审法官首先需要考虑的就是案件是否具有在州司法系统接受管辖的可能。可能对州法院管辖产生阻碍的因素包括诉讼时效以及管辖权方面的规定。另外，案件本身的特殊性质也可能对州法院的管辖产生不利影响，在一起联邦法院管辖的案件【Rippey v. Denver U. S. Nat. Bank, 260F. Supp. 704, 711 - 12（D. Colo. 1966）】中，法官经审查认为若案件由某一州法院管辖，那么所有信托受益人都必须被合并纳入此信托诉讼，由于信托涉及范围太广，所以案件实际上无法由州法院行使管辖权，这会给司法系统造成沉重的负担。所以，联邦法官最终裁定继续审理此案。

3. 异议主体的程序救济机制

若任一当事人对法院作出的不予合并裁定不服，他都可以通过正当程序提出异议。一般来说，异议需要在正式法律抗辩、提交答辩状之前的申请动议（pre-answer motion）或者正式答辩状中提出，异议人需要在上述程序中表明"不予合并抗辩"的明确观点。当事人所享有的这种异议权在美国民事诉讼中具有十分重要的地位，最能体现这一特点的是《联邦民事诉讼规则》对其提出所规定的保驾护航的条款，"当事人对于不予合并的异议可以在任意时间提出，同时这种异议的权利不会因为诉讼的迟延或者中断而被剥夺"。【Fed. Civ. Proc. Rule 12（h）（2）.】但是，异议的提出并非毫无限制，异议申请提出的时间需要与法律作出不合并裁定的理由结合起来考虑，这关涉到异议申请人和其他当事人的切身利益。比如，在一起案件【Provident Tradesmens Bank & Trust Co. v. Patterson，390 U. S. 102，110，88 S. Ct. 733，738，19 L. Ed. 2d 936（1968）】的审理中，某一当事人为了防止将来受到缺席诉讼人提起的新诉的困扰，对不予合并的裁定提出异议，此时，他的利益出发点只是自己将来的权益保护，无关缺席者本人在本诉中的利益损失。此时，法院可以从其异议申请的理由中权衡缺席者和申请人的权益，若其故意延迟申请提出的时间，异议申请很有可能将遭到法院的拒绝。总的来说，在不予合并异议程序中，最重要的是下面两个因素的制约与权衡：一是不予合并将给申请人在本诉中的诉求造成何种影响，二是不予合并对诉讼效率和后续诉讼成本的考量。

一般情况下，即便没有人提出申请要求对某人适用强制合并程序，法院仍然可以在符合条件的情况下主动适用，但需要特别注意的是，这样的司法主动权仅限于初审和上诉审阶段，并且上诉审阶段的异议会涉及更多问题。从法院的角度来看，司法机构对于诉讼效率和公平的要求会迫使主审法官关注异议背后的实质问题，除了内心确认以外，法律逻辑上的合理推演和未合并所带来的权益损害必然性是法官必须解决的主要问题。若初审判决并没有损害缺席诉讼人的利益，或者异议申请是在上诉审阶段首次被提出，那么异议申请将很有可能遭到否定，因为法官此时有足够理由确认"不予合并的裁定"没有影响"初审中对实质争议问题的判决"。在法院以未合并为由驳回当事人的起诉的多数案例中，核心原因并不是诉讼中对权益义务的争议等实质问题，而且初次的驳回并不会影响以后就相同问题再次起诉。从性质上看，未合并所造成的错误不属于司法管辖上的问题，通常认为这属于衡平法上的瑕疵。当法院的管辖权范围涵盖诉讼中的所有当事人时，主审便可以作出这样的裁定："在需要被合并的当事人缺席本诉审理时，根据衡平法原则和良知意识，本诉不能继续进行。"

三、当事人选择性合并（permissive joinder of parties）

美国传统的庭审模式中，原被告对抗制诉讼一直占据重要地位。各方为了使自己的利益最大化而在法庭上进行对抗，主导诉讼进程的推进，法官作为倾听者居中裁判。随着交易行为的复杂化和交易渠道的多样化愈演愈烈，当今日常生活中的诉讼案件往往超出了简单的两方格局，取而代之的是多方交叉抗争的诉讼模式。当某一正常的行为或交易事件出现问题导致某些参与者的权利受损时，受理某方诉讼的法院就有必要将关联主体选择性地合并到本诉中统一处理。需要明确的是，此处的"选择性要求"既针对可能被合并的当事人，也针对司法主动性。

（一）选择性合并审查的规则体系

从法律传统来看，普通法一直以来都对非强制的合并程序采取谨慎严格的审查态度，只有存在确切证据表明合并与当事人的实体权利紧密相连时，合并申请才有可能被准许。在任何一起诉讼中，所有原告的利益都可以被分为独有利益和共同利益，根据普通法原则，只有共同利益才能支持数个原告同时起诉。实际上，若数个当事人对同一种类权利标的同时主张独有利益，则异议权利的共同性会催生强制合并程序的运用，所以原告的选择性合并在普通法中并不多见。普通法对被告选择性合并较原告而言更加灵活，依据共同当事人侵权责任的规定，诉讼中的原告既可以选择对多个侵权人分别单独起诉，也可以将他们作为共同被告同时起诉。如果被告依照合同约定同时具有单独义务和共同义务，原告也享有上述的诉讼选择权。然而，若作为被告的数个债务人对于原告债权承担连带责任，则他们的合并处理就是强制的，原告必须将他们同时起诉。

与普通法法院大相径庭的是，衡平法法院对于当事人选择性合并的审查态度要宽松很多。在衡平法法院的裁判过程中，抽象的当事人权利分类不再是决定因素，不管是单独权利还是共同权利，只要是有利于实现司法正义、防止后续诉讼成本的浪费，关联权利人的合并申请一般都会予以准许。可以这样说，衡平法原则指导下的法官会尝试将所有对诉讼标的主张权利的关联当事人作为原告或者被告统一纳入本诉中处理。但是，这种灵活宽泛的应对态度只能看作衡平法上的主流态度，并不绝对适用于所有案件中的合并问题。

美国民事诉讼中的程序法典为当事人合并制度规定了一些新的审查指标。从早期规定来看，若法院经审查认为某些当事人对于诉讼标的主张权益的范围具有重叠，就可依此认定可以将这些当事人进行合并。因此，在一起诉讼【Burghen v. Erie R. Co. 123 App. Div. 204, 108 N. Y. S. 311 (1908)】中，若两人分别独享一块土地并且两人土地彼此相邻，则他们肯定无法以共同原告的身份起诉一位仅仅侵害某一独立部分土地的侵权人，因为他们在寻求救济的争点上没有共同利益。实际上，早期程序法典的这一规定并没有给合并程序匀出足够的操作空间，因为对于那些与现有诉讼当事人具有某些权益共性的案外人而言，他们一般会依照当时固有的强制合并规则参与到诉讼中。

根据现行《联邦民事诉讼规则》第二十条的规定，法院可以合并数个原告或者在通过三分之二检验比例时允许原告起诉数个被告，但是任何要求被合并的原告或者被告必须有证据证明其争点源自和本诉相同的行为或事件，并且这些相同的行为和事件会在诉讼中对应相同的法律适用或者事实定性问题。在原告当事人出于现实考量暂时没有合并参加诉讼的情况下，联邦规则的立法者并不想人为地增加对立关系从而加重法院的诉讼负担，所以《联邦民事诉讼规则》中这样的合并方式是选择性的，其在第二十条（a）款的规定就是当事人选择性合并程序的最好诠释，"当原告在诉讼中基于'一个相同的行为、事件或者不间断的一系列行为或者事件而相伴发生的救济权能'提出单独或合并处理的请求时，若此时可以将本诉中的法律和事实认定问题对所有被合并的当事人统一适用，就可以对符合要求的原告进行合并"。这里需要厘清一个概念——"不间断的行为或事件"，根据判例中的法理论证，它是指当引起诉讼的行为或事件在一个时间段内间歇发生，但中途的时间跨度不会影响行为和事件整体的逻辑联系时，原告可以就这一系列行为和事件为由针对被告提出多个诉讼请求。①

尽管原告在选择合并程序中拥有广泛的选择权，但《联邦民事诉讼规则》还是为这种权利划定了一个行使空间。根据第二十条（b）款和第四十二条（b）款的规定，法院在自由裁量的基础上，秉承着防止诉讼拖延和不当偏见的立法初衷，应当采取限制性措施规制选择性合并程序，使其不悖于程序效益。由此可见，各州地区司法系统进行裁判的关键在于民事诉讼案件的争点范围。此外，若当事人对法院就合并请求的裁判结果不服，意图提起上诉，就必须自己举证表明法院不当行使裁量权利妨碍诉讼正常进行。②

（二）选择性合并的启动条件与司法适用

现行当事人合并规则已经与早期程序法典中的绝对主义大相径庭。即便某一当事人依据选择性合并规则可以参与诉讼，他也必须满足"主张权益"与现有诉讼当事人权益"部分重叠"的条件。下面，笔者将就美国民事程序规则中的当事人选择性合并规则进行具体论述。

通过分析不同地区、不同时期的程序规则可以看出，选择性当事人合并的第一个要求就是被合并的案外人必须已经明确主张自己的救济权，这一权能源于争点的某一部分单独或一系列的行为或事件。第二个要求是，被合并的诉讼人与现有诉讼当事人之间存在共同的法律或者事实争议。这两个要求是联邦司法系统启动当事人合并程序的必要条件。一般情况下，各州司法辖区对合并的限制性规则并不会影响联邦法院适用合并程序，比如，即使某州法律规定只允许将合并程序适用于共同侵权人，联邦法院仍然可以将数个单独侵权人合并为被告。但是，联邦法院在某些特定情况下也可能遵循州辖区的限制规定和政策。比如，即便被保险人将自己的权利转让给保险人，即保险公司，在州法禁止合并的条件下，联邦法院仍然可能保留一个对保险人合并提出异议申请的机会。此外，同一交易要求可能会以不同的程序方法被不当规避。所以，可能会因此出现多个单独诉讼，

---

① Geoffrey C. Hazard. Jr. Indispensable Party：The Historical Origin of a Procedural Phantom［J］. Columbia Law Review，1961，61：1254.

② Edward J. Brunet. A Study in the Allocation of Scarce Resources：the Efficiency of Federal Intervention Criteria［J］. Georgia Law Review，1978，12：701.

于是，只要所有当事人之间存在共同的法律或事实争议，法院就可以依据《联邦民事诉讼规则》第四十二条（a）款的规定行使自由裁量权将其合并审理。从单纯的书面表述上看，现代程序规则之于选择性合并的两个要求并不难理解，但当实际操作与某些特殊场景发生碰撞，法律规则的具体适用和学理解释就必须作出相应变动。虽然第一个要求的适用给法官的司法主动性和裁量权提供了较大的发挥空间，但是对于行为和事件的具体概念，我们无法从判例法中总结出具体概念。目前为止，大部分法院仍然采取具体案件具体分析的方式来确定行为、事件以及合并请求的逻辑联系，逐案推导进而作出是否准予合并的裁定。

1. 合并主体之权利主张与本诉争点的同源性

一般情况下，法院会先查明被合并诉讼人的权利主张与本诉其他当事人争点之间的逻辑关系，进而将诉讼涉及的行为或事件的法律要求套用在某一特定案件之中。这里的行为或事件的内涵解释具有一定的灵活性，它们可能包括一系列的多个事件，所以，与其说它们取决于联系的直接性还不如说取决于内在的法律逻辑关系。这一法定标准在其诞生之初是以行为或者事件标准的司法注解形式产生作用，这种"行为或事件的关联性"标准在联邦衡平法规则中一直被用来判断某一反请求是否属于强制反诉。依照这一逻辑关系标准，当既有事实在现有当事人和被合并人之间产生重叠效应，以至于启动共同诉讼程序有利于诉讼效率的提高时，选择性当事人合并就变得顺理成章。所以，从这里可以推出，对法律逻辑关系的界定往往是以诉讼便利和司法效率为出发点的。

通过查阅大量判例笔者发现，在某些情况下，经审查被确认符合法律标准的关系可能并不符合通常逻辑，但法官仍会出于其他因素的考量将其合并。例一【Lucas v. City of Juneau, 127F. Supp. 730, 15 Alaska 413（1955）】，原告在初次受到伤害后第18天被另一被告再次伤害，此时，初次伤害对应的第一个被告和18天后出现的第二个被告实行的其实是两个单独的行为，而且可能彼此之间并没有关联，但是法院最终裁定准许合并这两个被告。例二【Watts v. Smith, 375 Mich. 120 134N. W. 2d. 194（1965）】，在一起因交通事故而生的诉讼中，原告在一天之内遭到两辆车的分别撞击，一次发生在上班途中，另一次则发生在回家路上，对于这两个彼此独立且并无预谋的被告，法院最终裁定将其合并审理。在裁定书中法官对此作出了以下解释，根据密歇根州的选择性合并规则，若不对两位被告进行合并，那么每个被告都可能主张自己对某一具体伤害结果不负责任，而且这些伤害在客观上也无法轻易查明由谁而起，因此为了避免两位被告逃避法律责任，该院决定对其予以合并。这两个例子只是众多类似案件中的冰山一角，笔者将这类案件的规律总结为"偏离常规逻辑但符合事实情理"。具体来说，当原告受到被告的侵害，而这一侵害后来又由于第二个被告的不当行为而恶化的情况下，原告通常会寻求选择性合并以期获得公正合理的救济。相对于上面两个案例中共同被告实施的彼此单独存在的侵权行为，在现代程序规则中，依据实体法"第一顺位侵权人被认定同时承担两次分别发生的侵权行为责任"这一可能性更值得受到关注，此时责任认定结果的不确定性很可能损害首次侵害实施者的合法权益，而这往往具有模糊性。

另一个需要注意的情况是事实重叠与法律依据矛盾时的处理方式。在一起财产侵权案件中，法律就裁定对侵权被告和该财产的保险人不予合并。虽然两位被告的请求和抗辩在很大范围内存在事实重叠，但是由于基础性实体法的不同，他们最终没有被合并处理。因为合同法规定了保险公司的责任，而侵权责任法则适用于其他被告提出的请求。所以可以这样认为，在某些案件中，法律逻辑关系标准只是为选择性合并程序的判断划定了一个大致的通常方向。就像笔者在联邦地区法院的某个判例【Eastern Fireproofing Co. v. U. S. Gypsum Co. , 160F. Supp. 580，581（D. Mass. 1958）】中所看到的描述，"以逻辑关系为准的判断方法是有关是否同时存在足够多的基本事实的最通常方法，在这种方法的适用前提下要求逻辑关联的当事人就'原告针对其提出的多项请求'同程序进行抗辩是公平且合理的"。

2. 诉讼权益争议涉及共同的事实或法律问题

选择性当事人合并的另一个必要条件是当事人之间存在共同的事实或者法律问题。与早期程序法典所要求的当事人权益同质性相比，这一条件对于合并审查的态度要宽松得多，但它还是为选择性合并划定了一个大致的范围，即"本诉讼的当事人在法律或者事实问题上涉及同一诉讼权益。"

需要明确的是，现行程序规则只要求存在至少一个共同问题，不论诉讼双方是否对于这一问题存在争议。所以，即便被告承认了共同问题所涉及的案件事实进而消除争议，合并程序仍然可以继续进行。

对于共同事实问题的判断一般是比较容易的。比如，在一起因严重航空事故而起的诉讼中，受到侵害的乘客完全可以基于"同一侵害缘由"这一事实问题而共同起诉航空公司。① 但是，当诉讼涉及联邦反托拉斯法时，事实问题的判断就变得较为复杂。例如，在一起诉讼中，原告同时起诉ABCD 四位被告利用自己的优势地位违规操控音像制品的价格，在随后补充的附加诉讼理由中，原告再次指出共同被告的具体违规行为，即 A 和 B 联合串通操控了某种单一影像制品的标签价格，C 和 D 则联合串通在不同标签上控制价格。对于四位共同被告而言，尽管存在诸多事实问题并非"共同"，但是，由于他们之间具有至少一个共同事实问题——即"违规串通共谋的确定性"，所以法官最终还是裁定准许合并四位被告。

与事实问题相比，判断法律共同法律问题就相对复杂得多。法院在裁定过程中的首要问题是为"共同法律问题"这一概念划出一个合理的边界。在一起案件【26F. Supp. 419（D. Conn. 1939）】中，美国联邦地区法院对法律问题作出这样的解释，"所谓联邦规则中的共同法律问题是指源于'本院所审理的某一特定诉讼中的诉讼请求'的法律问题，而其他产生于联邦或地区法律原则的问题皆不属于共同法律问题。"比如，法院一般都会准许作为原告的债权人将其所有债务人作为共同被告合并到本诉中审理，尽管被告各自负担债务的原因有所不同，但他们都产生于原告要求履行债务这一诉讼请求。然而，笔者认为法院对上述共同问题的解释是存在一定缺陷的。当某些因素存在时，上述共同问题的标准可能无法被灵活变动来"批准在'假象多重债务'诉讼中进行合并"。第一，《联邦民事诉讼规则》第二十条和其他州司法辖区的选择性合并规则都以诉讼效率和成本为首要的指导原则，而当上述分析中假定的债务人合并诉讼涉及众多不同地区甚至不同国籍的债务人时，诉讼规模的扩张必定会对法律规则的首要目标造成严重冲击。第二，对于事实和法律问题上的同质性，选择性合并的必要当事人还

---

① The Challenge of the Mass Trial [J]. Harvard Law Review, 1955, 68（6）: 1046 – 1056.

需要满足行为和事件的同源性标准，但是，在上述假设情形下几乎无法同时达到这一要求。

如果美国法院系统始终执着于"共同法律问题只产生于特定诉讼请求"这一联邦地区法院的观点，那很有可能重新回到早期程序法典所规定的"限缩性合并"时期。若共同的特定请求是共同法律问题认定所必须的要素，那么可以说共同责任才是选择性合并所必不可少的条件。① 实际上，美国司法系统早已认识到了这一解释的漏洞，一些案件中的说明和论证也已经明确反对这种狭隘的共同法律问题认定方式。例如，在一个关于选举歧视的案件【U. S. v. Mississippi，380U. S. 128，85S. Ct. 808，13L. Ed. 2d 717（1965）】中，原告申请合并其他几位已经表决的投票人并获得法院支持，此案中仅有的共同法律问题是"那些在地域和时间要素上互相独立，看似彼此没有明显关联的行为是否构成诉状中的选举歧视"。

3. 审查标准的变通

需要再次点出的是，选择性当事人合并的判断标准的可操作性是比较强的，不管是"行为和事件的同源性"还是"共同事实和法律问题"，都具有很大的灵活性。如今，美国民事诉讼中选择性合并机制的设计初衷和目标与过去经历过的衡平法推进时期的指导精神具有很大的相似性，概括来说就是：充分利用程序手段，一次性解决关联纠纷并实现最大程度的司法公平和诉讼正义，防止重复诉讼等浪费司法成本的现象出现。除了这一核心目标外，另一重要的与之相对的政策权衡因素是，民事程序机制中的任何程序阶段都不应当给适用对象带来比现状更严重的侵害，不管是现有诉讼当事人还是与程序牵连的即将加入诉讼的当事人，他们的权益衡量结果将直接影响诉讼主体对程序的适用决策。所以，当出现对合并程序的异议申请时，审判法院必须综合考虑合并程序给所有关联诉讼人和法院自身所造成的正面和负面影响，避免因合并而出现任何不合理的偏驳。

大部分情况下，法院都是基于对诉讼效率和成本付出的考量而使用选择性合并，而由于法官对效率和成本因素的判断具有比较强的自主性，所

---

① Wright. Joinder of Claims and Parties under Modern Pleading Rules［J］. Minnesota Law Review，1952，36：580，605－606.

以自由裁量的范围也就相应得到扩张。与这种灵活适应的特征具有相似性的是这样一种判断思路，当代民事诉讼程序体系倾尽所有塑造了下列场景下的合并，当原告和被告提出的积极主张或者被动抗辩指向共同的或者同一诉讼争点，或者实际情况符合前文提到的合并的两个必要条件，即具有适用程序的可能。这一合并情形可以通过下面这一案例得到更好的说明，在一起诉讼【Texas Employers Ins. Ass'n v. Felt, 150F. 2d 227（5th Cir. 1945）】中，一名铁路工人在工作中因为事故而丧生，其配偶根据《联邦雇主责任法》向法院提起诉讼要求雇主提供救济，但问题是其配偶并不知道丈夫死亡时受雇于哪家公司。在这种情况下，她可以在同一诉讼程序中通过申请选择性合并起诉所有潜在雇主，并最终从法院判决确定的雇用公司处获得赔偿。由此可以看出选择性合并在避免重复诉讼和陪审团矛盾裁定方面所具有的明显优势。

从诉讼各阶段的风险分布概率来看，诉辩阶段着重于对事实、证据等客观因素进行交叉确证，并不涉及权利义务的分配，法官可以通过指令和裁定过滤不恰当的请求，因此即便关联程度较低的当事人合并一般也不会对终局判决造成干扰。所以，此阶段对合并采取适当宽松的处理方式是可取的。对于究竟是在单独诉讼中另行请求救济还是继续在本诉中合并处理，法官可以在考虑两种方式给不同当事人带来的便捷性和权益损害的基础上，通过自由裁量权随时将已经启动的合并程序终止并裁定分开审理。依照这一裁量思路，法官不能单纯考虑当事人合并程序的不恰当而驳回整个诉讼，一般情况下，若合并程序确实存在错误，最普遍的补救措施是申请将不合适的当事人分开处理，或者申请将不合适当事人主动提出的诉讼请求或者其他人针对其提出的请求通过"请求分离程序"另行处理。但这里需要注意的是，这些终止主体合并的手段不能适用于必不可少的当事人。上述合并阻断程序一般适用于下列情况，即联邦法院初审的案件中，某些当事人合并虽然符合一般条件，但其在本诉中的存在会对现有诉讼当事人的州籍或者国籍不同造成破坏，此时，联邦法官的优先选择就是取消该特定当事人在本诉中的参与权，而不是以缺乏对某人的事务管辖权为由驳回起诉。当这一情况发生在上诉阶段时，联邦上诉法院也不能因此直接驳回起诉或者将案件发回联邦地区法院，上诉法院可以裁定排除存在管辖问题的特定当事人。

在符合《联邦民事诉讼规则》所列条件的基础上，选择性合并中关键的一点就是当事人的自愿性。对于被合并的原告来说，即便其符合上述规定中的全部要求，但只要他表明拒绝合并参加本诉，这一选择性合并程序即告终结。对于被合并的被告来说，因为他的合并与否首先取决于原告的选择，这一被动型参与特征决定了不管被告同意还是拒绝，只要原告提出符合条件的申请，都不会影响选择合并程序的继续进行。①

4. 小结

通过考察《联邦民事诉讼规则》中当事人选择性合并的规定和立法目的可以得知，美国司法系统面对现在错综复杂的矛盾和繁琐的程序规定，试图运用当事人之间的关系来简化运行过程，它不但有利于全面厘清案情，便于法院审理，也确实提高了案件的处理效率，减少了重复诉讼的发生。法院在大部分时间里是积极鼓励当事人合并的，只有在确实有碍诉讼进行，案件处理成本过高等少数情况下，法院才会裁定不批准当事人的合并请求，并建议另行起诉。从联邦最高法院过往的判例中，我们也可以窥见选择合并诉讼机制的目的，即"在符合当事人公平救济的理念下保持诉讼程序的最大张力，经由诉讼请求合并制度，当事人制度和救济机制得以充分地发展"②。

最后，需要强调的是，狭义当事人合并程序和请求合并程序是相互独立但彼此紧密相连的。从辐射范围上看，请求合并的范围比当事人合并要广泛。所以，即便满足启动请求合并的条件，法院也只能在新增请求涉及新的当事人时，申请启动当事人合并程序。因此，只有当那些产生于同一行为或事件的诉讼请求中至少存在一项可以适用于所有被告，并且对所有被告而言存在一个共同的事实或者法律问题时，本诉原告才可以请求将多个被告合并。

---

① Shapiro. Some Thoughts on Intervention before Courts, Agencies, and Arbitrators [J]. Harvard Law Review, 1958, 81: 80.

② Barry Friedman. Under the Law of Federal Jurisdiction: Allocating Cases between Federal and State Courts [J]. Columbia Law Review, 2004, 104: 1211.

第二节　案外第三人合并制度

美国民事诉讼中案外第三人合并属于广义的当事人合并制度。从程序适用的主体来划分，其主要包括三种类型，它们分别是《联邦民事诉讼规则》第十四条规定的被告引入第三人诉讼制度、第二十四条规定的第三人诉讼参加制度和第二十二条规定的互争的确权诉讼制度。下面，笔者将就这三种彼此关联却又各成体系的诉讼制度展开详细探讨。

一、被告引入第三人诉讼制度（impleader）

被告引入第三人诉讼制度又称引入第三人诉讼制度，从其名称可以看出，被告是该程序的启动主体，在一个已经启动的诉讼程序中，如果被告承认本诉原告在起诉状中列明的责任，但同时主张案外第三人应该对此（原告针对被告提出的请求）责任承担部分或者全部，那么被告的主张就会在本诉之内重新建立一个对立诉讼关系，这就是所谓的被告引入第三人诉讼制度（以下简称引入第三人诉讼制度）。从本质上看，在新的引入之诉中被引入的第三人是主诉讼被告的被告，其在法律上被称为"第三方被告（third-party defendant）"，而主诉讼被告在新的引入之诉中被称为"第三方原告（third-party plaintiff）"，此时，他在同一诉讼程序中具有双重身份，每一身份对应的权利义务关系应该分别处理，避免混淆。

在引入第三人诉讼制度中，原告和被告只是此程序中的相对称谓，因此，面临反请求的原告也可以交叉运用这一制度维护自己在反诉中的对应权利。与反诉制度不同的是，第三人始终享有充分的选择权来决定是否参与诉讼，此时，第三人只对应这一由主诉被告提起的完全单独的诉讼程序。引入诉讼原告，即主诉被告并不会因为第三方被告的引入而当然直接免除对本诉原告的全部责任。需要说明的是，引入第三人程序启动后，就存在主诉和引入之诉两个相对独立的诉讼，其具有不同的特性，但是由于它们之间存在逻辑和事实上的关联，所以法院将对其进行合并处理。通过考察联邦地区法院众多案例可以大概得出引入第三人诉讼制度的设立初衷，它是为了使司法资源尽可能免受重复诉讼和复合诉讼的拖累，避免法院对同一系列请求的割裂处理从而导致事实无法查明，立法者希望法院能在同一时间段的诉讼程序中解决尽可能多的关联问题，提高司法效率，节约司法成本，同时也有利于诉讼当事人权利义务的正确分配。

（一）立法初衷及其实现路径

从历史上看，引入第三人诉讼制度最早起源于普通法上的"不动产产权担保人传唤"程序，具体来说就是，若原告起诉被告要求收回土地，那么被告可以将已对其不动产产权提供担保的第三人引入诉讼。在此后的发展历程中，引入第三人诉讼程序逐渐延伸至其他领域。

从学理通说上看，引入第三人诉讼机制的设计初衷是防止冗余的重复诉讼，在一个诉讼程序中解决源于一个完整事件链条的诉因，从而快速经济地实现最大程度的公平正义。从表述上看，这一立法初衷与反诉机制具有一致性。恰当地适用引入第三人诉讼程序可以大大节省在本可能出现的多个单独诉讼中应付处理重叠证据所必须花费的时间和资源，避免了对基于类似证据的关联请求作出不一致甚至是相互矛盾的判决，这对于司法信用的维护和稳定是极为重要的。同时，这一程序机制还尽可能避免了多个诉讼之间的时间阻断可能造成的对原诉被告的权益损害。这里所说的"时间阻断"不仅存在于那些有利于原告而有损于被告的判决，还同样延伸到有利于被告却不利于第三人被告的判决。可以通过以下案例来探查法院是如何通过启动引入第三人诉讼程序以实现上述立法初衷的。

在一起因"意外"而起的人身侵权案件【U. S. v. Acord，209F. 2d 709（10th Cir. 1954）】中，原告被从一列运行列车中飞出的邮寄包裹击中受伤，因而将铁路公司列为被告。在这起案件中，关键的证据是飞出的邮寄包裹，而当时乘坐该列车的美国联邦政府雇佣的邮局职员很可能需要就"根据原告提出的初始请求作出的对铁路公司不利的判决"承担部分或者全部责任。在这种情况下，法院若要求铁路公司的代表针对邮局职员提出单独诉讼显得十分多余，因为他们完全可以主诉被告和第三方诉讼被告的身份在本诉程序中直接对立以解决争点，此时，他们双方所主张的事实和证据是直接关联并且部分重叠的，原告可以对他们同时进行质证。

（二）程序的启动条件与限制

《联邦民事诉讼规则》第十四条是对引入第三人诉讼的直接规定，此外，在一些州司法辖区也可以查到相关规定。根据法律规则的表述，被告可以向某些暂时属于案外人，但可能就原告针对被告提出的全部或者部分诉讼请求向本诉被告承担责任的非诉讼当事人送达引入诉讼的起诉状。这一规定使得那些原本不能由原告直接起诉的诉讼主体有机会参与诉讼，帮助查明案情。比如，因为诉讼时效规定的存在，有时原告无法起诉某一诉讼主体，但是由于本诉被告，即第三人诉讼原告的代为求偿权或者直接请求赔偿权只有在法官正式裁定其应该对主诉讼请求承担责任时才会有效发生，所以，此时被告可以将受到失效规则庇护的案外人引入本诉审理程序。

从《联邦民事诉讼规则》中可以看出，被告引入第三人需要满足以下条件：第一，第三方被告在主诉被告提出引入请求前没有参加到本诉中来；第二，主诉被告对主诉原告的责任已经由自己承认或者法院裁判确定；第三，第三人有可能对被告负有责任，而这一责任关乎本诉原告权利的实现。从这三个条件中我们需要特别注意的是，被引入的第三人承担责任的对象是被告，也就是说，他需要承担被告的某种损失，或者有义务和被告共同承担对原告的责任。如果经查明，案外第三人对原告负有某种单独的损害赔偿责任，则不能被合并处理，这属于一个新的单独的诉，需要另案处理，引入第三人程序即告终结。简言之，被引入的第三人最终不管对原告还是被告直接履行法律义务，都必须是因第三人对被告所承担的责任而引起。根据《联邦民事诉讼规则》第十四条（a）款，从原告提起本诉后开始，如果被告认为其他案外第三人对于"原告向被告提出的赔偿请求"应向被告承担全部或者部分责任，那么被告就可以自行送达或者诉请法院向该案外第三人送达诉讼文书。① 两种不同的送达方式是由被告提交本诉答辩状的时间所决定的：若被告在提交答辩状 10 日内向案外第三人送达诉讼文书，则不需要法院的批准即可自行送达；如果超过 10 日，就必须由法院来送达诉讼文书。

从被告提出引入第三人诉讼申请的基础上看，分摊责任、代位权利、

---

① 诉讼文书分为传唤状和起诉状。

直接赔偿、担保规则违背或者其他支持派生责任的法律理论都可以为这一机制提供坚实佐证。若只是简单地引入第三人诉讼中的诉讼请求与主诉原告针对主诉被告提出的请求源于相同或者类似行为和事件，并不足以达到程序的启动要求。从理论上看，第三人加入诉讼必须完全建立在本诉原告主要诉讼请求之上的责任转移。另外，构成引入请求基础的法理原则不能与现有实体法相违背。比如在作为实体法的《雇员退休收入保障法》没有规定基金受托人之间的补偿权之前，法院一直拒绝基金代表将其他受托人引入诉讼。再比如，当依照密苏里州的法律，不存在补偿人与受偿人的法律关系时，被告就不能援引《联邦民事诉讼规则》第十四条的规定将原告的雇主引入诉讼。除了上述限制外，第三人引入诉讼机制不能被用来创造一项此人没有得到法院认可的诉因，这也就是说，《联邦民事诉讼规则》第十四条并不能创造任何形式的派生责任，因为这样做就违反了《规则指定授权法》关于"禁止减少、扩大或者修改实体权利"的规定。引入第三人诉讼程序是一种既定的用来促进提出本应得到认可的某些请求的程序机制，它的存在可以通过下列逻辑推演得到更好的诠释：第三人引入诉讼的目的是引入一个与主诉被告责任分担具有关联性的第三人，而实际上主诉被告针对该第三人提出的诉讼请求很多时候都尚未产生，因为只有当原告请求在原诉中得到法官判决支持时，被告对第三人的请求才确实存在。因而，预先允许第三人参加入诉讼会催生这样一种积极诉讼效果，即加速对期待性诉讼请求权进行终局裁判。

在满足基本的程序启动条件的前提下，最后需要达成的是，法院必须在作出引入第三人诉讼的终局判决之前取得对被引入第三人的管辖权。虽然各联邦法院在管辖权方面都试图充分运用补充事务管辖权规则（supplemental subject-matter jurisdiction）来弥补某些管辖方面的"瑕疵"，并将其逐步延伸至《联邦民事诉讼规则》第十四条中的大部分请求类型，但无一例外的是，这些法院都拒绝利用补充事务管辖规则来抗衡引入第三人诉讼中必须具备的对人管辖权。此外，在法定地域管辖规则方面，引入第三人诉讼的请求一般带有附属的性质。

（三）引入第三人诉讼制度与其他类型合并制度的关联

从《联邦民事诉讼规则》的篇章排布和大量学理讨论来看，引入第三人程序一般是与请求合并处于同一讨论序列，因此有必要分析引入第三人程序与其他类型的请求合并设计之间的区别。与存在于主诉讼当事人之间的反诉和交互请求不同的是，引入第三人程序指向的对象为暂时处于诉讼之外的案外人。在本诉已经预先涉及某一第三人的情况下，启动引入第三人诉讼程序从技术上来看并不适当，比如在被告享有针对数位原告中的一位原告提出不确定的请求权时，就会出现一种特殊情况下的判断场景，从一起由交通事故引发的诉讼【Sporia v. Pennsylvania Greyhound Lines，143F. 2d 105（3d Cir. 1944）】来看，司机和乘客作为共同原告起诉被告，称其不当行为是引发交通故事的原因。而被告在答辩过程中辩驳称司机其实对事故应负有不可推卸的过失，如果这一情况确实属实的话，司机有可能需要对"法院裁判被告应向受损乘客支付的赔偿"承担法律责任。在这种情况下，被告不能对司机提出反诉，因为反诉指向的目标不应当是处于同一诉讼立场的当事人。所以，法院只能援用引入第三人诉讼程序，允许被告提出请求以对抗潜在的过失致损人——司机，同时司机在原诉中的请求因为这一新情况的发生需要从单纯的权利受损人——乘客的诉讼请求中分离出来另行处理。总结来说，若本诉被告意图对主诉讼原告或其他被告提出新的诉讼请求，他要么通过反诉程序对原告提出对抗请求，要么通过交互请求的方式对处于同一诉讼位置的共同当事人提出请求。

另一个在法律文本中并不明显但在司法实践中非常关键的问题是，如果本诉被告对第三方提出的并入请求所指向的行为或者事件与其他请求具有逻辑关联，本诉被告可将其他请求纳入引入第三人诉讼请求之中。这一问题可以通过下列案例来进一步说明。在一起案件【51. N. Y. 2d 358，434N. Y. S. 2d 189，414N. E. 2d 689（1980）】中，工程项目的总承包人起诉了多个分包人，而分包人提出要将供应商以第三人的身份纳入本诉审理，理由是供应商的过失行为使分包人无法完成与总承包人订立的合同，而且使分包人直接丧失了"在供应物件价格与供应商最初提出的价格一致时"可以获得的回报利润。法官最终裁定准许将供应商合并，并且鉴于分包人损失的利润，裁定中写明允许本诉被告向供应商主张超过"本诉原告向本诉被告主张的赔偿金额"。

（四）第三方被告之责任限制与权益维护

在联邦层面和各州司法辖区的审判实践中，都不允许对引入诉讼的第三人作出这样一种责任转移，即以第三人在本诉中直接承担原告诉讼请求指向的法律责任为理由而启动引入程序。所以，当被告以某人可能对应原告诉讼请求的争点，也就是"事先违反了某种法律规定因而需要承担责任"为引入理由申请其加入诉讼时，可能无法得到法院支持。比如，原告因为某人的过失致损行为将其列为被告请求赔偿，被告主张原告所受侵害与己无关并且指出另一第三人的过失行为才是真实的致损原因，被告无法通过引入程序将过失第三人引入诉讼。又比如，在一起案件中，已经投保的胜诉债权人以保险人拒绝对此前的侵权之诉进行答辩为由将其告上法庭，此时保险人不能根据在较早诉讼中作出的不应诉判决存在过失这一理由而使被保险人的代理律师参加诉讼，因为即便代理律师应该向当事人承担法律责任，也应当向被保险人而非保险人承担责任。总的来看，若第三人的诉前行为给予了本诉被告一条完整充分的抗辩理由时，本诉被告可直接在答辩书中列出这一事实进行抗辩，但是却无法以此为由启动第三人引入诉讼程序。如果本诉原告在诉讼之初就对两个被告分别提起诉讼，则主张另一被告应对原告损失承担全部或部分责任的被告可以通过其他合并方式将两案件一起处理。

即便已经满足启动第三人引入诉讼的条件，也未必能成功开始引入案外人。法院在审查法定条件的同时必须权衡合并第三人所带来的积极收益与对当事人和司法资源的损害可能性，如果符合条件的第三人引入会造成诉讼的过分复杂化和不必要的延迟，进而损害了及时救济的可能，就显然是对现有诉讼当事人不利的。当然，在遇到重要权益损害和事实完全矛盾的庭审情况时，法官往往会允许第三人参加，这样对于诉讼进程是具有促进效用的，即便法官之后发觉合并第三人给本诉带来的负面影响大于正面影响，也可以通过命令的形式将针对第三人的诉讼请求进行分离或者分开审理。

从前述法律规定可以看出，如果第三人被正式引入主诉讼程序，那么必将对其实体权益造成法律上的影响，所以，如何在确保本诉公平处理的同时有效维护被引入诉讼人的合法利益以达到最大范围的正义就显得尤为重要。对此，《联邦民事诉讼规则》用明确的条文作出了解答，"案外第三人可以针对接收的诉讼文书提出任何合理抗辩，也可以对被告提出反诉，或者对其他案外第三人提出交互请求"。

可以看出，只要法官裁定允许启动引入第三人诉讼程序，那么原本属于案外人的第三人就因为第三人引入诉讼中的被告身份而享有正常诉讼程序中被告可以行使的一切程序权益，相应地也必须履行法定义务。依照反诉规则，第三方被告可以对主诉讼被告提出反诉，或者在众多第三方被告之间提起交互请求，另外，他还可以依照引入第三人诉讼的规定将新的案外人，或称第四方当事人引入诉讼，该第四方当事人就其在引入诉讼中对第三人诉讼原告（前一顺位引入第三人诉讼程序中的被告/被引入人）的责任将承担全部或者部分责任。换句话说，只要新的案外人就"本诉被告针对第三人提出的赔偿请求"对该第三人承担责任，第三人就可以针对新的案外人提出引入诉。这是一个在特定情况下可以循环衍生的过程，对于这样环环相扣的程序设计，法官的程序引导与判断尺度就显得格外重要。可以看出，在引入第三人诉讼规则的引导下，原本简单的原被告对立关系衍生出一个个新的循环体系，这些新诉讼中的主体的关系相互连接却又带有很强的独立性，同一个诉讼主体在整个以本诉展开的诉讼结构中可能同时具有多个身份，这些身份都是相对而言的。

第三人诉讼被告还可以向主诉原告主张与本诉源于同样的行为或者事件的请求，而本诉原告也可以向第三方被告提出与原行为或者事件相关的派生请求。需要注意的是，上述不同主体之间的请求的提出都是选择性的，在法官驳回请求的情况下，这些请求可能由于提出主体的选择而成为一个新的单独诉讼的诉因。尽管法律规定中对行为或者事件之间逻辑联系的硬性要求确保了请求之间足够的关联性，进而提高了作为引入第三人诉讼基础的诉讼效率、减少了司法成本的付出，但是，无限制的循环引入毫无疑问还是会致使诉讼过分冗余和复杂。此时，法官可以在考虑收益与投入成本的基础上将合法却不合理的请求分离、分开或直接驳回。比如在联邦法院管辖的一起案件中，尽管在本诉原告和第三人诉讼被告之间的某些请求在行为和事件方面与主诉直接关联，但法官最终并没有在本诉中行使对他们之间请求的管辖权，而是通过独立的事务管辖权将他们的诉讼关系重构。

引入第三人诉讼被告有权对本诉原告提出那些"本诉被告可以向本诉

原告提出的全部答辩",这与第三人最终承担的责任是直接相关的。如果本诉的被告因为第三人对自己承担责任而在先前的诉讼程序中采取消极态度,或者与原告进行"非常规诉讼交易",那么第三人的权利势必会受到侵害。之所以这样规定还因为在引入第三人诉讼程序中,第三人被告是不能就主诉被告对主诉原告的应尽法律责任这一悬而未决的问题通过新的诉讼进行主动处理的,因此,这一条规定就避免了可能由于第三人诉讼原告(前一顺位引入第三人诉讼程序中的被告/被引入人)的疏忽或者其他原因而未向本诉原告提出合理答辩时所产生的对第三人权益的损害,同时,此规定也防止了本诉原告和被告之间的恶意串通。

为了防止恶意的案外第三人对诉讼造成干扰,《联邦民事诉讼规则》规定了相对应的撤销程序,第十四条规定"诉讼中的任一当事人都有资格请求撤销引入请求,或者在满足一定条件时要求法院启动'诉讼请求分离'或者'诉讼请求分开'程序单独处理"。这就说明一旦某个被告提出引入请求,当事人对引入第三人的撤销程序可以在任何时间启动。如果法院批准了被告的引入第三人请求,那么不服裁定的当事人既可以选择请求撤销,也可以请求将第三人与被告的诉讼另案单独处理。大部分情况下,提出撤销请求的是本诉原告,因为新诉讼关系引入无疑会使原本具有相对性的"未决的权利义务分配结果"变得更加复杂不清,所以为了使自己的权利早日得以实现,有异议的当事人应尽早提出反对引入第三人的请求。

二、第三人诉讼参加制度（intervention）

第三人诉讼参加制度又称第三人诉讼介入制度(以下简称"诉讼参加制度"),是指案外第三人为了维护自身权益主动申请加入已经开始的诉讼,意图成为诉讼当事人的诉讼制度。希望加入诉讼的案外人必须在提出申请的同时附上一份请求陈述或者答辩陈述,其被称为诉讼参加人(interventor,或称诉讼介入人)。此程序最早可以追溯到罗马法时期,当时法官将第三人诉讼参加制度广泛运用于各种案件的审理,主要目的是通过司法权威赋予非诉讼当事人一种合理路径来维护那些"可能之前没有被及时察觉"的合法权益,并以此尽量避免这样一种不利后果,即主诉讼中的败诉方选择不对一项"于案外人合法权益不利"的判决提出合理的上诉。这无疑是对关联案外人合法权益的间接损害。①

（一）诉讼参加制度的修正与定性

在英美法系漫长的司法演进过程中，诉讼参加制度是分阶段逐步修正的，并且其在不同机构，包括海事法院、教会法院、普通法法院和衡平法法院都具有不同的实践模式。② 从早期英格兰地区的法院系统来看，各级法院系统均认为适用诉讼参加程序最重要的正当理由在于"必须存在一种方式来保证诉讼的正常推进并且不会侵害非诉讼主体的合法权益"。所以，在一些更有可能给案外人带来损害的诉讼案件类型中，这一程序也得到了更多重视，相应地也获得了更多被修正的机会。例如，由于一项海事对物诉讼具有普遍的对世拘束力，因此，对判决中的特定标的物享有权利的某个案外人，若没有被批准加入之前的诉讼，就不能在本诉结束之后对法院判决涉及的关联财产重新提出请求。另一种类似的情况是，在衡平法和普通法上的审判实践中，就对"法院已经采取保管或者封存措施的特定财产"提出请求权的主体来说，虽然法院对请求权的裁定暂时不会对非诉讼当事人具有直接的拘束力，但是这些裁定实际上可能将会损害非诉讼当事人的实体权益。尽管第三人诉讼参加程序对于案外当事人权益的保护具有重要意义，但它在英格兰地区法律体系中的演化受到了另一种对立角度的阻碍，即在大部分案件中，原告应该被允许对整个诉讼程序的大致方向进行把控。从客观上说，被批准的第三人参加诉讼的范围越广，原诉讼当事人，尤其是原告的权益越有可能因为诉讼迟延、成本增加，以及事实和关系的复杂化而受到进一步的损害。这样的历史观念深刻影响着早前第三人诉讼参加制度的发展。

如今美国司法系统对各种类型的合并程序，比如请求合并和当事人合并，都抱有相对宽松的态度，加上不断修订的实体程序规则，这些因素的共同作用催生了如今数个当事人或者数个争议点并存的复杂诉讼。相应地，

---

① Moore, Levi. Federal Intervention: I. The Right to Intervene and Reorganization [J]. Yale Law Journal, 1936, 45: 565 – 568.

② Moore, Levi. Federal Intervention: Ⅱ. The Procedure, Status, and Federal Jurisdictional Requirements [J]. Yale Law Journal, 1938, 47: 898.

这样的现实状况无疑就削弱了本诉当事人把控诉讼方向的确定性，并大大加强了主审法官对于"谁能中途加入诉讼"以及"谁是适当诉讼人"这两个问题的自由裁量权。第三人诉讼参加制度对于主诉讼的积极效用是在综合社会因素和个体因素的情况下逐渐被验证的，这些纳入考量的因素不仅包括对诉讼经济性日益增长的需求，也包括正确对待司法系统运行中对正当程序事项的敏感性。在这一问题上，法院对在适当案件中鼓励案外第三人主动申请加入诉讼这一需要展开慎重对待的实例是联邦最高法院在下列裁决中的说明，"尽管存在关于律师费转移承担的制定法规则，但是在有关雇佣歧视问题的'第七权利条款'① 案件中，如果原告胜诉，为保护其权益而作为被告介入诉讼的各方不应当被裁定承担对方当事人的律师费用，除非他们介入诉讼的行为被认定为毫无意义、不合理或者缺乏根据，这些问题实际上在程序启动之初就应该得到了法官的足够关注。联邦最高法院判定，要求承担律师费用并非制定法的首要目的，它可能在不经意间产生这样一种事与愿违的效果，即鼓励当事人停留在诉讼之外并且等待着对任何当事人所作出的不利判决进行间接攻击"。【Independent Federation of Flight Attendants v. Zipes，491U. S. 754，109S. Ct. 2732，105L. Ed. 2d 639（1989）】

主张对第三人诉讼参加制度进行适当调整的理论界和实务界人士总是试图在以下两个此消彼长的因素中达成最合理的平衡：第一，法律规则在此程序中关注的初始问题，即保证某些诉讼主体的利益可以得到充分代表，这样诉讼主体暂时不是诉讼当事人但是其所拥有的合法权益与本诉牵连，可能受到诉讼结果的直接或间接影响；第二，现有诉讼当事人关注的主要问题，即尽可能迅速地对其诉讼请求和相应答辩进行裁决，尤其是原告，他们作为诉讼的启动者承担了主要的诉讼费用。在对这两个因素进行权衡的过程中，法官需要根据单个案件的实际情况来针对性地考虑不同主体关注的问题并从中立者的角度作出权威决断。正如一位评论者所言："主持案件审理的法官在每一个案件中都可以通过灵活运用法定准则达到公正的结

---

① Title Ⅶ，即 1964 年《民权法》第七权利条款，它是一项联邦法律，禁止雇佣歧视，以及基于种族、性别、怀孕、宗教和血统等方面的侵扰，同时禁止打击报复那些反对在工作地点进行歧视和侵扰的人。参见 Black's Law Dictionary，Seventh Edition［M］. West Group，1999：1494.

果，或许从单纯的权力分配来说，它无法达到绝对的公平，但公平在准则面前有时需要让位于公正。这就是规则的首要任务。"①

（二）诉讼参加制度的分类

根据第三人参加诉讼的不同情形和许可要求，《联邦民事诉讼规则》第二十四条和其他州司法辖区的相关法律规则又将第三人参加制度细分为两种不同的类型，第一种是权利性诉讼参加（intervention of right），第二种是许可性诉讼参加（permissive intervention）。这样的区分方式实际上表明了司法系统在现有诉讼当事人和渴望加入诉讼的其他案外主体之间进行利益权衡。在考虑相互竞争并且在大多数情况下此消彼长的主体权益时，若合并申请被判断为权利性诉讼参加，则表明法院在利益权衡上的对第三方的倾向性，即非诉讼当事人的诉讼参加权在当下是优先于现有诉讼人在本诉审理程序中的期待利益的；若法院裁定申请属于许可性诉讼参加，那么紧接着需要处理的问题就是，案外人即时加入诉讼程序会不会损害现有诉讼当事人的利益。② 下面笔者将就这两种不同的第三人诉讼参加方式分别进行介绍。

1. 权利性诉讼参加

权利性诉讼参加是指第三人在符合条件的情况下只要在规定时间内提出申请，即可在不需法院实质审查的情况下享有当然诉讼权利，进而直接参与到已经启动的诉讼。权利性诉讼参加的关键在于《联邦民事规则》中的法定条件，主要包括以下几点：第一，申请参加的第三人与原被告诉讼请求指向的标的物或者实体权益具有法律上的利害关系；第二，第三人的缺席将使其可能丧失就"关联利益"请求司法救济的全能；第三，第三人无法因原被告之间争议的解决而实现其实体权益或者诉讼利益。以上三点就是第三人想实现从"案外"到"案内"转变所必须满足的条件。但是，即便某一第三人不具备上述条件，其仍然有可能依据联邦制定法的授权而获得无条件的诉讼参加权，此时的授权可以看作是常规操作程序中的例外。

---

① Comment. Litigant and the Absentee in Federal Mulitiparty Pratice [J]. Pennsylvania Law Review, 1968, 116: 531 – 555.

② Cohn. The New Federal Rules of Civil Procedure [J]. Georgetown Law Journal, 1966, 54: 1204 – 1232.

根据法律规定，"在满足'权利性诉讼参加'的要件时，第三人即享有制定法上无条件的诉讼参加权，此时，只要其在合理时间提出申请，本诉法院就必须立即将其纳入本诉审理程序，而不能在考量其他因素的前提下以自由裁量规则将他排除在诉讼之外"。根据判例和相关学理解释，这里所谓的"合理时间"强调的是一种诉讼上的"适当性"，它基于诉讼成本和效率的考量而生。对此，美国联邦法院的法官经常采取宽泛的态度来判断提出申请的时间是否合理，因为法律并没有规定严格的界限，所以法官的自由裁量范围变得尤为关键。一般来说，即便第三人在本诉事实认定已经作出后才申请加入诉讼程序，法官也会秉承着救济最大化的原则在"确实必要"的情况下批准第三人的申请。这样的裁决情况虽然可以为第三人提供救济的机会，但对于本诉的原告而言，无疑是极大的伤害。

2. 许可性诉讼参加

许可性诉讼参加是指需要经过法院审查批准，第三人才能参加诉讼的申请方式，第三人的诉求所指向的目标必须与本诉的诉因具有事实或者法律上的逻辑关联。根据《联邦民事诉讼规则》第二十四条（b）款，案外第三人在满足下列条件中的任一条时，只要不违反合理时间的规定，法院都应准许其参加诉讼：第一，享有法律规定的"附条件的诉讼参加权利"；第二，第三人诉求指向的对象与本诉请求存在客观的事实或法律关系。当第三人不符合上述任何一条规定时，法院都有权驳回其申请。但在实际的司法实务操作中，笔者发现，法官对上述条件的审查力度偏弱，有时即便存在违反条件的可能，只要提出时间合适，法官也会本着有利于查明案情的原则同意第三人的参加申请，类似权利性诉讼参加的"申请即通过"的现象不在少数。由于许可性诉讼参加的决定权完全在于法院，所以法官的自由裁量权限就尤为重要。与前述权利性诉讼参加类似的是，"合理时间"同样被规定在审查的因素之内，只是许可性诉讼参加对时间的要求比较严格，第三人一般需要在原告提出诉讼后至被告提交答辩状之间尽快提出参加申请，否则即便满足法律规定的条件，法院也很有可能不同意其参加诉讼。

（三）审查标准的类型化分析

在对这两种不同类型的诉讼参加程序进行对比的过程中，笔者发现，对它们的审查标准进行分析可以更加全面地揭示制度之间的区别并探寻其中的制度逻辑和立法之意。

1. 权利性诉讼参加标准

从前文法律规定可以总结出适用于权利性诉讼参加的一套"三重标准"。第一，案外第三人与本诉诉讼标的物或者争点行为之间的关联权益；第二，案外第三人维护该特定权益的能力会因为缺席诉讼而受损；第三，有证据表明现有诉讼当事人未充分代表案外第三人的权益。与法律规定对应的是，三重标准之外的特殊标准——制定法授权，即制度法直接授予某一案外人无条件的诉讼参加权能。例如，为了确保在个体当事人（private parties）之间的诉讼中对于宪法有关的问题进行充分考虑，《联邦民事诉讼规则》第二十四条（a）款规定，在一个诉讼中，若政府并不是诉讼当事人，而影响公共权益的一项联邦法律和现行问题受到质疑时，法院必须通知司法部部长，以便政府能够依照《美国注释法典》第 28 章第 2403 节（28U. S. C. A. 2403）来介入诉讼。需要强调的是，只有在一项制定法的合宪性受到质疑时，援引第 2403 节才是适当的，而单纯的制定法解释问题不足以适用这一特殊规定。其实，在 1966 年对《联邦民事诉讼规则》第二十四条（a）款进行修正以前，联邦法院中的第三人诉讼参加的标准是非常严格的，它十分强调现实条件与法定概念的吻合。只有当缺席的案外第三人在严格的"一事不再理"意义上可能受到未决诉讼直接影响时，或者当法院对财产正加以控制，而该财产的分配可能给缺席诉讼人带来不利影响时，权利性诉讼参加才会得到法院准许。修正后的规则放弃了这种严格标准，转而将判断焦点放在作为第三人诉讼参加制度基础的立法本意之上。①

对于三重标准的相关概念，比如"实体和程序权益""充分代表"以及"事实上被损害的权利"等，司法部门已经作出了大量司法解释并通过判例确认了操作规程。近些年来，很多联邦法院已经通过审判实践从很大程度上扩充了《联邦民事诉讼规则》第二十四条规定的第三人参加诉讼的范围，这一举动也引来了一些学者和实务界评论人的质疑，他们提出这种不断"失衡"的判断尺度是否会赋予案外人过多的选择空间。② 但是，由于这些判决实际上符合 1966 年对《联邦民事诉讼规则》中有关第三人参加诉讼规

---

① Comment. The Litigant and the Absentee in Federal Multiparty Practice [J]. Pennsylvania Law Review, 1968, 116: 531 –542.

② Shapiro. Some Thoughts on Intervention before Courts, Agencies, and Arbitrators [J]. Harvard Law Review, 1968, 81: 721 –722.

则进行修订的总体目标，即为了使新规则能更好地适应数个当事人或者数个争点的案件，因此，质疑声始终只是停留在学术上的探讨，并没有落实到具体的规则重修。从主流观点来看，司法界普遍认为诉讼中主持庭审的法官应该把握好程序审查的尺度，其可以通过法定的自由裁量权对日益宽松的权利性诉讼参加加以限制，以便达到现有诉讼当事人和权利性第三人之间的权益平衡状态，这样的平衡不一定是某种份额上的绝对平均，但却足以在权利和义务失衡时恢复一种当下最合理的状态。

下面，笔者将以美国《联邦民事诉讼规则》为分析模型，对权利性诉讼参加三重标准的三个独立要素进行更加具体细致的分析以便全面揭示此程序机制的合理性和实用性。

第一条标准是可能加入诉讼的第三人有证据表明自己与本诉诉讼标的物或者争点行为之间的关联权益。从字面上看，这一表述并没有设定一个确定且具体的审查规范，或许这也是到目前为止法院依据此条标准作出肯定裁决的数量较少的原因之一。曾经有人试图通过更加严格精确的表述来修正这一标准的不确定性，但这种努力被联邦最高法院通过审判凯斯凯德天然气公司诉埃尔帕索天然气公司案（Cascade Natural Gas Corporation v. El Paso Natural Gas Company，以下简称埃尔帕索案）【386 U. S. 129，87S. Ct. 932，17L. Ed. 2d 814（1967）】所制止，在联邦最高法院的大法官们看来，拥有自由裁量权作为保障的灵活诉讼程序体系并不容易遭到诉讼参与人的滥用。在此案中，埃尔帕索公司作为大型的天然气供应商被要求放弃对另一家天然气销售公司——太平洋西北公司（Pacific Northwest）的控制权，原告提出的理由是为了维护加利福尼亚州天然气市场的竞争秩序，避免一家独大的垄断局面。在诉讼过程中，三名案外人试图申请参加这起放弃财产令之诉（adivestiture proceeding），第一位寻求介入的案外人是加利福尼亚州政府，其目的是确保太平洋西北公司或者其他继受公司可以进行符合市场规律的竞争，以便维持本州内部市场的公平秩序。第二位寻求介入的案外人是南加州爱迪生公司（Southern California Edison），它是加州天然气的主要工业用户并一直从埃尔帕索公司购买天然气，他提出的介入理由是保证加州的市场竞争状况已获得合理采购价格。第三位是凯斯凯德天然气（Cascade Natural Gas），作为一家俄勒冈州和华盛顿州的分销商，它唯一的天然气供应商就是太平洋西北公司，它介入诉讼是为了保证太平洋西北公司可以顺利地继续供应天然气。联邦地区法院一开始拒绝了全部三位案外人的诉讼参加申请。在上诉阶段，联邦最高法院一开始的裁决如下，"加利福尼亚州政府和南加州爱迪生公司基于地理因素而处于法律规定的特殊位置，以至于它们最初在《联邦民事诉讼规则》第二十四条（a）款（3）项规定的意义的上确实将会被一项吸收合并裁决所影响，而该吸收合并会限制当地天然气商业领域的正常竞争，所以，联邦地区法院一开始拒绝第三人诉讼参加申请是错误的。另外，由于本诉中正确的裁判离不开对案件主要实质问题的审理，而这样的重新审理必须在上述介入诉讼申请人的参与下才能保证基本的事实公正，最后联邦最高法院作出裁决，修正过后的《联邦民事诉讼规则》第二十四条（a）款中有关第三人诉讼参加申请主体的'与本诉诉讼标的物或者原行为之间的关联权益'这一条确定的是灵活宽松的认定标准，而这样的描述足以确定凯斯凯德天然气公司的诉讼参加资格"。

按照联邦地区法院一开始遵循的法理来看，埃尔帕索一案需要采取严格标准将裁判基础限定在案件关联事实上，因为本案的诉讼结果在很大程度上表明了联邦最高法院并不赞同联邦地区法院作出的"放弃财产令"所涉实质裁判内容。① 但是，通过对此后联邦地区法院重新作出的判决进行分析可以看出，这一诉讼所涉及的关联权益最终还是没有受到"严格标准思维"的限制，这些关联权益的主张人还是依照《联邦民事诉讼规则》启动了权利性诉讼参加。但是，在这里需要特别强调的是，上面的案例并不代表"杂乱无章的随意性"，联邦最高法院所作出的裁定都经过周密的事实逻辑推演和法理论证。主张存在争点相关权益的申请人即便据理力争，也并不意味着他就一定符合第三人权利性诉讼参加的条件，实际上，有相关案例表明联邦最高法院曾经拒绝过一系列试图依照经修正的《联邦民事诉讼规则》第二十四条介入诉讼的案外第三人。在唐纳森一案【Donaldson v. U. S. , 400U. S. 517, 91S. Ct. 534, 27L. Ed 580（1971）】中，一位纳税人

---

① Kaplan. Continuing Work of the Civil Committee: 1966 Amendment of the Federal Rules of Civil Procedure（Ⅰ）[J]. Harvard Law Review, 1967, 81: 356 - 406.

向法院申请第三人诉讼参加并要求法院传唤该纳税人的原雇主及其会计师，目的是让其提供该纳税人在受到调查的纳税申报相关年度内雇主对其所做的工作记录和报酬列表。联邦最高法院最终认定，纳税人在工作关系上对雇主享有的日常商业记录的权益并不足以使其绝对享有参加"权利性第三人诉讼"的权利。当然，联邦最高法院对唐纳森一案中针对第三人诉讼参加作出的裁决可能还受制于特殊的现实情况，但这同时暗示着，当维护一个审判机制的权益胜过介入诉讼申请人的关联权益时，第三人权利性诉讼参加很有可能遭到拒绝。

从上面的分析可以看出，在面对第三人诉讼参加的核心问题关联权益时，法院的判断尺度具有很强的实务性。曾经有法院在审理过程中将权益要求定性为"基于案件实际情况的引导手段"，它不仅与处理案件的经济性有关，也与正当程序的有关事项保持一致。例如，在斯穆克诉霍布森案（Smuck v. Hobson）一案【408 F. 2d 175（D. C. Cir. 1969）.】中，联邦上诉法院哥伦比亚特区巡回审判庭裁定，在涉及子女教育权的案件中，父母享有充足权利来参加已经开始的诉讼，以便他们可以针对某一联邦地区法院作出的"教育委员会对哥伦比亚特区内的学校采取的管理措施属于违宪行为"这一判决提出上诉。联邦上诉法院法官在判决中指出，"利用单纯的经济利益来证明案外人诉讼参加的必要性与合理性并不能适用于一切案件，在经济要素之外，如果第三人的中途介入可以在诉讼正当程序和审判效率相一致的情况下，囊括尽可能多的关联主体以查明案件事实，维护最终判决的合理性，那就完全有理由准许第三人的诉讼参加"。这一判决中所列明的概念框架对于当今法院系统具有重要的启发意义。可以看出，诉讼经济性与正当程序是此案的判断焦点，由于这两个要素在很多情况下是互相矛盾的，所以，法官在判案过程中的论证逻辑在联邦上诉法院权威性的保证下获得了大范围的效仿，而上述办法也确实足够灵活且全面涵盖了《联邦民事诉讼规则》第二十四条（a）中规定的关联权益。

第二条标准是，案外第三人维护该特定权益的能力会因为缺席诉讼而受损。这一点是基于申请人的特殊地位而产生的。规则表明了法院在判断过程中必须考量的因素并不是此前很多人提到的基于一事不再理而排除的重复诉讼，而是介入申请人受到未决诉讼实际损害的可能性和实际程度。

在对此标准的解释到底应考虑哪些因素的讨论上，联邦上诉法院第五巡回法庭通过了一项判决并确立了一条原则，即"由于遵照先前判决而可能给第三人带来的不利影响是准许第三人诉讼参加的重要原因"。在亚特兰蒂斯（Atlantis）案【Atlantis Development Corporation v. United States，379F. 2d 818（5th Cir. 1967）】中，美国联邦政府起诉三位被告，要求禁止其在特定珊瑚礁上安装浮筒，亚特兰蒂斯公司申请第三人诉讼参加以介入本诉审理。在公司提出的答辩状中，它认为自己通过"先占"已经对作为财产的珊瑚礁享有所有权，所以美国政府对这些珊瑚礁没有控制和所有权，就更谈不上司法层面的属地管辖权。在针对三位提出的交互请求中，亚特兰蒂斯公司认为被告已经非法侵入其土地，联邦上诉法院第五巡回法庭在审查亚特兰蒂斯公司提出的申请时认为，此案中需要厘清的主要是在介入申请人未参加诉讼时，将会在何种程度上受到诉讼结果的实际损害。法院指出，从表面上看，美国联邦政府和三位被告之间的争议事实不涉及亚特兰蒂斯公司，而且判决也不会对其产生直接影响，因此作为第三人的公司并不会受到一事不再理原则的后续约束。然而，亚特兰蒂斯公司针对美国政府主张的诉求中出现了两个基于领土而产生的、必须在本诉中加以解决的基本法律问题，若对这些问题的判决与公司主张的观点出现矛盾，那么遵循先前判决所带来的传导效应，将严重影响公司在此后的"维权之路"，并使得它在本诉中提出的权利主张失去实际的价值和意义。对此传导效应，法院特别指明，联邦上诉法院第五巡回法庭采用了惯常做法，即一个合议庭作出的判决会为其他合议庭所遵循，直到该判决被联邦最高法院撤销或者在全院庭审程序（en banc proceedings）中被该巡回审判庭予以撤销时为止，而类似的以全院庭审的模式重新审理或者发出调卷令的机会是"极为艰难"的。

与此同时，法院在裁定第三人诉讼参加的过程中声明，并不是所有由于遵循先例而引发的后续诉讼妨碍都可以理所当然地诱发案外人的中途介入，在此要素的基础上，必须综合其他实际情况对申请加以限制。具体来说，只有当后续权益维护与一项"基于本诉争点的特定财产或者行为而提出的诉讼请求"相结合的情况下，第三人的介入申请才能被准许。例如，在一起船舶保险纠纷案【Ionian Shipping Co. v. British Law Ins. Co.，426 F. 2d 186（2d Cir. 1970）】中，抵押人向一位海事船舶保险单的承保人提起诉讼，而抵押权人的受让人申请在本诉中启动权利性诉讼参加。联邦上诉法院第五巡回审判庭认为，没有确切理由表明抵押权人的受让人在后续诉讼中提出请求从而维护自身权益的能力会受到实际削弱，因此，拒绝了第三人的权利性诉讼参加申请。通过分析上述两个案例笔者发现，联邦上诉法院第五巡回审判庭的判决实际上在美国司法体系的实际运行流程中树立了一种新的思维路径，它标志着对第三人权利性诉讼参加的一种适用路径上的扩充，具有权威性和传导性的判例一改此前过分偏重审查要素的形式要求和刻板归类、评估，它按照第三人权利性诉讼参加的基础目的进行全面考量，以适应新环境下的法定要求。

权利性诉讼参加的最后一条标准是"有证明表明现有诉讼当事人未充分代表案外第三人的权益"。在满足其他先决条件的情况下，法院一般都会准许案外第三人的中途介入，但是如果案外申请人诉请的目标权益已经可以被现有诉讼当事人充分代表，那么就不一定需要启动权利性诉讼参加程序。1966 年以前，介入诉讼申请人应该承担"代表充分性"的证明责任，未经修订的《联邦民事诉讼规则》在第二十四条规定"当现有诉讼当事人无法充分代表申请人权益或者其代表行为有可能不充分时，就应当准许案外申请人的介入"。但经过修改的现行规定从文字表述上看，已经将原来由案外申请人承担的"证明不充分代表"的责任适量转移给反对权利性诉讼参加的当事人承担。衡量此标准的难点在于现有诉讼当事人之代表充分性是一个复杂的不确定变量。法院只有在下列两种极端情形下才能比较迅速地作出判断，第一种极端情形是申请人设法向某些现有诉讼当事人提出一个独立的只关乎自身权益的救济请求，此时，他的权益显然无法被其他当事人代表，故肯定应该批准其诉讼参加申请。第二种极端情形是案外申请人的诉求与另一位诉讼当事人提出的请求完全相同，这就使得权利性诉讼参加变得毫无意义，此时法院可以迅速裁定拒绝申请。但是，在这两种极端情形之间的各种游离空间内，法官就不得不对各种实际因素进行综合考量，同时需要注意各种故意构造的虚假情节。① 经查明而发现的那些欺诈或

---

① Intervention of Private Parties under Federal Rule 24 [J]. Columbia Law Review, 1952, 52: 922 - 925.

者私下串通而勾结的证据显然表明代表的不充分性，而证明一起案件的处理程序不合规则或者证明介入申请人的权益和"现有诉讼中代表其权益的当事人利益"直接对立，都可以充分佐证第三人权利性诉讼参加的正式启动。

现有诉讼当事人对介入申请人权益代表的充分性认定标准具有一定的技术性，这就需要主持庭审的法官恰当评估不同利益主体的权利得失。在一起关涉企业工会选举的案件【404 U. S. 528，92S. Ct. 630，30L. Ed. 2d 686 (1972)】中，一位工会成员一开始向劳工部长提出申诉，又在随后的程序中试图介入已经开始的由劳工部长依据《劳资关系报告与披露法》（the Labor-Management Reporting and Disclosure Act）提起的要求法院判定工会特定官员选举无效的诉讼。劳工部长对工会成员的参加申请表示反对，并表示在此未决诉讼中，他已经全面履行职责，充分代表了寻求介入的案外第三人的权益，如果不这样的话，联邦最高法院需要先认定劳工部长未依法履行法定职责，才能准许第三人的介入申请，这对已经为诉讼付出努力的劳工部长而言是极为不利的，因为这种裁定在无形之中削弱了政府机关的公信力。一般而言，当政府机关是诉讼中代表介入申请人权益的既定当事人（named party）时，法院一般会肯定代表的充分性。对于劳工部长的反对意见，联邦最高法院最终并没有表示赞成。通过对劳工制定法的历史和立法目的进行全面审查，联邦最高法院认为，劳工法实际上为劳动部规定了两类职责，一是代表工会成员对抗其所在工会的不法行为，二是维护工会选举的自由民主以确保最大范围的公共权益。虽然这两种职能从作用和意义上看都非常重要，但它们在诉讼中的效果并不相同，关联当事人在依照制定法所提起的诉讼中将不同职责列为起诉缘由会带来不同的处理方式。据此，本案中的劳工部长即便已经如实履行了法定职责，也无法在诉讼中保证自己已经对介入申请人的特定利益行使了充分的代表权。当某一诉讼当事人依据既定要求必须代表两个"在表面上没有对立，但可能在策略考虑上需要进行不同判断"的独立权益时，为了保证缺席诉讼人的权益能够被充分考虑，法院一般都会允许权利性诉讼参加申请。

以上就是笔者对《联邦民事诉讼规则》中"三重标准"各要素的具体分析。当法官在一个诉讼中将它们结合起来时，三重标准就为权利性诉讼参加的介入范围划定了一个实际而灵活的审查准则。需要再三明确的是，三重标准中"权益""实际权益损害""充分代表"这些法定概念具有很强的内在联系，法官需要在权利性诉讼参加申请人和现有诉讼当事人相互竞争的权益之间进行权衡，并将其作为关联因素予以考虑。

2. 许可性诉讼参加标准

正如《联邦民事诉讼规则》第二十四条（b）款所规定的一样，当某一案外第三人不符合权利性诉讼参加的条件时，其参与诉讼的渠道并不会被当然堵死，法院可以在特定情况下作出例外裁定，包括"因制定法而享有的附条件诉讼参加权利"和"第三人请求与主诉之间共同的法律或事实问题"。

与司法主动性在权利性诉讼参加中的定位不同的是，初审法院的自由裁量权在许可性诉讼参加程序审查中具有主导地位。法院需要在"诉讼主体增加所带来的审判成本提高和诉讼时间延迟等消极影响"以及"第三人中途介入对本诉的积极效用"之间进行权衡。如果法官认为第三人参加诉讼无法达到预期效果，或者第三人提出的诉求实际正处于现有诉讼当事人的请求范围，许可性诉讼参加将不会得到准许。[①] 另外，若第三人的参加申请得到法院的认可，那么第三人就当然处于许可性诉讼参加程序的限制范围内，他不能提出其他与主诉讼争点无关的主张，即便他在单独的诉讼程序中可以诉讼最初当事人的身份提出这些争点，也不能在本诉中主张相同的救济范围。例如，在一起有关专利侵权的案件中，A 对 B 提出诉讼，主张 B 侵犯了自己的专利权，申请法院颁发强制令并获得损害赔偿金。在审理过程中，得知消息的 C 希望以侵犯知识产权诉讼的被告身份介入本诉，并以不正当竞争为理由向 A 提出反诉。在这种情况下，由于 B 对 C 提出的有关不正当竞争的诉讼请求完全没有利害关系，法院可以据此裁定不允许 C 的诉讼参加申请。当然，如果 C 在不提出不正当竞争这一争点的前提下，法院可以根据自由裁量权许可其参加申请。另一种情况下，若 C 的反诉请求与 A 最初向法院提出的知识产权侵权诉讼在原行为上具有密切关联，那么 C 的介入请求同样可以得到准许。

根据特定条件下的许可条件，诉讼参加申请人提出的请求需要与主诉

---

① Intervention of Private Parties under Federal Rule 24 [J]. Columbia Law Review, 1952, 52: 922, 927 – 928.

讼当事人的诉讼请求或者答辩内容中所涉及的争点具有共同的法律或事实问题，这就给主持庭审的法官带来了一系列事实分析上的难题。从表述上看，这属于准许第三人参加诉讼的最低限度的要求，即便该第三人从法定条件上看并不符合合并规则对于合格参加人的要求，在此规则的适用下都可能被顺利纳入本诉审理程序。① 但是，这并不意味着介入申请可以理所当然地获批，就像笔者在前文所提到的一样，这一条是初审法院行使自由裁量权的指导性准则，同时，若第三人提出的请求与主诉讼明显无关或者经判断将导致本诉审理的严重拖延进而损害现有诉讼当事人的程序权益，该介入申请自然会被法院拒绝。

对于如何证明许可性诉讼参加的正当性，法院在下列案件中作出了标杆性的解释。在一起船舶纠纷【Inoian Shipping Company v. British Law Insurance Company., 426F. 2d 186（2d Cir. 1970）】中，抵押人向船舶保险单上的承包人提出诉讼，而海事船舶保险单上的抵押权受让人申请中途参加本诉审理。法院在裁定介入申请的过程中，作出了如下三段论式的推演：第一，《联邦民事诉讼规则》在对待合并的态度上一直秉承着"正当程序"基础上的多争点一次性解决原则；第二，该第三人所主张的权益与抵押人在主诉中提出的请求具有共同的事实问题，并有可能使用相同的法律规则；第三，在本诉中，相较于第三人在介入无果的情况下另行提起一个诉讼从而给司法成本带来的损耗相比，准许其参加申请给本诉当事人带来的消极影响十分有限，并且法院可以运用自由裁量权对"无法完全确证的介入申请人"（discretionary intervenor）规定权利行使条件，以减轻第三人介入行为给本诉带来的诉讼拖延、事实问题复杂化等损害。

仅就《联邦民事诉讼规则》第二十四条中的共同事实或法律问题而言，最关键的问题在于代表公权力的行政机关在第三人诉讼参加程序中的地位，其参加诉讼的可能性取决于政府机构所施行的制定法、命令或者规章的限定范围。若现有当事人对上述文件的内容提出异议，并主张应该对一项联邦制定法采取特殊解释方法，法院将适用许可性诉讼参加程序审查此争议

---

① 从法定规则上看，并不存在第三人参加申请人的请求应当与主诉讼请求在行为方面必须关联的既定要求，而许可性诉讼参加却将此列为判断标准。

点。这里需要与诉讼当事人对国会立法的合宪性质疑区别对待，当这一情况发生时，行政机关将按照美国《司法法典》第 2403 条的规定享有无条件的第三人诉讼参加权。与正常的第三人诉讼参加处理程序保持一致的是，即便以政府为主的行政机关是提出介入申请的诉讼主体，诉讼中主持庭审的法官仍然对此享有绝对的自由裁量权，并不会因为申请主体的不同而区别对待。

3. 审查标准的其他影响因素

第三人提出申请的及时性是诉讼参加程序的内在要求，不管是权利性诉讼参加还是许可性诉讼参加，意图加入诉讼的申请人均应该及时提出介入申请。对于提出是否及时的审查，法院需要根据不同场景作出裁定。其中，首要的考量因素是第三人提出申请时本诉的程序进程。对于整个诉讼来说，第三人提出申请的实际时间并不那么重要，关键在于介入申请于某一特定时间点上以及何种程度上会对本诉程序和现有诉讼当事人产生不利影响。[1] 一般而言，得知消息的第三人在本诉庭审之前提出介入申请都会被认定为符合及时性要求，而那些在本诉开始很长时间甚至是最终判决作出后提出的介入申请，在没有特殊情况时都是违反及时性规则的。而所谓"特殊情况"的判断就成为审查关键。当法院需要对这些非常规情况下的申请进行判断时，必须对从诉讼开始之初的关联因素进行全盘考量。例如在一起案件中，尽管第三人是在原告提交起诉书后五个月才申请介入诉讼，但是法官却认为其申请符合及时性要求。因为尽管原告在起诉书中列明了诉讼请求，但截至第三人提出申请之日，原被告之间的争点并没有明确，而且由于这段时间的流逝而带来的损害并不明显。

除了申请提出时间节点的影响外，法院的判断还会受到第三人诉讼参加类型的影响。当第三人诉讼参加申请属于权利性诉讼参加时，由于申请人的权利更容易受到本诉判决的影响并且其有可能无法在后续诉讼程序中证明这些权利的正当性，因此，最公平的做法一般是将程序权利向申请人适度倾斜，以照顾那些从现有材料上看难以通过其他方式获得救济的诉讼

---

[1] Intervention of Parties under Feral Rule 24 [J]. Columbia Law Review, 1952, 52: 922 - 929.

参加申请人。① 当介入申请属于许可性诉讼参加时，由于案外第三人的权利受到本诉侵害的可能性较小，所以法院将重点审查介入行为给本诉和现有诉讼当事人带来妨碍的可能性以及侵害程度，所以对于程序启动要件的把控较之权利性诉讼参加要严格一些。从总体上看，《联邦民事诉讼规则》第二十四条对及时性的审查要求并不是像很多学者所言是为了对诉讼参加申请人不够谨慎的程序权益态度进行惩罚，而是为了确保现有当事人，尤其是原告的利益不会因为缺席主体"不及时的申请"而受到额外损害。②

（四）诉讼参加程序的管辖

前文的分析一直将焦点侧重于第三人诉讼参加的法定规则和内在逻辑，并从联邦层面和各州司法辖区层面展开了分别探讨。然而，另一个非常的关键的因素在于法院的事务管辖权，不管权利性诉讼参加还是许可性诉讼参加都必须严格遵守《联邦民事诉讼规则》中的"事务管辖权原则"，并且不能适用联邦补充性管辖原则。法院对于批准第三人参加申请的裁定不具有终局效力，因此对裁定不服的人并不能马上提起上诉。但是，如果法院将第三人的申请直接驳回，第三人后续的诉讼行为就需要分情况讨论了，若第三人举证自己享有合法的诉讼参加权，那么他就可以对法院的裁定进行上诉，上诉法院会根据第三人提交的证据和初审法院的裁定文书作出二次裁定。如果上诉法院仍然裁定第三人不具备参加诉讼的资格，一般会裁定驳回上诉，若经审查认为第三人确实具有参加诉讼的权利，则会直接废止初审法院的驳回裁定。

即便第三人提出的申请符合法定条件，但其中途参加联邦法院庭审的行为与法院的事务管辖权相冲突，那么其申请一般也会遭到拒绝。若某一案外申请人即便以最初诉讼当事人的身份出庭也确定会产生管辖方面的问题，那么他不管通过什么方式都无法回避管辖问题来参加诉讼。实际上，在1990年制定法出台以前，法院对不同州籍当事人可以适用补充管辖权（supplemental jurisdiction）从而弥补某些事务管辖权上的缺陷。而1990出台

---

① Comment. The Litigant and the Absentee in Federal Multiparty Practice [J]. Pennsylvania Law Review, 1968, 116: 531, 544 – 545.

② The Requirement of Timeliness under Rule 24 of the Federal Rules of Civil Procedure [J]. Virginia Law Review, 1951, 37 (6): 863 – 869.

的制定法有效推翻了此前下级法院的众多审判实例，明确禁止在不同州籍当事人同时存在的诉讼中适用补充管辖权。这些下级法院在审判中一直对权利性诉讼参加程序和许可性诉讼参加程序加以区别，只要诉讼中的当事人依照《联邦民事诉讼规则》第十九条（b）款被认定为必不可少的当事人，就会被准许将附带管辖权规则适用于权利性诉讼参加申请人提出的诉讼请求。与此相反的是，如果联邦法院对某一未决诉讼缺乏事务管辖权，那么必然导致诉讼终结，法院也无法通过任何方法改变这种天然缺陷从而批准某一介入申请。

（五）裁定的上诉性

最后一点需要注意的是"法院对于第三人诉讼参加申请所作裁定"的可上诉性，尤其是在秉承终局裁判规则的司法辖区，这一问题的结论将对当事人的权益救济选择产生巨大影响。从目前通行的观点来看，一项批准第三人介入诉讼的命令并不具有终局性，所以此时没有可以上诉的目标，此时，对批准介入裁定持反对态度的当事人必须等到本诉判决作出之后才能对法院批准第三人诉讼参加的裁定提出异议。然而现实情况是，一旦诉讼宣告终结，针对法院准许第三人介入裁定所提出的上诉几乎很难获得成功。[1] 在联邦法院对第三人诉讼参加申请予以拒绝的情况下，虽然法院的拒绝裁定并不是对案件实质问题的终局裁决，也不涉及实体权利义务的分配，但它属于对介入申请人之本诉程序权益的最终裁决，如果申请参加诉讼的第三人被迫等到本诉判决作出后才能提出上诉，那么他的权利受损的可能性将大大提高，所以，被裁定不准介入诉讼的第三人可以立即提出上诉。[2]

虽然大部分司法辖区的法院都对上述观点持肯定态度，但仍然掩盖不了实务操作中的模糊性。为了弥补观点的缺陷，联邦和其他地区的法院在长期审判实践中归纳出一套更加贴合实际的惯常做法。第一种情况是，当法院拒绝许可性诉讼参加的裁定的做法涉及滥用自由裁量权时，被拒绝的第三人可以提出上诉；第二种情况是，当第三人诉讼参加申请属于权利性

---

[1] Intervention of Private Parties under Federal Rule 23 [J]. Columbia Law Review, 1952, 52: 922, 930 - 931.

[2] Shapiro. Some Thoughts on Intervention before Courts, Agencies, and Arbitrators [J]. Harvard Law Review, 1968, 81 (4): 721 - 772.

诉讼介入时，申请人一般都可以对拒绝诉讼参加申请的裁定提出上诉。不管权利性诉讼参加是否存在或者初审法院在拒绝许可性诉讼参加申请时是否滥用自由裁量权，法院首先必须对诉讼的实质情况进行初步审查，因此这实际上成为第二审程序中的一种上诉复审形式，复审的对象是法院作出的"拒绝许可性诉讼参加的裁定和拒绝权利性诉讼参加的裁定"。但是，在前一种情况（即法院作出拒绝许可性诉讼参加裁定），法院对自由裁量权的滥用是撤销先前裁定的必要条件，由于上诉法院对"初审法院自由裁量权违规滥用"的审查难度较大，所以权利性诉讼参加申请人的上诉成功率相较而言要高得多。①

三、互争的确权诉讼（interpleader）

互争的确权诉讼是指当诉讼中两个或者两个以上的人同时对"自己不占有"的"特定标的物"主张权利时，标的物的占有人或者管理者为了找到真实权利人，将所有主张权利的"潜在权利人"作为被告统一诉至法院的诉讼行为。从表面上看，互争的确权诉讼是由占有人或者管理人提出并与其他主张权利的人处于原被告对立关系的诉讼形态，但实际是因潜在权利人的争议而起，而且原告起诉的目的并不是要求被告承担某种责任。可以说这是一种原本承担保管责任的义务人为了避免责任履行不明或者重复承担责任而向权利人提起诉讼的"反向救济"诉讼形态。这在美国司法系统中独树一帜，具有鲜明特色。

从法系归属上看，互争的确权诉讼属于英美法系，大陆法系并没有这样的诉讼制度。1831 年，英国通过颁布法令以制定法的行使确立了互争权利的确权诉讼，美国随后受到影响，并在联邦层面和各州广泛适用这一制度。美国历史上存在两种不同类型的互争确权诉讼，一种是"联邦规则上的互争确权诉讼"，它由《联邦民事诉讼规则》第二十二条作出规定，另一种是"联邦法典上的互争确权诉讼"，有时又被称为"制定法上的互争确权诉讼"，《美国联邦法典》是其产生基础，其在第二十八章第 1335 条、第

---

① Comment. Federal Practice：Appealability of an Order Denying Intervention ［J］. Oklahoma Law Review，1958，11：80.

1397 条和 2361 条都对这一制度作出了相关规定。

根据《联邦民事诉讼规则》第二十二条（a）款的规定，"联邦规则上的互争确权诉讼"具有下列几个显著特征：第一，除了由占有人或管理人提起诉讼外，任何"对特定财产主张独有权利的人"都可以在"其他主张权利的人"将自己作为被告起诉后以反诉或者交互请求的方式对其他主张权利的人提出互争确权诉讼；第二，诉讼请求所指向的争议金额必须严格适用"异州案件标的额"的标准，不符合的要求的，不予受理；第三，特定标的物的占有人或者管理人与主张权利的诉讼主体不属于同一州籍；第四，占有人或者管理人在诉讼进行过程中仍然负责管理标的物，直至诉讼终结；第五，在对所有主张权利的被告送达法律文书时，必须符合"异州案件管辖"的送达规定，要么由法院根据"长臂规则"送达，要么将所有被告集合在法院所在州再依次送达。

与《联邦民事诉讼规则》中的互争确权诉讼相比，《美国联邦法典》的规定存在一些差异，其对该程序的表述是"如果两个以上（包含两个）的人对同一笔款项或者特定财产主张权利，那么款项的保管人可以将他们作为共同被告提起互争确权诉讼"。需要注意的是，《美国联邦法典》中的互争确权诉讼对案件的争议金额没有过多要求，大于 500 美元即可满足起诉条件。当保管人提起诉讼的同时，原告即应将争议标的物转交法院保管，也可以在向法院交纳保证金的前提下继续保管。法院在送达诉讼文书时，不管他们的居住地和所在地是否相同，法院都可以在全国范围内向所有被告送达文书。换言之，在不考虑保管人州籍的前提下，只要数个被告分属不同州籍，就符合"异州案件管辖"的规定；只要任一被告的居住地符合法院审判的要求，该地法院就可以对全案行使管辖权。

尽管美国司法制度中的互争确权诉讼对于重复诉讼的预防和最终责任的确定具有重要意义，但对于程序运行而言，实务操作往往比文本上的制度设计更具有说服力。通过查阅美国联邦最高法院的相关判例，笔者发现互争确权诉讼的出发点虽然美好，但有时无法全面应对基于群体侵权而产生的当事人复合诉讼责任划分或者争点不明等关键问题。对于该程序所带来的连锁反应和学理讨论，我们理应保持辩证的态度。

第三章
美国民事诉讼中诉讼合并制度之诉讼请求合并

第一节　诉讼请求合并的标准

与当事人合并制度相比，《联邦民事诉讼规则》中诉讼请求合并程序（joinder of claims）的启动条件比较简单，这一现象可以从以下两个方面来窥探缘由。第一，当法院或者当事人意图引入新的诉讼主体时，新诉讼主体与现有当事人和案件事实之间的关系往往需要更多证据来佐证，因为一个"不当当事人"所产生的主观效能会对案件造成更多负面影响，所以其面临的审查更加严格，法律和政策必须制定相对详细的准入条件来避免新加入的诉讼主体所带来的不确定性。而对于那些客观的与现有诉讼请求关联性很小或者根本不具有关联的新的请求，法官和持有异议的当事人比较容易将其排除。第二，请求合并符合司法资源优化配置的要求，对避免重复诉讼具有十分重要的意义。所以，美国的诉讼规则最大程度地允许某一当事人在同一诉讼中提出尽可能多的关联请求，而对当事人的合并则采取适时收缩的政策。纵观国内外相关学术研究，尽管诉讼请求合并和当事人合并相互独立运行并且使用不同标准，但经常被不恰当地混淆。

一、普通法和衡平法体系下的诉讼请求合并标准

在美国普通法主导的司法运行模式中，一般来说，只有当数个请求被列于同一诉状或者源自同一诉讼格式时才可以被合并。需要注意的是，诉讼格式的限制存在一个例外，即使追索债务之诉是来自契约而请求返还动

产之诉是源自侵权，追索债务之诉也可以与请求返还动产之诉合并处理。上述两方面的限制是普通法运行特点的必然结果，它力求在同一个程序中将当事人提出的争议点减少到最低数量，而且，美国各级法院在一个庭审程序中往往只能采用一个特定的诉讼格式。之所以采用这样的规定，是因为不具有充足法律知识和法律理性的陪审团面对复杂的争点时容易出现被情绪左右进而作出感性思维主导下的判断，这种看似运行于客观法理之外的模式在同时存在数个当事人并对应数个彼此独立的请求时显得尤为明显。不管从哪一角度论证此规则的合理性，普通法程序的传统都无益于那些"与交易相关侵害的高效率审结方式"。从普通法规则的法理上看，当一个案件涉及各种不同种类的财产且诉讼请求中的争点发生在不同时间节点时，当事人可以将所有请求并入同一个侵害他人动产之诉。然而，如果当事人在被殴打的同时遭到了对方的非法拘禁，那么他只能针对实施多个行为的被告提出两个单独的诉，即伤害之诉和非法拘禁之诉。

与普通法模式下略显僵化的诉讼请求合并程序之尴尬境地相比，衡平法赋予法官更大的自由裁量权以对合并事项作出裁决，其目的仍然是为了在同一诉讼程序中一次性解决尽可能多的争议事项以避免诉讼的后续问题。一般来说，衡平法规则允许在一个只涉及单一原告和单一被告的案件中对数个请求进行任意合并，在有利于提高案件处理效率的情况下，衡平法法官还会合并多个原告对多个被告的数个诉讼请求。由衡平法法院所创设的司法效率标准有时会涉及对行为、交易关系，以及事实和法律上的共同性考量。需要注意的是，虽然衡平法法院的法官对合并拥有较大裁量权，但仍不可以对分属于普通法和衡平法的诉讼请求进行合并，因为他们属于不同的司法系统，任意将其合并无疑会造成规则适用的混乱。

从历史沿革上看，美国早期一些州的法律带有浓厚的普通法色彩。从这些州法典的规定可以得出，只有当各请求源自相同诉因时才可能被裁定合并处理。通常的诉因包括对下列各项内容的结合：（1）明示或者默示的合同；（2）人身伤害；（3）名誉损害；（4）财产损害；（5）不动产诉讼，无论是否附有损害赔偿金；（6）动产诉讼，无论是否附有损害赔偿金；（7）根据合同或者法律运作而向受托人提起的诉讼；（8）其他与同一诉讼标的有关的一个或者多个相同交易引发的诉讼。一般来说，特定的侵权类型通常会被结合在一起，而在一些州法典中，第（8）类已经被忽略。虽然以诉因为判断标准比以令状为标准要宽泛很多，但实际上跨诉因种类的合并还是受到极大限制。后来，法典的修订者秉承效率原则开始尝试将普通法和衡平法的某些标准进行融合，并逐渐对源自同一"源事实"的多个请求进行合并。

二、诉讼请求合并标准的变化趋势

现代美国《联邦民事诉讼规则》已经取消了早期对诉因种类的划分。从合并的条件来看，各级法院对诉讼请求的合并都采取十分宽松的态度，各方当事人在法定范围内可任意提出关联请求。在其后的庭审阶段，法官可以为了提高审判效率对某些争点进行选择性分离。但与早期诉因种类的划分不同的是，上述决定都是在考量诉讼请求与特定事实之间关系后作出的，此时，数个请求背后所蕴含的法定权利类别在所不问。基于调整后出现的新情况，联邦最高法院对判断标准的内涵精神作出了正式的解释："《联邦民事诉讼规则》一直以来都致力于司法效率和当事人纠纷解决成本的平衡，修订者力图在保持诉讼各方受到公平对待的前提下，尽可能广泛地解决诉讼中关联性问题；鼓励法院对诉讼请求、当事人和后续救济方式的合并处理。"【United Mine Workers of America v. Gibbs, 338 U. S. 715, 724, 86 S. Ct. 1130, 1138, 16 L. Ed. 2d 218 (1996)】如今，美国的大多数州都已经认可并实行这一诉讼请求合并原则。

实际上，如今美国的民事程序规则总体上越来越与自由裁量权占据主导的宽泛合并原则相一致。为了避免原告在诉讼过程中受到复杂法律规定的选择性误导并作出错误决策，法院一般都准许替代性的请求合并申请。依照关于替代性诉辩文书的通常规定，各当事人可以基于不同出发点增加不一致的请求，唯一受到限制的在于所有当事人均须善意地制作诉辩文书。在某些案件中，当事人在诉讼中对一些请求提出合并，法官如果判定对其他关联请求继续审理将以对某请求的支持为前提，那么法院可以提前允许对该请求进行合并。比如，债权人就债务人对其欠款提起诉讼并以作为债务担保标的物向第三人转让存在欺诈事项为由提出将第三人并入诉讼，债权人希望法院撤销此转让。依照过去的标准，法院会要求原告在请求撤销转让行为前先取得就债务人的借款返还判决，而依照现行法律规定，借款返还请求和确认转让无效请求可以被合并纳入同一诉讼中同步处理。

三、限制性规定与管辖

总体上看，美国法律中的诉讼请求合并规则多属于许可性规定，一般不会出现与强制性当事人合并相对应的强制性诉讼请求合并。历史上唯一出现的例外是 1963 年《密歇根州普通法庭规则》第 203.1 条，其规定各方当事人必须对产生于诉因的交易或者事件进行强制合并，但是却没有将法院未获得对其管辖权的第三方出席诉讼作为进行相应审判的前提条件。① 与对请求合并保持开放态度不同的是，法院一直对诉讼请求的分离采取谨慎的态度，并规定了一系列限制措施，从根本上说这是对"一事不再理"原则的全面遵循。具体来说，大多数州法院都规定源于同一诉因的全部证据和法律依据都只能在一个诉讼中提出，如果相关证据和依据在后续新的诉讼中提出将会被法院排除。由于当事人对各项诉讼请求与法定诉因的关系不甚了解，而且"一事不再理"原则的援用在现实操作中经常遇到重复请求认定不清的窘境，所以该原则的实际意义在于鼓励各方当事人在诉因框架内提出尽可能多的关联请求，不错失任何一种救济可能，即便当事人提出的请求与诉因无关，也该交由具有专业法律背景的法官来判断。大多数法院都没有对当事人提出合并请求规定额外的限制性条件，而只对法院的审查规定了基本原则，因此也就不存在对当事人错误提出合并请求的追责问题。申请人唯一需要注意的是在诉状中明确提出所有意图合并的请求，如果其提交的诉状存在问题，法院会指令其重新提交并告知起诉书的撰写标准。

虽然法院对请求合并程序启动标准的审查总体宽松，但美国《联邦民事诉讼规则》仍然在管辖权方面对其作出了一些限制。从联邦层面上看，法院必须具有对当事人提出合并请求的管辖基础。在不同州籍或者不同国籍当事人之间发生的案件中，独立的管辖基础是一个当事人是否可以为了

① Meisenholder. The New Michigan Pre-Trial Procedural Rules-Models for Other States［J］. Michigan Law Review, 1963, 61: 1389, 1417 - 1418.

达到争议数额要求而将对方当事人提出的所有请求聚合在一起。当存在联邦问题管辖权时，审查的关键则变为是否可以在法院的"补充性管辖权"下提出额外的请求。此外，法律还规定对人管辖权和地域管辖权规则可以对当事人提出的各项请求同时适用。如果遵照成文法对被告送达传票，而与被告相关的请求并不受同一成文法约束，就会产生一种特别的对人管辖条件。地域管辖问题则相对容易，简言之，若请求权人提出的某一诉讼请求符合地域管辖的要求，那么即便存在不符合地域管辖条件的其他诉求，法院在一般情况下都会秉承全面救济和司法效益的原则将所有诉讼请求一并处理。从以上分析可以得出，当民事案件涉及诉讼合并问题时，美国法律对诉讼请求合并的限制比对诉讼主体合并的限制要少得多。

第二节 原告针对自身诉权启动的诉讼请求合并程序

一般情况下原告都是权利受到损害的人，所以为了更有效地解决争点，实现公平合理的救济，在美国社会信用体系的帮扶下，《联邦民事诉讼规则》对原告申请诉讼请求合并规定了十分便利的条件。原告在提出合并申请时，可以一次性将所有他认为与争点有关的请求全部纳入合并范围，且不需要对各请求之间的实际关联作出任何证明。法院在审理后将结合请求与案件事实以及权利义务承担的关系作出合并与否的裁定。在最终结果公布前，任何人都不得向法院提起异议。之所以规定这样有利于原告的启动条件，是源自《联邦民事诉讼规则》中的"一次性解决纠纷原则"。虽然美国司法程序衔接紧密，当事人可以从多个途径寻求权利救济，但独特的民族内生性格和过度公平的激励体制导致了美国社会多行业效率的低下。当原被告之间出现对抗局面时，"分阶段推进"的惯有原则将无可避免地导致后续纠纷的持续发酵，而在一个诉讼程序中解决他们之间的所有争议问题就变得十分必要，不管对于司法机关本身的资源利用效率还是对双方当事人在争议范围内的行为约束，成本的减少都是任何诉讼主体喜闻乐见的。虽然《联邦民事诉讼规则》为原告划定了一个舒适的范围，使得原告的救济成本大大降低，但规则仍在基础层面对此作出了几点限制，具体包括申请时效的牵制、重复事项的剔除以及管辖权问题。

第一，申请时效的牵制。《联邦民事诉讼规则》对原告提出合并请求的时间作出相应规定，即从案件事实发生之日起算，一般和原告权利受损的时间一致，涉及合同纠纷的案件须在合同生效六年内提起诉讼，涉及侵权纠纷的案件须在侵权行为发生之日起两年或三年内提起诉讼。同时，相关规则还规定当事人必须在同一诉讼中合并关联请求或者就有关争点先提前发起一个单独的诉讼，待法官稍后裁定合并与否，这样就可以使所有源于案件事实的争点在制定法规定的时效期限内被纳入法院的裁判范围。

第二，重复事项的剔除。《联邦民事诉讼规则》规定原告必须在起诉时将所有源于同一案件事实（无论交易行为还是事件）的关联请求和可能的救济方式同时提出，否则在往后的任何诉讼阶段都不能就相关争点寻求法院救济。而且，只要案件在某一法院审结并获得明确权利义务、责任分配的判决，那么原告在上诉期过后便不能对同样的当事人就同样的诉讼请求重新起诉，即所谓的"一事不再理原则"。最后，依照判决效力理论，若往后有其他请求权人意图以之前终局判决中的案件事实提起新的诉讼，那么新当事人所提出的与前诉相同的请求将直接承受前诉判决效力。

第三，管辖权。对原告而言，如果想在联邦法院提出诉讼，那么管辖权将直接影响合并申请的提出。例如，一家餐厅的服务生因为老板对自己的歧视而将他告上法庭，由于歧视问题属于联邦管辖范畴，那么作为原告可以应用联邦歧视法规在联邦法院提起诉讼。但是，若服务生只是因为老板违反合同规定解雇自己或者其他普通的人身伤害而意图起诉，那么联邦法院将驳回这些诉讼请求，因为这些问题都是由各州法律单独规定和管理的，所以原告不能将这些普通事由与歧视诉求一同诉至联邦层面。但是，联邦法院在案件符合一定条件时，也可以受理原本由州法院管辖的案件。依照"补充性管辖规则"，正常商业活动中的"符合常理的交易习惯或标准"是联邦法院的判断原则。如果原告提出的基于州法和联邦法律的不同请求都由同一事实或者争点所引起，那么联邦法院可以同时受理他提出的所有请求。但是，"补充管辖"问题在实际操作中十分复杂，当事人可能伪造证据或者用虚假陈述来掩盖案件事实的真实状况，所以联邦法院在判断是否准予合并时需要考虑的因素远不止当事人诉状上的单方说辞。

总体来看，虽然美国《联邦民事诉讼规则》第十八条（a）项的规定为原告提出合并请求创造了相对便利的条件，但原告的诉讼行为仍需要受到法律的规制，其合并请求是否得到准许也需要结合其他因素来综合考量。此外，根据《联邦民事诉讼规则》第四十二条（b）项，如果多个请求的争点事由分属不同级别的法律规制范围或者具有不同性质，法官可以行使自由裁量权将其分开审理。

第三节　被告针对原告启动的反诉程序

美国民事诉讼中的反诉概念与大陆法系类似，是指本诉被告在防御性诉辩过程中，针对本诉原告所提出的与本诉有牵连的独立的肯定性反请求。在某些州司法辖区，反诉又被称为反诉状。作为一种与本诉相伴相生却独立运行的诉讼程序，美国民事诉讼程序中的反诉制度分为强制反诉和选择性反诉，其主要目的都是限缩或直接抵消原告提出的诉讼请求。对于被告而言，反诉程序可以更加全面、彻底地发掘起诉文书外的"潜在真相"并厘清原被告之间存在的所有关联争点，对于法院而言，反诉程序有利于法官查明案件事实并作出准确的判决。虽然部分州的司法辖区对反诉的范围进行了限缩，但从大趋势上看，美国当代司法系统一直提倡当事人运用反诉机制，同时把它视作高效率、经济地化解当事人之间的争议的一剂良药。

一、反诉规则的演进历程

从历史上看，反诉制度由普通法中的扣除程序和抵消程序发展而来。在扣除程序中，被告可以提出与"原告在本诉请求中指向的行为事件"相同的防御性请求，这种请求不具有肯定性救济的性质，只是一种意图减少自己所应承担责任的具有针对性的抗辩式主张。与扣除机制不同的是，抵销程序允许被告提出与本诉交易事件无关的新请求，这种请求可以是肯定性救济主张，唯一的限制就是被告提出的请求只能基于某个既定判决或者生效合同中列明的固定金额。各州司法辖区在早期颁布的法典中也或多或少地体现了类似限缩的反诉方式。比如，某些州早前的司法解释【C.

Clark，Co de Pleading 101，at 650（2d ed. 1947）】就规定，被告反诉只能针对原告请求进行对应的反驳，以改变请求中的责任金额或份额。有的州则明确将反诉的具体种类进行了书面规定，例如反请求必须与原被告之间的合同相关，必须与本诉原告请求的标的物有逻辑关联，反请求必须对应原告选择的诉因等。换句话说，美国早期的立法对反诉的态度是略显保守的，它们几乎都希望在一个诉讼程序中优先解决原告的诉求，而当被告试图提出反请求时，它们大多数情况下都会引导被告另行起诉解决原本具有"同一抗辩性"的责任问题。

衡平法对被告反诉的态度在初期虽较普通法更为积极，但同样有所限制。根据 1912 年出台的《联邦衡平法规则》第三十条的规定，被告反请求必须是源于"本诉诉因的行为或事件"，而且必须是基于衡平法而非普通法所提出，否则将被直接驳回。随着当代美国普通法与和衡平法的融合，对普通法诉讼中主张衡平法上反诉的限制也逐渐弱化直至消除，反之亦然。根据《联邦民事诉讼规则》，被告提出反诉不再受制于标的物、与原告请求的逻辑关联等问题，本诉请求也只是决定反请求是强制性还是选择性，并不决定程序启动与否。而且，联邦司法系统率先规定允许被告在提交答辩状后增加新的基于"履行时间到期"的反请求。大部分州的司法辖区为了避免重复诉讼和循环诉讼，也相继接受了这一宽松的反诉政策。

总的来看，与当代反诉制度在美国不断扩张相比，普通法时期的民事诉讼程序理念与现在大相径庭。司法机关奉行"单独争点"原则，被告不能针对原告提出反诉，而只能提起所谓的"抵消抗辩"。法典法时期，反诉制度初步成形，但仅限于现代意义的强制反诉，选择性反诉并没有被承认，被告基于同一交易行为或者法定诉因，可以针对原告提出的诉讼请求提出"派生性独立请求"。在衡平法影响逐渐深入的今天，美国《联邦民事诉讼规则》在第十三条正式确立了现代意义的反诉制度，其中第十三条（a）款是关于强制反诉的规定，第十三条（b）款是关于选择性反诉的规定，这是美国历史上第一次将两者融合，并作为一项独立的制度写入成文法。

实际上，现行规则中存在的"强制性"和"选择性"是出于对不同理论派系和政策的考量。一些人认为诉讼应体现程序的合理性和效率的最大化，所以应该一次解决当事人双方的所有争议，这就决定了不管反请求与本诉标的是否关联，被告必须提出所有不同主张；而另一些人则担心诉讼会因为反请求的无限扩张而变得冗余复杂，他们希望对反请求采取分类审理的原则，以体现司法资源分配的最佳平衡点。在权衡两方观点后，立法者认为，对反诉进行无差别的"强制性"规定并不合理，也不具有可行性，因为这将导致本诉被告或者第三人参加诉讼中的被告不得不在对方当事人所指定的司法辖区就反诉请求进行诉讼。而有针对性的分类管理可以使法院根据案件的实际情况及时利用不同司法资源单独或者合并处理反请求，甚至还可以在法定情况下，直接裁定单独审判反请求，这对程序的高效运行和便利获取都十分关键。于是，厘清不同类别的反诉规则在理论和实务中的差异及其背后蕴含的法理和政策逻辑就凸显出必要性。下面，笔者将就强制反诉和选择性反诉进行分别论述。

二、强制反诉（compulsory counterclaim）

强制反诉是美国民事诉讼制度特有的一大亮点，是指被告必须在本诉中提起独立的反请求。若被告没有在本诉中通过反诉的方式提出这些请求，在既判力规则的影响下将就本诉中的特定争点失去主张法律救济的权利。从法律规则上看，强制反诉必须通过合并审理的方式进行，而选择性反诉并不强制要求合并审理。对于既判力规则下的失权效果，简单来说可以用以下两句话概括：在启动强制反诉程序后，被告不能就"强制反诉之请求"重新起诉；本诉完结后，被告不得就未提起并且属于"强制反诉之请求"另行起诉。

（一）强制反诉程序的启动条件

原告提出的诉讼请求是强制反诉的前提，《联邦民事诉讼规则》规定被告反请求的依据必须与本诉原告之诉讼请求的"源事件"相同，强调两者的"同一性"。如果被告没有及时提出，就将丧失在接下来的诉讼程序中纠正原告错误的机会，并承担由此带来的一切后果。强制反诉必须符合以下几个条件：第一，反诉请求基于原告请求中的同一源事件所引起；第二，反诉请求指向的标的已届履行期并且为被告所有；第三，法院在对反诉作出判决时，与反诉请求有关联但因管辖权问题没有参加诉讼的第三人可以不出庭；第四，反诉指向的标的或者权属在原告提出诉讼时不属于另一诉讼中的标的。从这几个条件看出，界定强制反诉的关键在第一点，后三项条件是为了避免反诉中的被告，也就是原诉中的原告受到恶意反诉的侵扰而对被告作出的一些限制性条件。换言之，判断反诉是否属于"强制性"反诉的关键就在于反诉请求的标的与原诉请求是否源于同一案件事实，只要源于同一事实，那被告必须提出反诉。当反诉请求标的的履行期未到，或者在本诉提起前已经被另一诉讼纳入审理范围，或者法院对需要出庭的关联第三人没有管辖权时，被告可以"选择性"地提起反诉。有鉴于此，反诉请求与原诉请求的同源性判断就变得至关重要。法院一般依据的判断标准如下：如果反诉中的标的与本诉事件存在"逻辑链条"，那么反诉的强制性即告成立。在法律文本中，这里的事件可以用交易行为或者事件来代替。联邦最高法院对法律条文中的"交易"进行了宽泛的解释，并不是专指商业活动中的交易行为。需要特别注意的是，反诉与本诉之间的逻辑关系并不要求是直接的。根据一些法律组织和社会团体的文件可以推测，法院在判断逻辑关系时，并不会严格要求请求的事实背景和发生时间的完全同一，只要他们之间存在"合乎逻辑"的关联，即可成立强制性反诉。

虽然强制反诉中所谓"关联行为或事件"从概念上看并不复杂，但在实际操作中，法院却经常面临概念模糊所导致的尴尬局面。目前为止，在大部分州通行的定义源于美国联邦最高法院在摩尔诉纽约棉花案（Moore v. New York Cotton）中的界定：强制反诉中的"行为或事件"是指导致诉讼发生的特定场景，双方当事人在脱离该场景的情况下都不会加入诉讼。可以看出，即便是被奉为判例来源的最高法院，对"行为或事件"的定义并不具有太强的可参照性。在判例法传统下展开逐案判断"强制"与否的众多事例中，摩尔一案表明管辖法院在判断尺度上享有较大的自由裁量权。实际上，现今许多州的法院早已经开始放宽判断标准，对反诉中一些书面陈述进行宽泛解释，以引导当事人尽可能多地解决争议。

为了加强强制反诉判断标准的可操作性，联邦法院和各州法院通过长时间的实践总结出下列几项补充性标准：首先，原告请求与被告反请求在事实认定和法律适用问题上是否基本一致；其次，双方请求之间是否存在法律上的逻辑关联；再次，原告和被告所提供的用以支持自己请求或者抗辩对方请求的证据可以采用不同的形式，但是否在依据的争点上实质相同；

最后，在不适用强制反诉的前提下，被告是否会由于"一事不再理原则"而丧失往后就反请求内容重新起诉的机会。当被告的反诉符合上述任意一项标准时，法官即可允许启动强制反诉程序。

尽管各级法院多乐于参照具体且可操作的标准，但学界却对上述四条标准展开了全面批判。第一条和第三条都是对请求和反请求之间争点相关内容的规定，并且这两条具有内在的统一性，所以可以首先讨论它们共有的缺陷。在笔者看来，事实和法律问题的一致性实际上就是要求争点同一，这使得强制反诉规则的范围变得十分有限。若此时对事实和法律问题放宽同一性要求，也就是说不需要争点的完全趋同，就很有可能出现另一方面的问题，即缺乏具体判断指标来分析双方请求在争点上的关联度，进而也就无法判断反请求的强制性。第三条标准在证据上要求请求和反请求具有一定程度的重叠，然而它直接忽略了一类困难案件的存在，即请求和反请求因同一行为或事件而生但实质证据完全不同。第四条标准实际上凸显了先前裁判的模糊性，而且，这项标准所预设的前提在逻辑上值得怀疑。有少数司法辖区不存在强制性反诉，此时"一事不再理原则"本来就不会阻碍反诉人在其后就本属反诉请求的内容另行起诉请求救济。第二条"逻辑关联"标准旨在审查反诉请求与原告请求合并处理时的效率性和经济性。当法院以这条标准来审查强制性反诉时，实际上就放大了法官的自由裁量权，此时，双方当事人提出的请求和反请求在争点相关问题上的同质性不再具有决定性的作用，法官审判的便捷性占据了重要地位。虽然此条标准加大了审核的灵活性，但过于宽泛的标准造成了实际适用上的不稳定。尽管理论界和实务界针对"四条标准"争议不断，但它仍得到各司法辖区最广泛的承认和适用。

（二）强制反诉在审判实务中的认定

关于强制性反诉的判断，我们可以通过下面几个法院的裁判案例作出进一步说明。案件 A，原告是一家能源公司的代表，他起诉至法院声称被告在购买能源公司公开出售的证券后，对能源公司的证券发售行为进行了诽谤，严重损害了公司名誉。此时，被告反诉提出，要求能源公司返还其购买证券的全部款项，因为他认为能源公司的证券本身就没有公开发售说明中所声称的价值。由于"这一无价值认定"是原告起诉的事由，所以符合四条标准中"产生于同一行为或者事件"，故显然属于强制反诉。案件 B，一家医院以病人未付医疗账单为由将其诉至法院，要求被告立即付款。此时若被告提出医院对自己的治疗行为存在医疗事故导致治疗效果存在严重问题，要求法院认定医院的医疗责任。在这里，病人提出的医疗责任认定请求就属于强制反诉。案件 C，被保险人甲在车祸中受伤请求保险人赔付医疗费用，如果保险人提起确权之诉请求法院判决自己不承担责任，那么被保险人在诉讼中依据保险合同提出的赔付请求就属于强制反请求。但是，若被保险人在自己受伤的同时撞伤了其他第三人，而保险人为了免除自己对被保险人和受害第三人的赔付责任将他们作为共同被告诉至法院，那么受害第三人就自己所受伤害而提出的反诉就不属于强制反诉，因为该请求产生的原因是被保险人的侵权行为，与保险机构和被保险人之间存在的保险合同约定之权利义务无关。

对于符合条件的强制反诉案件来说，衡平法和判例法还衍生出一些例外情况，包括明示的例外和判例法上默示的例外两种。对于判例法上的例外来说，由于其具有特殊性和指导性，而且其产生是基于某个案件的具体情况，不具有太强的推导性，所以暂且不作讨论。对于明示的例外来说，它产生的主要原因是衡平法政策，这些政策在某些情况下对强制性的判断具有更强的适应性，此时可以暂时将"一次性解决纠纷原则"滞后。用一句话概括就是：若当事人没有提出本属强制反诉的请求且这些请求符合例外规定，那么他往后再次提起该请求的权利并不因此而丧失。例如，若合同约定或者法定的履行期限没有届满，那么当事人并不一定要主张此请求。若缺乏此种例外规定，那原告就很有可能"为了防止被告的某个请求在时间条件满足时才提出进而抵消自己的请求"，所以利用诉讼上的不正当策略来促使被告提出未到期的请求。从法理上说，一个当事人是不需要对构成另一个未决诉讼争点的诉因提出反请求的。然而，很可能对被告不利的是，如果原告已经选择了向某一法院提起诉讼，那么这一确定的管辖事实可以被允许优先于此前就反诉所作的管辖地选择。另一个例外情况是，如果被告反诉涉及案外第三人参加诉讼的情况但是既定的管辖法院不具备对该第三人的管辖权，那么被告可以不对此提出反请求。从这一规定可以看出，法院并不想因为一个已经预见将被驳回的反请求而强行要求被告提出反诉，这只会使诉讼程序的推进更加混乱。同理，如果原告的请求不是基于对人管辖权而是基于查封或扣押管辖权而提出，就会出现新的例外。若法院一直缺少充足的对人管辖权依据，那么基于衡平法的原则，由于被告没有提出反诉而受到法院的处罚或者承担不利后果就变得极为不合理。但是，目前学理上存在另一种角度的讨论，即如果被告此时主动提出了其他属于选择性反诉的请求，那么他就必须同时提起强制反请求，否则将依法承担责任。

（三）强制反诉程序的管辖

从前文分析介绍可以看出，"同源争点的后续诉讼排除"是贯穿强制反诉程序始终的内涵，即如果被告没有提出强制反诉，就将丧失往后就"此前未作为强制反诉而提出的请求"提起诉讼的机会。有学者提出，这样的后续阻断规则主要考虑到法院先前判决的效力，① 而且处理类似问题的法院一般都通过引用"一事不再理原则"来排除后续同源诉讼的提出。也有法院采用"权利放弃"和"禁反言理论（collateral estoppel）"来处理诸如此类重复请求。美国民事法律体系特别注重信赖利益的影响，为了维护民事交易行为的正常秩序，衡平法理念和民事诉讼中的诚实信用原则催生了美国的禁反言原则。法律直接将当事人之间的信赖关系置于民事法律规则中，并赋予这种信赖利益一定的法律拘束力。明尼苏达州法院在判例【House v. Hanson, 245 Minn. 466, 470, 72 N. W. 2D 874, 877（1955）】中对此作出这样的解释，"从不同规则相互排除的角度上看，对强制反诉的后续诉讼排除是'因法律规则而生的一种人为障碍'，从法律逻辑上看，这样的后果具有禁反言的性质并且是产生于诉讼当事人未采取恰当诉讼行为的惩罚措施"。这种分析方式为特定情况下难以提起强制反诉的当事人提供了更加合情合理的解决方式，使得一些不具有"恶意"的未反诉被告人免于承担与强制反诉相关的不利后果。例如，在古格拉斯诉威斯康星校友研究基金会一案【Gouglas v. Wisconsin Alumni Research Foundation, 81 F. Supp. 167（N. D. Il1. 1948）】中，被告始终没有提出强制反诉，但实际上本诉在没

---

① Wright. Estoppel by Rule：The Compulsory Counterclaim under Modern Pleading ［J］. Minnesota Law Review, 1954, 38：423.

有就实质争议作出判决之前就已经宣告终结了。法院指出，在被告放弃反诉之前，本诉就已经结束，所以他无须承担不利后果。为强制反诉机制规定一个例外的安全保险对被告而言是有利的，当某些原告占据诉讼优势地位并控制了本诉中的答辩进程，而本诉被告却因某些正当理由失去或者不能提起反诉主张时，这一保险规定就显得尤为重要。

美国各州分属不同的司法辖区，各辖区内部的法律规定本身就存在一定差别，由于州与州、州与联邦司法辖区之间的关系十分微妙，所以当在某州审理的案件的被告未提出强制反诉时，会对其他州或联邦司法辖区产生何种影响就显得尤为关键。最常见的问题是：被告放弃强制反诉的行为是否会导致他无法在其他司法辖区的法院就同样的请求提起诉讼？先撇开判例传统，从法理角度上看，如果我们将强制反诉看作一个具有完全程序性质的相对独立的运行机制，那么由于其对应的是某个州具体的法律规定，当被告试图在其他州重新起诉时，原州的法律已经没有意义，所以新的司法辖区法院可以管辖这类"原属反诉"的案件，因为原州司法辖区的规则在其他司法辖区无效。可是，若从规则诞生和法律概念上将强制反诉机制视为一种基于"一事不再理原则"而界定诉因范围的工具，抑或是创设一种权利放弃的终局性推定，那么被告在原州司法辖区的初始放弃将在其他各州产生排除后续诉讼的效果。一些法院已经对本应在此前联邦法院诉讼中作为强制反诉提出的请求作出了拒绝受理起诉的决定。如果被告在一个适用强制反诉的司法辖区提起了一个先前放弃强制反诉的请求时，也会面对相似的困境。总的来说，被告在本诉辖区之外的法院提出请求的结果将以新法院对原审判法院司法辖区之规则的态度来分析。不管新的辖区法院属于联邦还是州辖区，强制反诉规则的有无和实际适用情况将最终决定被告寻求救济的结果。

三、选择性反诉（permissive counterclaim）

（一）选择性反诉的审查规则

选择性反诉即被告可以选择提起或者不提起反诉，其自身享有完全决定权的反请求。由于反诉请求与原诉请求产生于不同的事件，所以即便被告不在原诉中提出反诉，也不妨碍他将来提起与反诉请求完全相同的新的诉讼，并且本诉的不利后果不会因为反诉是否适用而对被告权利产生任何影响。

美国《联邦民事诉讼规则》第十三条对选择性反诉作出规定："被告在对本诉的答辩状中可以提出对抗原告的任何非强制性反请求。"表面上看，联邦规则对选择性反诉的启动未作出限制，法律文本并没有明确列出条件来预防被告的恶意反诉。但实际上，被告反诉的核心问题是和本诉讼合并审理，而所有列入答辩状的反请求都将经过法官的严格审查，在符合法律规定的情况下才会裁定反诉与本诉合并处理。具体来看，审查规则主要包括以下几点：第一，被告不能引用联邦"补充性管辖规则"要求反诉与本诉合并审理。如果本诉在联邦系统管辖范围内，那么被告的选择性反诉与原告请求必须属于同一州籍或者同属联邦管辖，即不能与"事务管辖原则"相冲突。如果被告的反请求经审查被认为应该由州司法系统单独处理，那么联邦法院将直接驳回被告的反诉请求，进而也就不可能存在合并处理的问题。第二，如果法院认为选择性反诉与原告请求并无实际关联并且将它们合并处理会影响司法效率，那么法院会裁定将反诉请求单独处理，也就是说此时被告在一个新的诉中成为了原告，两案的处理结果互不影响。

（二）选择性反诉的时效规则

从反诉程序适用的时效规则上看，强制反诉和选择性反诉具有不同的特点。当原告起诉后，大部分司法辖区的法院会继续计算选择性反诉的诉讼时效，但却会中止计算强制反诉的诉讼时效。虽然在某些特殊情况下，不符合时效规则的强制反诉会得到法官的慎重考虑，但如果强制反诉请求标的对应的诉讼时效在原告起诉前已经过期，对被告反诉的审查就会变得比较困难。比如，抵消和扣减的规则通常会用于支持在原告起诉前，被告反诉已过诉讼时效的状态下仍然允许其反诉的案件。依照《联邦民事诉讼规则》第十三条（h）款的规定，如果被告的反诉将引入其他案外第三人，那么诉讼时效不应当由于新当事人的参加而中止。若上述被引入的当事人本不应该在一个独立诉讼中被起诉，但由于反诉诉讼时效已过而不得参加本诉审理，那么被告假借反诉而主张的关于"引入当事人"的请求则不会约束这些案外第三人。

第四节　被告针对其他被告启动的交互请求程序

交互请求（cross claim）又称交互诉讼（cross complaint），是指在已经开始诉讼程序中，一方当事人基于与本诉争点的牵连关系，向其他处于同一位置的共同当事人提出任何请求，并经由法院合并审理，一次性解决所有关联纠纷的诉讼制度。一般来说，这里的共同当事人只包括共同被告。其实，严格遵照法律本书的字面意思来说，原告之间也可以提出交互请求，因为原告也属于当事人的范畴。然而，美国司法体系早已通过判例法禁止了共同原告之间的相互对立，唯一的例外就是当被告针对原告提出反诉时，反诉所指向的共同原告之间可提起交互请求，因为他们此时的身份已经是反诉中的被告，而这与判例法的内涵是一致的。

一、交互请求机制的初衷与演进

美国《联邦民事诉讼规则》第十三条（g）款规定，任何被告所提出的交互请求必须源于本诉或者反诉之诉因的行为或者事件，或者与本诉主请求的争点具有逻辑上的关联。这一联邦标准如今在众多州司法辖区都得到了广泛适用。在早期衡平法和普通法相对隔离的保守时代，交互请求只存在于个别程序法典和衡平法范例中，而且并没有以"交互请求"的字样出现，只是内容大致相当，大多数司法辖区称其为"交互诉讼文书"。在这样的程序规定下，诉讼中的任何当事人可以针对其他所有当事人主张权利，不管他们在诉讼中所处的位置是否相同。而在联邦层面，《联邦民事诉讼规则》通过反诉机制限定了当事人之间提出请求的具体范围，交互请求变成了一种只存在于共同当事人之间的程序机制。在普通法和衡平法趋于融合的州辖区，前述交互诉讼文书时常被法院称为"反向诉讼文书"，而反向诉讼文书中所记载的诉因需与原告起诉状中的陈述的争点事实相同。如今，交互请求的程序设计不仅继承了早先反向诉讼文书的制度内涵，有的州还沿用了"反向诉讼文书"这一专业术语，而且扩大了请求的范围，法院可以运用这一机制将符合救济条件的当事人并入本诉程序以加速全案处理进程。除了基本的制度运行外，有的司法辖区还补充了一些新规定，比如"提起交互请求的当事人不但可以诉请肯定性权利救济，还可以因同诉讼程序中另一位当事人的法律责任认定而获得补偿。"

交互请求机制的设计是出于对民事程序体系灵活性的考量，法院总是希望能尽量减少重复诉讼，进而节约有限的司法成本，这就要求制度设计者用最精简的程序设计解决所有当事人之间的争议。这也是近年来，越来越多州司法辖区放宽交互请求审查条件的最重要的原因。另外，正如笔者在反诉制度一节所论述的，被告在一个基于衡平法而提起的诉讼中对其他被告主张普通法意义上的交互请求并不会导致其丧失就此普通法请求申请适用陪审团审理的机会。有时，法院对交互请求的过度援用或者错误合并可能导致一些问题的出现，比如案件事实查明过程变得更加复杂，真正权利受损的当事人难以得到及时救济等。为了尽量避免附加问题的出现，法院可以选择引用目前在整个司法程序体系通行的"分别审理"规定来"临时救济"。需要特别注意的是，在联邦法院系统，若原告的主请求或者被告反诉由于不符合事务管辖权的规定而被法院驳回，那么交互请求将肯定被驳回，唯一的例外是有单独的管辖权基础支持被告间的交互请求，此时，法院将继续审理被告之间的争议；但是，若主请求不是由于管辖权上的问题被裁定驳回，那么法院可以根据案件的实际情况和当事人之间争议的紧迫程度选择性保留交互请求，即便交互请求本身不符合联邦管辖权的规定。

二、交互请求的限制性规则

《联邦民事诉讼规则》对交互请求的审查规定了两条限制：第一，交互请求只能向处于同样诉讼地位的共同被告提出；第二，被告提出的请求必须与原告诉讼请求的争点相关，或者与原告诉讼请求以及某一被告的反诉请求源于同一行为或事件。根据《联邦民事诉讼规则》第十八条的规定，一旦被告提出一项符合条件的交互请求申请，各当事人可以并入他们针对其他共同当事人提出的任何额外请求。从法律文本的表述上看，交互请求提出的标准与强制反诉类似，只是请求针对的目标完全不同，反诉针对的是本诉中的原告，而交互请求是被告之间的相互对抗。根据审查规则的判断标准，当法院认为被告提出的交互请求与本诉的诉讼标的之间的逻辑关系不明时，有权利直接驳回被告的交互请求。此外，交互请求是一种选择性权利，带有一定的许可性，放弃提出交互请求并不必然产生不利诉讼后果，所以它受到的限制要明显少于强制反诉的限制。当事人享有完全的自主权以决定是否在本诉中主张交互请求，或者在往后的诉讼中单独处理该请求对应的争点。《联邦民事诉讼规则》原文对交互请求提出主体的描述是"共同诉讼人"，而根据大量判例和学理研究，笔者发现这里的共同诉讼人实际上只是"诉讼"中的共同被告，并且不区分本诉和反诉。《联邦民事诉讼规则》之所以这样描述是基于本诉与反诉的相对性，当本诉的数个原告在反诉中直接成为了共同被告，此时本诉的任何原告在反诉程序中都可以提出交互请求。虽然共同被告（本诉原告）之间提出交互请求的条件比被告提起强制性反诉的条件要宽松，但相比任意性反诉则明显更严格，只有当交互请求的标的与本诉请求的标的存在客观逻辑联系时，合并请求才会被准许。之所以将确实存在的逻辑联系规定为标准，是基于司法效率的考量，盲目地提起申请毫无疑问会无端浪费当事人诉讼成本和司法资源，而且如果法院错误地将没有关联的交互请求与本诉合并，会增加案件的不确定性，从而损害权利真实受损的原告。所以，与被告针对原告提起的反诉制度得到法院鼓励相比，实务界一直希望从程序规定上适当限制交互请求程序。

尽管各司法辖区在审理案件的过程中发现很多共同当事人都迫切希望法官能区别对待交互请求和反诉，但将二者混淆的情况还是时有发生，究其缘由，大多是因为在一些州辖区内"交互请求"和"反诉请求"等法律术语一直被沿用来共同描述"反诉机制"。从某种意义上说，这可以被看作一套"长期沿袭的司法习惯"。庆幸的是，这样的混淆并不会过多妨碍法官对当事人身份的认定，而对请求类别的误认在大多数案件中也不会给请求提出人造成太严重的损害。因此，这样的窘境虽然早就摆上台面，却一直没有得到太多的重视。

三、交互请求的判断标准

交互请求的第一个关键问题即共同当事人的判断。虽然现在已有通行的做法，即共同当事人是指处于同一诉讼位置的数个当事人，但这一看似没有问题的规定早先却引起了学界和实务界的广泛争议。例如，在一起诉讼中，原告将两位被告告上法庭，法院审理期间，其中一位被告提出要向另一位案外当事人提起引入第三人诉讼申请以期获得赔偿。在这样的情境下，就需要分情况讨论新引入当事人的地位。若引入诉讼中被引入的当事人被视为共同被告，则主诉被告可以提出交互请求以提出源于本诉主请求标的并且"针对被引入当事人"的任何主张。但是，若引入诉讼中的被告不可以被看作共同当事人，则本诉被告所主张的任何请求都要按照"引入第三人诉讼"规则进行审查。一般来说，审查规则要求"主诉被告提出的针对第三方被告的诉讼请求"必须是第三人原本应该就"主诉原告对主诉被告提出的部分或全部赔偿请求"而向主诉被告承担赔偿责任的请求。法院在早先的案件审判过程中对此并未达成一致的认定标准，后来出于对交互请求立法初衷的考量才慢慢在联邦和各州司法辖区确立了"同一诉讼位置"的共同诉讼主体标准。

交互请求第二个关键问题是"相同行为或事件"的判断。根据《联邦民事诉讼规则》的规定，被告提出的交互请求要么必须与主诉原告之请求或者被告反诉源于同一行为或事件，要么与本诉争点存在关联。这种"关联性标准"与强制反诉的判断逻辑类似，大部分司法辖区的法院都会基于"法律逻辑关系"对交互请求进行审查和判断，主要包括审查交互请求标的是否关联本诉中原被告提出的争议焦点和案件事实。这一审查准则的具体适用可以通过下面这个案例来作进一步说明，被保险人在一起交通事故中追尾受伤并导致前车司机（受害人）受伤住院治疗，在被保险人提出要求保险人承担自己和受害人的保险赔偿责任后，保险公司向法院提起主张无责的确权判决，并将被保险人和受害人列为共同被告。本诉中，受害人提出的请求与保险人提出的确权诉讼之标的具有法律上的逻辑关联，那么他就可以直接以交互请求的方式向被保险人主张损害赔偿。若保险公司承认对被保险人的单方责任，但仅对保险合同中的内容是否适用于整个事故造成的损失主张部分免责，那么此时受害人试图提出的"交互请求"所指向的事实和责任与主请求的相关内容存在偏差，两者涉及不同的争点，所以不满足法律逻辑关联的标准。

四、交互请求程序的关联规则与管辖

一般来说，被告不能提出与主请求标的或者行为事件无关的交互请求，因为法院要确保原告的诉权和实体权利不会因为共同被告之间的额外争议而被拖延或者复杂化。但是，只要被告提出了符合条件的交互请求，那么他就可以针对交互请求的对象依照"一般请求合并规则"提出其他"与本诉原告请求无关"的新请求。在此情况下，选择性反诉和强制反诉的规则可以适用于共同被告。

除了与本诉中行为和事件的逻辑关系外，与主请求标的物，一般是指特定财产的关系也是提出交互请求的审查对象之一。因为交互请求与主请求标的物的联系有时与作为本诉基础的行为或事件并不相关。比如，美国联邦政府作为原告向法院提起回赎权终结之诉，此时依照"标的物关联标准"，被告的担保人可以欺诈担保为由而向某一共同当事人提出交互请求，主张担保责任的免除。这里的交互请求依据即是特定财产关联。

在管辖规则的适用问题上，交互请求和强制反诉一样可以适用补充性管辖规则，法律并不要求交互请求的标的物必须单独符合"联邦事务管辖权"。此时，法院对于交互请求的审查结果取决于诉讼对抗状态对案件进程的影响。《联邦民事诉讼规则》的立法者并不希望在原被告对抗已经成形的基础上人为地强加另一个新的对立关系。虽然从案例上看，新的对抗关系与本诉构成了一个三角结构，有时会对案件真相的查明具有一定的推进作用，但在绝大多数时间里，共同被告之间还是通过交互请求申请来利用法律漏洞，从而带来了一些负面影响。因为在强制反诉程序中，原被告本来就已经处于对抗状态，而在交互请求中，只要某一个被告针对其他被告提出交互请求的合并要求，那么肯定会导致强制反诉的出现，这样的循环对立过程是复杂冗余的。

第四章
美国民事诉讼中诉讼合并制度评析及启示

第一节 诉讼合并制度的创造性

一、实用主义法律思维

从法律思维方式上看，大陆法系和英美法系差异巨大，英美法系一直以来都以判例为法律的主轴，法官往往会参考实际发生的事实细节总结出一套可以通过法理论证的共识，而大陆法系对于法律和法律事件的思维方式始终来源于具象化法典中的抽象规则，这是一切法律行为发生的基础，只有这样才能对案件进行演绎推导。普通法法律传统、主流学说和通行的司法实践方式背后都蕴含着一种极富实用性的心理模式，具体表现为以下几个方面：

第一，偏重对事物进行实际具体而非抽象普遍的观察；

第二，笃信长期累积的经验而非抽象理念的方向指导；

第三，对诉讼案件进行针对性的分析和处理，而非从一般的公式化命题中归纳出判决的全貌；

第四，在判例经验的基础上，遵循特定案件中对公平正义的不同标准进行谨慎的逐案推导，而非就每一程序步骤和法理论证依赖于假设的一般性概念。

这种内在的心理特征与根深蒂固的盎格鲁－萨克森习惯密切相关，即没有必要通过某种既定的模式去提前预判事件发展的结果，而是根据当下发生的现实情况及时处理，只有这样才能符合最佳的救济诉求匹配方案。

不管是诉讼请求合并还是当事人合并，实务中都未过多依赖理论支撑，立法者关注的重点更多集中于具体法律条文在实务操作中的实用性以及规则适用结果背后的公平正义理念和最普遍良知。因此，《联邦民事诉讼规则》中并没有对诉讼合并程序的概念进行详细的界定和解释，立法者意图通过确立一个最基础的标准为法院的具体工作提供指导，这样能够更好地灵活贯彻一次性解决纠纷原则。这种理论与具体实践高度统一的做法具有典型的罗马法特性，① 法律理论可以在具体的实践中构建，并且每一条理论规则都是为具体案件服务的，而每一个案件的最终裁判基础也是实践中归纳出的法律规则。实际上，我国诉讼合并相关制度在法学理论基础上的单一和固化正是造成当前实务运行困难症结的关键缘由之一。因此，如何借鉴美国法中诉讼合并制度的实用主义法律思维对其进行优化和调整，就成为理论界和实务界的共同目标。

诉讼请求合并和当事人合并无论在哪种法律语境中运行，都需要立法机关和司法机关的法定职权予以配合。因此，在属于程序运行基础的权力配置方面，两大法系具有共同的选择背景。而理论性和实用性在具体诉讼环境中的有机结合也是任何国家都不断追求的宏大目标。诉讼合并制度通过不同类型的合并方式将所有的诉讼资源和诉讼要素集中于同一程序再进行优化配置，不管是证据搜集、案情探查，还是法院正式庭审，所有被合并的"诉讼要素"（或称诉讼组成部分）都被法官视作一个不可分割的整体，诉讼程序的每一部分都是环环相扣的，这对原本繁杂的美国司法程序运作体系而言不仅提高了诉讼效率，节约了司法成本，也尽可能使当事人免受重复诉讼和错误裁判的侵扰。因此，诉讼合并程序自诞生之日起就展示出顽强的生命力并在当代民商事纠纷解决活动中日益盛行。从前述分析看，司法操作中出现的错误合并会使得实际情况与制度设计初衷南辕北辙，而不当诉讼要素的并入也会让案情变得更加混沌不清，正因为如此，理论界和实务界一直不乏对扩展诉讼合并制度适用范围的质疑，但在笔者看来，

---

① 弗里德里希·卡尔·冯·萨维尼. 论立法与法学的当代使命 [M]. 许章润，译. 北京：中国法制出版社，2001：24.

偶尔出现的问题必然无法掩盖它对民事司法和当事人的积极作用，实用主义法律思维在相关制度优化和具体适用过程中具有重要意义。

二、程序效益与裁量尺度

诉讼成本是美国诉讼合并制度最重要的设计初衷之一，也是法院判断各类型合并程序启动与否的关键因素。严密的程序设计为当事人权利保障提供了合理的救济路径，但相对繁琐的规定使得当事人甚至法院都会面临一些尴尬的决策局面。司法效率的提高和诉讼成本的节约一直是现代民事诉讼的发展理念，而这样的发展思路对于被人长久诟病的美国司法体系而言显得更为重要。不同诉讼主体和诉讼客体的合并让审判法院在同一个诉讼程序中基于特定的事实或法律关联尽可能多地解决不同争点，厘清不同诉讼人之间真实的权利义务关系。这对法院集中司法资源查证事实、确定证据十分重要，法官因此可以避免浪费过多时间来处理相同的争点和证据，极大减少了由于重复裁判和查证而付出的人力、物力和财力成本。不管是诉讼请求的合并还是诉讼当事人的合并，制度设计者都希望利用已经启动的诉讼程序将解决纠纷的范围尽量扩大，同时减少不同法院之间的矛盾判决。从联邦和各州判例来看，法院一般对此保持鼓励和开放的态度，力图通过自己的引导将不同诉求和诉讼参与人之间的关系厘清，以更好地贯彻一次性纠纷解决的指导原则。虽然这样的原则显得有些理想化，但其确实从程序操作的角度入手维护了法院裁判的权威性和统一性，当事人之间的矛盾也因此得到最大程度的削减和弱化。

除了对司法机关之权力的有效规制，美国的诉讼合并制度也使得当事人的处分权和自由意志得以实现。尽管法院在某些合并申请，比如当事人强制合并和第三人诉讼参加中拥有很大的自由裁量权，但终究处于中立裁判位置。立法者希望法官起到的作用并不是单纯利用权威左右诉讼主体的自主判断，而是希望通过其专业知识的引导更加有效和全面地化解当事人之间的纠纷。不管是被告反诉还是当事人之间的交互请求，程序启动人的诉讼意志始终决定着救济路径的走向，司法机关不能利用公权力迫使某人选择某种程序。比如反诉制度中的任意性反诉就充分体现了对诉讼人救济意识的维护。即便是法院享有很大裁量权的强制反诉程序，法律也只是规定了"反向不利后果"，并不涉及任何法律上的惩罚性措施，所谓的"事后不得再起诉"和"消极弃权诉讼责任"依然受到当事人处分权的直接影响，案件当事人在强制反诉中仍然可以在权衡各方利弊后完全自主地选择权利救济方式。再比如就"被告引入第三人诉讼"来说，法院始终只是站在第三方的角度通过规则指引本诉当事人——主要是被告的程序选择思路，没有权利主动追加第三人，本诉的被告在引入某一案外人的过程中享有完全的决定权。

如今的美国社会民商事活动中，复杂的诉讼案件层出不穷，阶级矛盾、种族矛盾、地区差异、贫富差距等问题不断催生出大量前所未见的诉讼，以司法机关为代表的公权力体统和普通民事主体对于程序实用性和效率性的迫切需求使得美国的诉讼合并制度不断发展。权利性裁量与程序效益间的平衡是诉讼合并制度运行合理性的有力佐证，不同诉讼主体的长期努力让这一几乎阅尽美国诉讼制度发展历程的程序体系在美国民事诉讼中始终扮演着无法取代的角色。诉讼合并制度所特有的"一次性解决纠纷"思路使得法院和所有诉讼参与人能有机会在同一诉讼程序中解决全部关联争点，这对社会资源的合理利用和诉讼成本的节约起到了积极的引导作用。然而，不断演化的社会问题给美国的立法和司法体系带来了重重压力，旧制度的美好框架有时也难免成为现实矛盾下的无奈枷锁，联邦法院和各州司法系统会采取怎样的改进措施克服逐渐显现的复合性问题，又将如何应对各方对重构诉讼机制和完善救济体系的迫切需求，我们应在不断关注的同时保持警醒自觉的态度。

三、公益诉讼的例外条款

诉讼合并制度给联邦法院带来的难点之一即是公益组织对政府机构提出的民事诉讼，比如环境保护协会、野生动物联合协会或者其他以公益为主要目的的团体对政府的某项行政行为不服而起诉。当前，由于法治意识和法治理念的不断提升，基于公共事业和公权力引发的民事诉讼正处于飞速发展阶段，相应地也会产生一些前所未见的问题，给程序适用主体带来新的待决问题。最突出的就是公共权力例外条款对于合并关联当事人的影响。在那些采纳公共权力例外条款的司法辖区，法官对此问题的意见大致可以作出如下概括："若诉讼基于公共权力或者公益事业而启动，那么只要法院的裁决对公益当事人有利，其他会受此裁决影响的第三人不一定被定义为不可或缺当事人。"但是，如果法官或者原告认为诉讼的顺利解决需要第三人的参与和协助，就会在确认实体法上权利能否合并处理的基础上，审查管辖权、审判地和送达方式等程序问题。

实际上，在大部分对诉讼要素合并事项产生争议的诉讼案件中，很难确切找出满足上述合并标准的书面解释，这或许是由于美国民事诉讼中的全面救济理念一般仅存在于已经确定参与诉讼的当事人之间，而非本诉当事人和潜在的缺席当事人之间。而在司法实务中，部分联邦法官早已经通过判例论证的方式承认了公益权利在合并问题上的例外条款。

四、争点排除规则对诚实信用原则的辅助

诉讼合并制度体系中存在许多目的价值上的冲突，比如静态安全和动态安全冲突就是其中典型。动态安全侧重考虑各种诉讼要素变量随时间延伸而变化对整个程序体系的影响，将不同诉讼要素作为变量考察其在变动过程中的相互影响和彼此制约的关系。而静态安全就是分析诉讼中各方权益的均衡状态以及相关程序影响因素达到均衡状态所具备的条件，它一般会舍弃时间因素和具体的变化过程，将重点置于诉讼要素在某一时间节点的影响。禁反言原侧重于动态安全的维护，它适当放宽了静态安全状态的边界，其中蕴含的是对法律规则平等性的追求。

根据禁止的不同内容，诉讼合并制度中的禁反言原则又分为直接禁反言和间接禁反言。在美国民事《判决重述》（第二版）中，直接禁反言和间接禁反言被统称为"争点排除规则"。若前诉判决和本诉因为诉因的同一性而对某一争议焦点产生禁止效果，即属于直接禁反言。根据直接禁反言规则的具体要求，在一个既成的诉讼中，即便法院还未对实体争议作出最终判决，只要法官已经对于某一争点涉及的事实问题或者法律问题进行实质确认，那么本诉的当事人在诉讼结束后就不能在后续诉讼中就前诉确认的争点问题再次争议。若某一争议焦点的禁止是基于不同请求所生的独立判决，则属于间接禁反言。由于既判事项的存在，那些以相同诉讼请求为内容的重复起诉一般都被直接禁止，因此援用直接禁反言的案例已不多见。

在关于诉讼合并制度的理论研究中，学者大多将民事判决效力与间接禁反言规则联系起来分析实务问题，甚至直接对间接禁反言规则赋予争点排除规则的完整内涵，将二者等同视之。可见，当前民事诉讼合并程序中，最普遍的当属前诉判决未对实质争点作出裁判时的禁反言原则的适用，那些已经在前诉程序中经过完整质证和审判的实质争点会对此后基于相同诉因的诉讼具有拘束力。例如，当事人在前诉中就法院的地域管辖权提出异议，法院作出驳回异议的裁定。那么当事人在此后提起的诉讼中，就不能再就这一问题提出异议，这就是基于诉因同一性的排除。①

需要注意的是，诉讼合并制度中的间接禁反言原则与本诉的法律原则（law of the case）是不同的。从两者指向的直接目标来看，本诉法律原则规制的是争点在诉讼合并程序中不同阶段的效力，在同一诉讼程序中，已经在之前程序阶段经过处理和确认的争点不能在之后的程序阶段反复提起，这对本诉中的所有当事人都具有相同的约束效力。它与间接禁反言规则最大的区别在于特定争点存在的时间和位置，本诉法律原则将焦点置于同一诉讼的不同程序阶段，而间接禁反言原则关注的是特定争点在不同诉讼中的同一性。此外，本诉法律原则的引用并没有太多法律规则上的限制，因此不具有间接禁反言原则那种完备的正式性。法官可以根据案件的实际情况，相对自由的否决在之前程序阶段针对某一争点所作的裁决。②

从法律逻辑的角度看，争点排除规则在判断前后法律关系的过程中蕴含着一种逆向思维模式，并由此推理出与常规法律逻辑不同的程序结果。那些在常规法律逻辑中不具备法律拘束力的法律关系，因为当事人之间的信赖利益而被赋予了法律上的拘束力和强制性。若当事人的信赖利益与其他当事人的意思表示指向的利益发生法律上的冲突时，法官会引用禁反言规则保护信赖利益当事人。这种做法深刻反映了现代法律改革的新趋势，即司法机关在民事诉讼中对于自由价值的适当舍弃，以此换取诉讼程序上对公民的平等价值。

---

① Jack H. Friedenthal, Mary Kay Kane, Arthur R. Miller. Civil Procedure（Third Edition）［M］. West Group, 1999：168.

② Richard D. Freer. Wendy Collins Perdue, Civil Procedure—Cases, Materials, and Questions（Second Edition）［M］. Anderson Publishing Co, 1997：649.

五、诉因制度对争点的定性和权益再分配

诉因制度在美国诉讼合并制度中的影响在学理和实务层面具有以下两个要点值得我们思考：第一，诉因需要与起诉书整体相连。由于起诉书是民事诉讼的起点，所以诉因的选择需要考虑到特定案件的细节组成与整体规划；第二，诉因制度的本质属性决定了诉因陈述的特定方式与要求。由于诉因会决定诉讼双方进行攻击与防御的范围，所以立法者在修订的相关规定时需要体现对两种对立功能的平衡与协调。

不管是诉因的明确性、特定性还是诉因合并的具体要求，都需要借助法院作为中立方对原被告程序权益分配起到的巨大作用。一方面，美国司法系统当事人主义的诉讼模式决定了民事诉讼中原被告平等对抗的基本格局，而为了保证这一局面的稳定，法律需要为被告提供有机会顺畅进行"自解自辩"的权利和途径。另一方面，法院需要为原被告提供一个平等对立的环境。当原告在起诉之初根据自我权利评估"主动设定"被告之后，为了避免被告权益受损，诉因在为原告提供攻击方向的同时也需要对此划定必要的权利行使边界。当事人主义的审判风格时刻强调程序的正当性，这几乎在所有场合都具有不可动摇的主导地位。在这样的程序运行背景下，法官不仅需要审查证据、判断是非，还需要维护程序争议。于是，在正常的民事诉讼审判中，法官中立、原告控诉、被告答辩之间需要达成一种适当的平衡，这一尺度就需要法官基于特定诉因进行基本控制，原因有以下两点：第一，在诉因制度的影响下，法官对于民事致损事实的认定和最终适用法律的决定都要受到诉因的限制，所以法官的中立性和权力行使范围得到了有效保证。尽管从理论上看，适用何种法律将全权由法官决定，但由于通过诉因提出的具体诉讼请求兼具独特的事实性和法律性，如果主审法官在最后适用法律条款时超出了起诉书诉请的范围，一些潜在的关联事实可能会被动成为当事双方的争议焦点。在这种情况下，受到法官个人审判思路不利影响的一方当事人势必会认为法官本人利用司法权力偏袒对立方。第二，从技术操作层面上看，法官作为中立第三方提出的任何建议或者法律理论陈述可以交由当事人进行充分讨论以尽量消除"法官意见作为主观论调对某一方产生的潜在损害"，但实际上从此意见受益的当事人一般

不会，也没有必要对此发表过多异议，此时民事审判中双方当事人攻击与防御的砝码已经发生变化，由此引发的是对法官个人中立性的质疑。①

诉因制度是为了平衡诉讼合并程序中当事人的程序权益而存在的制度工具，如果原告选定的诉因不符合要求，不仅其自身的诉讼前期准备无法顺利开展，被告也无法制定行之有效的答辩策略，法院的审判工作更是无从下手，美国法院系统一直以来所标榜的当事人主义、平衡对抗、公平处理也就只能成为一系列骄傲的纸面宣言。只有充分利用诉因制度在诉讼初期将特定案件中的基本事实和法律因素大致确定，才能走出民事诉讼程序顺利运行的第一步。

六、反诉权的合理运用

美国诉讼合并程序中的被告反诉权极具实用主义，其反请求范围及审查标准在民事司法改革历程中不断变化，但却始终遵循统一的立法精神和制度初衷，为理论界和实务界带来广阔的探讨空间。

（一）当事人诉辩规则

法院对反诉请求的审理过程中，时常会发生事实认知错误等初始性判断问题，也即错误标识，比如误将反诉认为是被告对被告的交互请求或者对原告的抗辩。但是，现代司法程序中的诉辩规则有很大一部分轻视了当事人及诉讼行为的"标识"问题。法官有时会习惯性通过认定当事人提出请求的本质特性来过于主观地判断程序的所属类别，而不恰当地忽略了程序专业术语的出现给程序定位带来的关键影响。此外，反请求人的诉求是否得到法院的适当回应也是一个重要问题。根据联邦法院引用反诉规则所审理的案件来看，若本诉原告在被告提出反诉之后试图修正其最初提交的起诉状，那么此举即是为了主张"与被告反诉标的产生于相同行为或事件"的请求，这样的请求不是抗辩性的主张，而是在得到"被告提示"后的肯定性权利主张手段。②

---

① 米尔依安·R·达马什卡. 司法和国家权力的多种面孔——比较视野中的法律程序［M］. 郑戈，译. 北京：中国政法大学出版社，2004：171.

② Millar. Counterclaim Against Counterclaim［J］. Northwest Law Review，1954，48：671–672.

可以看出，当代美国的反诉规则不仅允许被告对原告提出反请求，也准许"被告引入第三人诉讼程序"中的第三人（第三方被告）向主诉讼被告（第三方原告）主张反请求权利。规则从是否与对方当事人请求"源于同一行为或事件"出发将反请求区分为强制性请求和选择性请求。放弃强制性反诉机会将剥夺反诉人将来就反请求另行起诉的机会，而且这样的弃权往往伴随着对被告不利的后果，从某种角度上看，它属于一种"非典型的义务"，而放弃或者推迟选择性反诉并不会导致诉辩人就相关争点的"诉讼资格"的丧失，他可以在往后的任何时间通过重新提起新的诉讼来主张原本属于"前诉反请求"的权利。美国法律对强制性反诉和选择性反诉的规定大相径庭，因此，准确辨别两种不同性质的反诉并就案件实际情况作出正确处理对诉讼程序的有效运行十分重要。当上述前提在适用强制反诉的司法辖区发生时，原告的选择方向和法院判断对最终责任的认定就尤为关键。但不尽如人意的是，这样理想的诉辩程序模式在现实生活中经常会因为某个环节的部分错误认识而难以实现。如今，在一些司法辖区的法律规定中经常可见这样的规定，被告在反诉程序中的权利义务规则可以选择性地适用于原告，所以当原告针对某一被告提出的反诉而再次提出的反请求当然也可以看作是一项不可或缺的诉讼程序组成部分。

（二）基于不同法律体系请求的冲突与协调

针对衡平法和普通法的关系而言，如果原告针对某种法律体系上的请求主张另一种法律体系上的反请求，将给陪审团审判程序的适用造成问题。在普通法和衡平法分隔明显的时期，法院的普遍做法是，如果被告在基于衡平法提起的诉讼中主张普通法上的反诉，他将确定丧失由陪审团进行审判的权利。但是，考虑到在大部分司法辖区中，若被告对强制反诉的放弃将使其丧失往后提出该请求的权利，于是被告就必须在"陪审团审判机会"和"后续诉讼机会"中作出选择，在这样的背景之下，对陪审团审判机会的强制剥夺就明显违背宪法。① 在现代程序规则体系中，可以肯定的是，被告获得陪审团审判的机会不再依赖于本诉请求的普通法或衡平法性质，若某个反诉请求可以在单独另行起诉时符合陪审团审判的条件，那么即便它

---

① James. Right to a Jury Trial in Civil Actions [J]. Yale Law Journal, 1963, 72: 655–684.

在一个基于衡平法的诉讼中被以反请求形式提出，也仍然可以获得由陪审团审判的权利。

（三）相对身份的认定

在一个既定的本诉程序中，被告反诉指向的只能是具有对抗关系的原告，不管是本诉原告还是引入第三人诉讼中的原告，当他们在法律上具有两种或者两种以上的身份时，这种对立关系的认定就需要再三斟酌。一般来说，某一诉讼中当事人的身份在其参加诉讼时即已确定，所以被告只能就另一当事人在出庭时的唯一身份提出反诉。比如，若原告基于公务机关代理人身份而提起诉讼，那么对应的被告就不能因为与原告之间存在私人纠纷而以原告的个人身份提出对应的反诉。再比如，某一纳税人以受到非法拘禁为由将执行拘禁行为的税务官员告上法庭【Durham v. Bunn, 85 F. Supp. 530（E. D. Pa. 1949）】，在这个案件中，作为被告的税务官员就不能提出"要求原告支付应缴税款"的反诉请求，虽然这一请求与原告的主请求源于相同行为或交易事件。从这一身份认定规则的实行情况来看，在"身份对应争议"的审查背景下，法院在一个诉讼程序中解决尽可能多的纠纷的能力被无形削弱。因此，某些司法辖区早已经开始修改审查规则以厘清当事人"确定出庭身份"背后可能隐藏的实质情况，以确定原被告是否存在其他事实上的对立关系，如果对上述情况作出肯定性判断，法院就会在发现两个以上不同但具有明显关联的身份时取消身份审查上的限制性条件。

第二节　诉讼合并制度的局限性

1938 年出台的美国《联邦民事诉讼规则》开启了现代美国民事诉讼的新篇章。它在极力简化原告起诉条件的同时，扩大了当事人搜集证据、确定诉因的范围，这意味着原告对被告民事致损行为的怀疑与合理请求权之间具备了更多的沟通渠道。从《联邦民事诉讼规则》以及相关的地区性规定可以看出，美国诉讼合并制度具有极强的实用主义，法院掌握合并程序适用与否的决定权。在这一背景下，处理合并申请的法官能否以合适的尺度衡量合并程序适用的利弊就成为决定性因素。虽然在某些情况下，相同诉讼案件在不同地区或不同级别法院可能会出现不同的裁定结果，但从总体上看，诉讼合并对于重复诉讼的抑制以及稀缺司法资源的有效利用还是起到了显著效果。然而从另一个角度来看，致力于现实状况的实用主义在司法实践的优势之外似乎还缺乏系统完整的理论依据，这就不可避免地造成一些实际操作上的问题。

一、诉讼主体心理预期的局限

尽管当事人强制合并规则满足了人们对于程序效用的部分期待，但法律规定的机制有时会因为实际状况而无法发挥效果。①《联邦民事诉讼规则》第十九条（c）款规定，原告应当将那些与案件相关的不可或缺当事人全部并入诉讼，没有并入的需要在起诉书中列明原因和其姓名。然而，这一程序的适用在某些情况下会使诉讼变得更加复杂，并且会增加诉讼的不确定性。所以，除非原告认为其他不可或缺当事人和自己的利益诉求指向基本一致并且处于自己的可控范围，或者本诉原告自己掌握的证据不足而需要其他关联当事人共同对抗被告，不然本诉原告没有足够动机主动并入其他关联当事人。另外，《联邦民事诉讼规则》第十二条（b）款规定了未适用第十九条的责任，即驳回诉讼。但这一旨在最大限度查明案情的规则在具体实务运用中不一定能正确引导被告行为。因为一般情况下，被告没有任何必要将那些于自己不利的民事主体引入诉讼从而加大自己的风险，唯一例外的情况是被告与部分群体之间存在一种确定的冲突义务，但受制于管辖或者其他现实条件无法对其他潜在的当事人提出交互请求，在这种情况下，被告律师可能会建议其通过利用第十二条之驳回诉讼规定，引起其他关联当事人的关注。有一点需要明确的是，合并程序在具体适用问题上的瑕疵与管辖权问题不同，所以即便不可或缺的当事人缺席诉讼并且作出判决，他仍然可以起诉并且排除对此问题质疑。

诉讼合并制度在证据开示程序等审前程序的辅助下，在原被告获取对

---

① Thomas D. Stoddard. Compulsory Joinder of Classes under Rule 19 ［J］. Chicago Law Review, 1991, 58: 1469 – 1470.

方证据、笔录材料、证人证言以及其他案件信息等程序方面取得了巨大的进展。大体上看，这些规定偏重对原告权利的保护，但这与民事诉讼中原告较重的举证责任密不可分，此举乃是平衡双方权利义务的不二手段。从目前的统计数据来看，即便诉讼合并制度为需要救济的民事主体提供了更加便利的救济机会，但实际上正式通过法庭审判达成纠纷解决目的的案件比例一直不高，超过 95% 的案件都没有机会进入审理阶段。而能够进入上诉阶段的案件更是少之又少。这与当事人的前期诉讼准备和综合成本的付出是无法相提并论的。究其缘由，主要有以下三点值得思考：

第一，诉讼成本的考量。即便当事人有充足的证据证明自己的诉讼请求，但受制于高昂的诉讼成本和繁琐的程序规定，当事人在权衡胜诉概率和诉讼过程利弊的前提下往往会选择向保险索赔或者直接作罢。比如那些通过民事诉讼程序解决的保险纠纷一般都是涉及重大人身或者财产损害，保险无法足额赔偿但符合普通人合理怀疑范围的案件。可见在美国司法环境中，经济规则是主导诉讼趋势的重要因素。

第二，"执行归责"是阻碍美国民事诉讼合并制度发挥作用的另一症结。《联邦民事诉讼规则》规定胜诉的原告负有督促败诉被告履行判决之责任，而一旦被告受制于"行为条款"不得或者无法执行判决，则法院的禁令救济即变为纸上谈兵。于是，原告实现了诉讼价值，却仍然无法实现最关键经济价值。在这样的背景之下，民事诉讼越来越倾向于解决那些数额较大、事实明确且无损被告最基本生存条件的诉讼请求。

第三，潜在诉讼人的心理困局。民事主体对民事诉讼程序抱有不符合实际的期待或者过度绝望是当前的突出问题。著名的大法官勒尼得·汉得就曾说道："诉讼当事人对于法律诉讼及其相关代价的恐惧，除了疾病和死亡，大致其他任何事物都无法比拟。"正因为很多人对诉讼程序存在的固有偏见，造成了许多权益遭受不当侵害的当事人对诉诸法律途径犹豫不决。从人口增长速度和诉讼数量的增减趋势来看，即便诉讼改革不曾间断，但如今美国社会的诉讼数量并没有增长太多，这与美国愈发激烈的社会矛盾和现实完全不符。虽然美国民众在任何历史时期都呼吁法院出台规制不同社会关系的法律规范，但真正用之于诉讼途径的民事主体只占极小部分。所以在笔者看来，大部分人心里的民事司法体系不仅是对民事违法行为的惩戒工具，更是一种社会舆论对公民日常行为的引导机制。反过来说，若为公民之行为提供法律引导本身就是司法权力部门的题中之义，那么在考虑司法成本的付出收益比率时，就应当将其作为一项重要的参考标的。

不管是诉讼请求合并还是当事人合并，都无法确保所有诉讼问题的必然解决，并且有可能产生一些诉讼上的新的关联问题，比如僵化的强制规定可能导致当事人提出一些正常情况下没有必要提出的诉讼请求，也可能无端牵扯一些与诉讼无关的人员。在某些情况下，合并程序对多元化的纠纷解决也可能产生阻碍，比如在一起原本可以通过和解方式解决纠纷的多方当事人案件中，由于某方当事人坚持诉讼对抗寻求自己认为的理想方案，始终反对其他当事人之间已经达成的协议，而最终的诉讼结果却不一定优于和解协议。

二、法院管辖的局限

美国民事诉讼合并制度的长期改革在各个方面都具有统一的明确指向，诉讼请求合并规则让原告有机会在一个诉讼程序中将所有的关联争议合并，向潜在责任承担人同时提出诉讼，比如集团诉讼制度将一个群体内部不同诉讼主体的多个诉讼请求集中处理，以应对实力相对强大的共同被告。当事人合并规则则为基于同一民事违法行为致损的不同原告提供了在同一个诉讼中一致行动产生合力的机会。民事诉讼程序体系的终极目标应该是合理利用内部司法资源，在效益最大化的基础上协调各方不同需求和价值。

从当前美国民事程序体系的整体运行上看，指导性原则和具体操作规程日益成熟，总体可以概括为法律根据不同案件的属性和特点为当事人提供有针对性的程序选择指引，具体包括联邦法院和州辖区法院的案件分类管理制度。一般情况下，联邦法院所处理的案件情节比较复杂，但并不排除小部分普通诉讼案件；州法院则恰恰相反，绝大多数普通诉讼都由其负责，但仍然存在管辖复杂诉讼案件的情况。不同法院面对不同类型诉讼合并案件的态度反映出民事司法系统内部对"案件业务容量"的管理趋势和管理程序，其差异主要体现为以下两点：

第一，联邦法院所管辖的复杂合并案件在正式审理前必然涉及当事人的审前申请，主要包括与案件性质直接相关的先决事项、证据开示以及案件管辖等法律争议问题，而州辖区法院在审前程序中需要解决的问题相较之下要简单得多。因此，联邦法院需要耗费更多的精力处理审前申请，而州法院的处理原则是根据双方提供的基本资料作出迅速裁决，并附上简明的法律理由，只有在例外情况或者当事人明确提出异议时才会允许在审前程序中通过口头辩论的方式审查基本资料。

第二，在联邦法院处理的案件中，一般都会有一名主法官对案件的诉讼全过程进行督查并负责，一名助理法官①负责审前程序中的衔接和引导；如果诉讼涉及对大量文书的审查处理，那么还可以申请专门的诉讼保管柜由专员统一管理；一些涉及精密仪器、科学技术或者专家证言的案件，联邦法院还规定了一些额外要求。而上述规定在州法院系统并不多见。

合并程序的适用将使法院对于案件管理的不确定性增强：首先，合并程序必然会将不同的当事人、诉讼请求以及其对方反请求纳入同一审理程序，这就会导致审前异议、证据开始等工作的范围变得更加庞大；其次，合并程序可能会对律师在某些对抗性不明显的案件中的工作造成难题。在选择性合并程序中，《联邦民事诉讼规则》第二十条的规定对原告合并限定了一系列条件，其明确规定任何一位并入诉讼的原告必须与本诉被告具有不同的州籍，并且还要满足双方在案件实际审判地方面的要求。这就造成了一些急需解决的合并问题被搁置，具体情况主要包括联邦法官管辖的案件中，本应合并的当事人与州籍差异规定相违背，不符合联邦法院事务管辖权的规定；或者州司法辖区的被合并人不符合地区法院的对人管辖权。在这两种情况下，合并程序都将无法启动。然后，在放宽对人和事务管辖权的地区，选择性合并又明显导致诉讼任务的增加。最后，当事人对民事诉讼的整体架构享有完全的自主决定权，现行规则并没有要求当事人向法院提供潜在诉讼人或者其他合并信息，法院只能根据当事人提交的文书被动审查，这对诉讼效率实际上具有一定的消极影响，因为无法主动获取信息的法院在一般情况下都没有理由也没有足够的依据去独立评测合并事项。这些情况都反映了美国民事诉讼合并制度在管辖上的局限。

---

① 一般是指限权法官或者特别托查官。

三、政治正确的局限

所谓政治正确即"使用一些用词及施行部分政治措施，避免冒犯及歧视社会上的弱势群体"。而在长期的司法渗透中，这一理念也开始影响民事程序运行机制。当案件的现实条件不满足诉讼合并程序启动的前提，在政治正确的影响下为了保护弱势群体的利益，权力部门可能会盲目鼓励某一行为。这种不论事实确定而程序应然性的现象即诉讼合并领域的政治正确。在笔者看来，保护弱势群体这一价值应当被捍卫，问题是权力部门极力倡导的程序救济不一定是捍卫这一价值的合理手段。

在一起反歧视案件中，原告提起抗艾滋病药物的反垄断诉讼中，一名疑似是同性恋的陪审员在陪审员选拔阶段由被告申请排除。被告称此人居住的社区有多名死于艾滋病的人，因此可能在关于抗艾药物的诉讼中存在个人偏向；原告则认为被告排除这名陪审员的原因是基于对同性恋者的歧视，是出于认为同性恋者更有可能感染艾滋病的偏见，因此被告的做法不合法。法庭辩论的重点在于被告排除此名陪审员是否违反了宪法第十四条修正案的"平等保护"原则（Equal Protection）。对此，原告代理人认为，陪审团的偏向性不应被这样论证。如果有人无意中走进一场特朗普的竞选集会，听他说外来移民如何抢走了美国人的工作，听他说只有"美国第一"才能"让美国再次伟大"，那么是否代表他一定支持特朗普的观点，对移民存在偏向性进而不能公平履行陪审团职责？答案当然是否定的。听闻不能证明偏向性，当然也就无法影响程序决策。

《联邦民事诉讼规则》的出台使得美国民事程序体系脱离了长期沿袭的总体原则，即"原被告诉讼权益均衡"。诉讼的天平开始偏向原告一方，比如起诉大型公司的普通员工，不服行政机构具体行为的普通公民。民事司法系统的高效运作既需要具备较高法律素养和沟通交往能力的专业人才，也需要充足的资金确保程序各部分的顺利进行，而掌管财政拨款权力的政府责任部分越来越热衷于追求显著的政治正确，将人力、财力或者其他政治资源投注于容易引发社会强烈关注的种族、民权、区域经济发展等领域。立法机关和其他行政机关在这样的背景下也无法充分满足各级法院面对大量诉讼时对司法资源的需求。与此同时，越来越多的政界人士呼吁立法部门可以出台新的程序规定以提高诉讼效率，防止诉讼延误、错误裁判等问题。这种充满讽刺意味的口号式"政治法律手段"反映了当今美国民事诉讼的一些症结。对于一个完整的程序体系来说，只有从实体和程序两方面双管齐下才能产生切合实际的效果，但这种完美的改革模式暂时没有在权力部门产生足够的合意。

不管是社会管理主体、裁判主体还是诉讼参与主体，民事诉讼程序中没有什么观点是完全无理的，区别只在于意见影响范围的大小和影响程度的深浅，这决定了程序的优先性。所谓"政治正确"在民事程序的问题，就是偶尔显现的极端化，当事人穷尽一切手段争夺不应有的优先权。民事程序运行中的问题也恰好反映了美国政治的两大弊病：第一不知餍足，任何立场都要推到极端。第二高度绑定，左右各自一套观点在社会角力中同进同退，思辨很少。每一民事主体心中都有一套评价程序评价体系和价值标准，而当"政治正确"的把戏过了头，和民众的价值标准偏差太大，反而会引发其逆反心理。

美国历史上大部分民事司法手段往往需要付出巨大的物资成本（设置机构和机构运转的成本）和人力成本（供养法官和工作人员的费用），其涉及各个司法机关和当事人等投入的时间、人力、财力、物力等各类资源。只有这样才有可能达成制度推行的预期目标。所以一直有人争论美国民事司法程序先天的高高在上在无意中扼杀了公平原则的效用，也造成了对一部分潜在诉讼人的诉讼权益损害。然而，美国立法者一直秉承着这样一种程序理念，即民事程序需要通过便利的起诉制度、公开透明的证据制度、符合普遍正义的陪审团制度以及自由的上诉救济制度构建一套从整体上看成本高昂的诉讼体系，这一体系各部分所需要付出的代价不尽相同，因为可以在不同阶段筛选出对个人受损权利评估最恰当的当事人进入诉讼，只有这样才能在保持效率的同时满足最广泛的公正需求。

四、观念的消解与整合

民事司法实践中的缺陷促使越来越多的学者对现行诉讼合并机制进行反思并次提出了极具思辨性的观点。比如主张排除部分规则适用的芬克（Fink）在其文章中认为，现行强制合并规则在实际运用中时常使法官面临矛盾的境地：在某一不可或缺的当事人没有被合并的情况下，究竟是驳回原告的诉讼使其直接丧失获得审判的机会，还是冒着损害缺席人正当权益的风险照常进行诉讼，又或是本着平等程序权益和公平审判的原则强制缺席人出庭，这些都是法官面对合并问题时需要根据实际情况作出的选择。法官有可能需要寻求纠纷解决的合理化和最大化，合并所有的利害关系人，使其参与争议解决的全过程，也有可能要承担缺席者无法参加本诉审理从而给全案造成的风险。于是，在一般的诉讼案件中，最合理的解决方式应该为：第一，对不在同一地点的缺席者放宽实际审判地区的要求；第二，完全的法院的送达规则，以便使更多利益相关的当事人有机会参与诉讼；第三，在管辖权方面，针对分属不同州籍的缺席当事人，适当调整具体的适用要求。若美国司法部门希望真正解决联邦法院一次性解决全部争议焦点的重大难题和其中相伴而生的程序问题，国会和法院在立法和修法工作中绝对不能忽视上述三条建议。还有学者认为，若不考虑后续诉讼后果而将对人管辖权、事务管辖权等复杂诉讼的各方面因素统一打包处理，并将所有诉讼当事人纳入一个联邦法院诉讼程序，是完全不可取的。① 正确而理性的做法需要在下面两点之间达成一种巧妙的平衡：第一，由法院在正式作出合并裁定前先对后续诉讼问题和诉讼效果、对本诉当事人和缺席者可能产生的影响进行全面评估，此外，社会因素和司法资源配置也是需要重点考虑的因素；第二，区分州法院和联邦法院系统在处理不同类型案件中的角色并在适用合并程序时采取有针对性的变动措施。首先，不同法院都应该尽量避免合并程序的无限衍生，具体的方法是对重复诉讼和案件的程序管理进行同时评测。其次，考虑无法适用合并程序的可能结果。比如在其他地区重新提起诉讼，或者在联邦法院遇到重大且急需解决的案件时通过对成文法的解释和论证适当变通。最后，对案件负责的法官必须摆正自己的位置，充分考虑诉讼程序的每一部分对已经参加本诉的当事人和潜在缺席者可能造成的伤害，并通过程序手段调节变通。

不管是大陆法系还是英美法系，民事诉讼中的处分原则是与当事人联系

---

① Rowe, Sibley. Beyond Diversity: Federal Multiparty, Multiforum Jurisdiction [J]. PennsyLvania Law Review, 1985, 135: 17.

最为紧密的一项基本原则，它为当事人在整个诉讼进程中的意思自治提供了强有力的保障。根据处分原则的要求，一般情况下，诉讼对象应完全由原告选择，但如果已经成立的诉讼明显关乎案外人利益，法院就有必要启动强制合并程序。这既是对现有诉讼当事人的权利保护手段，也是对可能产生的消极诉讼后果的预防措施。在笔者看来，美国诉讼合并制度中的某些规则虽然从表面上看是对处分原则的一种背离，但实际上是法院对当事人权利义务行使方式和具体适用场景的综合引导，是国家权力对当事人程序选择权的适度干预，在这一过程中，引导的尺度和时机是最为关键的要素。在一次性解决纠纷原则的指导下，重复诉讼所带来的矛盾判决以及被告承担重复责任的风险都被降至最低。在这种情况下，若一味强调处分原则而拒绝强制合并必然是僵化且不合理的，因为原告之民事实体权益并没有因为强制合并的适用而丧失，其程序处分权上的变动也只是为了更顺畅地实现诉讼整体之救济利益。

第三节　诉讼合并制度在我国法律语境下的困境

作为一个具有大陆法系传统的成文法国家，我国民事诉讼法学研究中既没有学界长期共同关注的典型案例，也缺少美国法学研究中共同的宏大叙事背景，更鲜有那些可以文学作品形式展现的精彩司法意见。尽管最高人民法院在 2005 年发布的《人民法院第二个五年改革纲要（2004—2008）》中倡导"建立和完善案例指导制度"，同时其主办的《人民司法》也于 2007 年开始设立每年一期的案例专刊，但这种案例指导更多只是提供类型化的研究范例，它侧重于案件审理的指导性，对法官并没有强制约束力；并且案例的形成必须经过相关认证程序并最终由权威机构公布，这就难免导致案例的格式化。这样一来，指导性案例就很难吸引学界的广泛关注。因此，为了全面认知我国诉讼合并制度的运行现状，唯一可行且有据可依的办法就是从现行法律文本出发，结合最高人民法院的司法解释和民事司法实践中的困境，① 对相关制度立法和运行现状展开全方位的立体式考察。

---

① 尽管最高人民法院的司法解释并非正式立法，但其基本上都是以一般规则的形式出现，因此实际上可以作为正式法律文本的辅助实施细则。

一、立法及理论研究中的困境

我国现行《民事诉讼法》(以下简称《民诉法》)历经四次修正,最近一次修正是根据2021年12月24日第十三届全国人民代表大会常务委员会第三十二次会议《关于修改〈中华人民共和国民事诉讼法〉的决定》作出的。其对诉讼合并制度的规定主要体现在共同诉讼、代表人诉讼、公益诉讼、民事诉讼第三人、共同诉讼参加人、诉的合并等几个方面。

第一,《民诉法》第五十五条规定的"共同诉讼"。其对应《最高人民法院关于适用〈中华人民共和国民事诉讼法〉的解释》(法释〔2015〕5号)(以下简称《民诉法司法解释》)第七十条(继承纠纷当事人)、第七十一条(被代理人和代理人为当事人)、第七十二条(共有纠纷当事人)、第七十三条(必要共同诉讼当事人)、第七十四条(追加共同诉讼当事人)、第四百二十条(被遗漏的必要共同诉讼人申请再审)、第四百二十二条(因案外人申请而裁定再审的处理)。

第二,第五十六条规定的"人数众多且确定的代表人诉讼"。其对应《民诉法司法解释》第七十五条(当事人人数众多)、第七十六条(人数确定时代表人的选定)、第七十八条(代表人、诉讼代理人人数);

第三,第五十七条规定的"人数不确定的代表人诉讼"。其对应《民诉法司法解释》第七十五条(当事人人数众多)、第七十七条(人数不确定时代表人的选定)、第七十八条(代表人、诉讼代理人人数)、第七十九条(代表诉讼案件公告)、第八十条(权利人登记);

第四,第五十八条规定的"公益诉讼"。"公益诉讼"是2012年《民诉法》修改时新增加的一条,其内容为"对污染环境、侵害众多消费者合法权益等损害社会公共利益的行为,法律规定的机关和有关组织可以向人民法院提起诉讼。"2017年《民诉法》修改时增加一款作为第二款:"人民检察院在履行职责中发现破坏生态环境和资源保护、食品药品安全领域侵害众多消费者合法权益等损害社会公共利益的行为,在没有前款规定的机关和组织或者前款规定的机关和组织不提起诉讼的情况下,可以向人民法院提起诉讼。前款规定的机关或者组织提起诉讼的,人民检察院可以支持起诉。"该条对应《民诉法司法解释》第二百八十二条(公益诉讼起诉条件)、

第二百八十三条（公益诉讼案件管辖）、第二百八十四条（公益诉讼程序与行政保护程序衔接）、第二百八十五条（具有起诉资格的机关和有关组织参加公益诉讼）、第二百八十六条（公益诉讼与私益诉讼关系）、第二百八十七条（公益诉讼案件的和解、调解）、第二百八十八条（公益诉讼案件撤诉限制）、第二百八十九条（公益诉讼裁判效力）；

第五，第五十九条规定的"民事诉讼第三人"。该条第三款是 2012 年《民诉法》修改时新增加的内容，即"前两款规定的第三人，因不能归责于本人的事由未参加诉讼，但有证据证明发生法律效力的判决、裁定、调解书的部分或者全部内容错误，损害其民事权益的，可以自知道或者应当知道其民事权益受到损害之日起六个月内，向作出该判决、裁定、调解书的人民法院提起诉讼。人民法院经审理，诉讼请求成立的，应当改变或者撤销原判决、裁定、调解书；诉讼请求不成立的，驳回诉讼请求。"该条对应《民诉法司法解释》第八十一条（第三人参加诉讼方式）、第八十二条（无独立请求权第三人的权利义务）、第二百九十条（第三人撤销之诉起诉条件）、第二百九十一条（第三人撤销之诉受理审查）、第二百九十二条（第三人撤销之诉审判组织）、第二百九十三条（第三人因不能归责于本人的事由未参加诉讼事由）、第二百九十四条（第三人撤销之诉的撤销对象）、第二百九十五条（不适用第三人撤销之诉情形）、第二百九十六条（第三人撤销之诉的当事人）、第二百九十七条（第三人撤销之诉对原生效裁判执行的影响）、第二百九十八条（第三人撤销之诉的裁判）、第二百九十九条（第三人撤销之诉与原审当事人申请再审之间的关系）、第三百条（第三人诉讼请求并入再审程序的审理）、第三百零一条（第三人撤销之诉与案外人执行异议之间的关系）；

第六，第一百三十五条规定的"共同诉讼参加人"；

第七，第一百四十三条规定的"诉的合并"。其对应《民诉法司法解释》第二百三十二条（增加诉讼请求或反诉的合并审理）、第二百三十三条（反诉）、第二百三十六条（视为有独立请求权第三人撤诉）、第二百三十七条（有独立请求权第三人参加诉讼案件，原告申请撤诉的处理）、第二百五十一条（重审案件诉讼请求变更）、第二百五十二条（再审发回重审案件诉讼请求变更）。

从上述法律规定及其对应的司法解释规定可以看出，当前我国在诉讼合并制度在运行机制上已经建立起一套包括诉讼合并客观范围、诉讼合并主体等在内的基本框架。但是与美国法中诉讼合并制度相比，法律条文的明确性和理论研究的体系化仍然有所欠缺，具体表现为以下几点：

（一）诉讼标的之牵连性的限制

诉讼标的理论是大陆法系民事诉讼法学最为重要的基本理论之一。如果没有诉讼标的的概念，对于以成文法为传统的"规范出发型"的大陆法系民事诉讼，就没有办法将生活中纷繁复杂的纠纷形态进行法律适用上的"类型化"（即定性化）和"格式化"（即定量化）的处理，就没有办法分清一个纠纷"到底是什么类型的诉"，也没有办法分清到底一个纠纷中"到底有几个诉"。而且，从民事诉讼法学的发展历史看，诉讼标的概念的产生和发展，正是伴随着民事诉讼法从民事实体法中脱胎并不断走向独立的过程而进行的。日本民诉法学者伊藤真教授曾经一针见血地指出："毫不夸张地说，正是因为建立了诉讼标的的概念才使得民事诉讼法学本身得以确定。"① 然而对于以判例法为传统的"事实出发型"的英美法系民事诉讼，情形却并非如此。因为英美法系的民事诉讼不是从既定的法律规范出发，而是从案件事实出发来发现"法"和建构诉讼，其案件本身就是所谓的诉讼标的，无须像大陆法系的法学家那样抛开日常生活中的已有词汇，为了学术的需要而人为地造出一个个所谓"诉讼标的"的不同概念，更没有大陆法系那样的诉讼标的理论之争。

尽管诉讼标的的概念具有主观性和多义性，但仍然可以大致如此把握：诉讼标的，即诉的标的，是诉的要素之一，是民事诉讼立法和理论上的一个重要的专门术语，主要用来指称诉讼请求、审判对象等。作为立法术语，诉讼标的最早出现在 1877 年的德国民事诉讼法典。"诉讼标的"一词的德语表达是"Streitgegenstand"，日语表达是"诉讼物"。大陆法系各国民事诉讼法相继沿用了诉讼标的这一术语，我国亦此。虽然德日等大陆法系国家的民诉法典多处使用了诉讼标的的概念，但没有从法律条文上对其予以明确

---

① 王亚新. 对抗与判定：日本民事诉讼的基本结构［M］. 北京：清华大学出版社，2002：86 - 87.

定义。它有时与实体或者诉讼请求权（或曰实体或者诉讼上的请求权）、诉讼请求、诉讼客体、诉讼对象、审判对象、审判要求、诉的声明等联系在一起使用，具有相同的含义。① 日本民事诉讼立法上虽然分别使用了"请求""诉""诉讼目的""案件""申请事项"等不同词语来表达诉讼标的概念所包含的内容，但在这些词语之外还仍然需要一个"诉讼标的"的概念来统称大体相同的内容。在我国民诉法学者王亚新教授看来："诉讼法学者试图从理论上统一把握诉讼的实体方面，并在此基础上考察实体与程序的关系，以便建构民事诉讼法学自身体系。"② 法国虽然没有像德国和日本那样卷入持久而激烈的诉讼标的理论争论之中，但法国民诉法学界在论及诉权、诉和既判力问题时，也对诉讼标的理论进行过一些探讨。法国民诉法典中的"pretension"一词有"要求""主张""意图"之意，出现在该法典的第 6 条、第 7 条、第 9 条、第 15 条、第 30 条、第 31 条、第 32 条、第 53 条、第 64 条、第 65 条、第 67 条、第 70 条、第 71 条，翻译成中文是"诉讼请求"或者"诉讼主张"。同时，法国民诉法理论界所使用的诉讼标的概念也是较为模糊的。英美法系虽然不存在系统的诉讼标的理论，但仍然有诉讼标的的概念，只不过英美法系中的"诉讼标的"（subject matter of action）这一术语，"并不是经常用于争议的法律关系或者原告向被告人提出的请求，而是在揭示某一级法院的权限范围（subject matter of action）时才用它"③。诉讼标的的概念和界定更多地出现在理论研究的领域，在立法和实务中，几乎很少使用"诉讼标的"的概念，多数情况下都使用"诉讼请求"的说法。德国、日本、意大利、奥地利等大陆法系国家都是如此。

诉讼标的最初并没有作为诉讼法上的概念，而是作为实体法上的概念，被视为实体上的请求。在诉讼法尚未与实体法分离的当时，没有实体上的请求权就没有诉讼上的请求权，诉讼上的请求都是以实体上的请求为基础

---

① 关于诉讼标的概念的较为详尽的语义分析，可参见江伟. 中国民事诉讼法专论［M］. 北京：中国政法大学出版社，1998：62 - 63.

② 王亚新. 对抗与判定：日本民事诉讼的基本结构［M］. 北京：清华大学出版社，2002：84.

③ B. K. 普钦斯基. 美国民事诉讼法［M］. 江伟，刘家辉，译. 北京：法律出版社，1983：114.

的。诉讼标的只是民事实体权利中相对于本权的请求权而已。被誉为"诉讼法学之父"的德国学者赫尔维希（Hellwig，亦有译成"赫尔维格"的），第一个从纯诉讼法角度解释诉讼标的。按照他的观点，诉讼标的是指原告在诉的声明中表明的具体的权利主张。从审判实务看，审判对象即诉讼标的，就是民事实体法上的权利或法律关系的主张。

我国的理论研究方面，也没有大陆法系国家那样存在诉讼标的理论的激烈争论，只是将诉讼标的作为诉的要素之一予以考察。把诉讼标的解释为实体法律关系是认识我国民事诉讼第三人制度、共同诉讼制度和代表人诉讼制度的基本手段，否则就无法对我国当事人制度进行符合立法意图和法理的分析。在我国，甚至通过民事实体立法来专门设立解决实体请求权竞合的问题，得以使实践中以实体法律关系为诉讼标的的识别标准所遇到的问题在相当程度上得以解决。① 比如，为解决实践中常见的侵权和违约关系请求权的竞合问题，1999 年的《中华人民共和国合同法》第 122 条规定："因当事人一方的违约行为，侵害对方人身、财产权益的，受损害方有权选择依照本法要求其承担违约责任或者依照其他法律要求其承担侵权责任。"最高人民法院《关于适用〈中华人民共和国合同法〉若干问题的解释（一）》第 30 条，则进一步规定："债权人依照合同法第一百二十二条的规定向人民法院起诉时作出选择后，在一审开庭以前又变更诉讼请求的，人民法院应当准许。对方当事人提出管辖权异议，经审查异议成立的，人民法院应当驳回起诉。"由此足可见，我国立法与诉讼标的理论中的旧实体法说"不谋而合"。

1982 年的《民事诉讼法（试行）》第 47 条第 1 款规定："当事人一方或者双方为二人以上，其诉讼标的是共同的，或者诉讼标的是同一种类，人民法院可以合并审理的，为共同诉讼。"第 48 条第 1 款和第 2 款，则分别针对"对当事人争议的诉讼标的的有无独立请求权"而规定了第三人，即有独立请求权的第三人和无独立请求权的第三人。1991 年的《民事诉讼法》对此没有实质性的修改，只是增加了以诉讼标的作为划分代表人诉讼类型

---

① 杨荣馨. 民事诉讼原理 [M]. 北京：法律出版社，2003：93.

的标准①。而且在这些立法表述里，"诉讼标的""诉讼请求""请求权"等术语是并列使用的。

诉讼标的的功能主要有两个：第一是确定，即诉讼标的可以确定法院审判和当事人辩论的对象和范围；第二是识别，即诉讼标的可以识别"此诉"还是"彼诉"，"一诉"还是"多诉"，从而指导审判实践中诉的合并和分离，判断既判力的有无。判断既判力有无的重要依据之一，就是看前诉的诉讼标的与后诉的诉讼标的是否同一，如果同一，前诉的判决就产生既判力②，前诉的判决就具有禁止后诉的效力。此外，诉讼标的在一定程度上还具有识别正当当事人、确定法院管辖的功能。

我国民事诉讼实务界与理论界在诉讼标的问题上存在不少隔膜和鸿沟，比如在对待诉的合并和变更的问题上。实务界多认为诉的合并与变更，就是当事人所请求的具体救济内容的合并与变更。理论界则多认为诉的合并与变更，就是当事人所主张的法律关系的合并与变更。

通说认为，我国法律意义上的诉讼标的又称诉的客体，它是诉讼构成的要素之一，是指当事人之间因发生争议，而请求人民法院作出裁判的法律关系。诉讼标的是民事诉讼中审理和裁判的对象，每一个诉讼案件至少有一个诉讼标的，但有的案件有两个或者两个以上的诉讼标的。从当前《民诉法》的规定可以看出，我国民事诉讼程序体系中共同诉讼的界定标准即为诉讼标的，"若诉讼标的是共同的即属于必要共同诉讼，若诉讼标的为同一种类则属于普通共同诉讼"。然而，实践中经常出现这样一种情况，即案件的诉讼标的虽然既不是共同也不属于同一种类，但彼此之间存在紧密关联，或当事人之间争议内容具有明显承接性。例如，原告针对事先并无共同意思联络的多个侵权人向法院提起诉讼，③ 要求损害赔偿，对此法院究竟于该案件中的诉讼标的之牵连性如何定性，当前立法并无明确指引。由

---

① 该法第 55 条第 1 款规定："诉讼标的是同一种类、当事人一方人数众多在起诉时人数尚未确定的，人民法院可以发出公告，说明案件情况和诉讼请求，通知权利人在一定期间向人民法院登记。"

② 江伟. 民事诉讼法学原理［M］. 北京：中国人民大学出版社，1999：252.

③ 对于事先无意思联络的多人侵权案件的界定，理论上存在一定争议，一般是指数人在行为之前并无共同的意思联络，但其单独行为致同一受害人共同损害。参见王利明，杨立新. 侵权行为法［M］. 北京：法律出版社，1996：199.

此可见，"共同的诉讼标的"和"同种类诉讼标的"在实践中并不是非此即彼的关系，在这类诉讼标的牵连性明显的案件中，法官对于案件事实和当事人关系的把控就显得格外重要。

若当事人对诉讼标的既没有共同也没有同种类的权利义务，则现有条文适用的空间过于模糊。例如，在前述受害人针对事先无意思联络的多个侵权人提起损害赔偿之诉的案件中，侵权人彼此之间并不存在事前共谋，他们多是以自己的主观意图为出发点，单独实施某一侵害行为，因此其主观上不符合共同侵权行为所要求的共同过错。尽管最终产生"共同作用"下的损害结果，但却不能按照共同侵权案件中的连带责任来处理，因为数个侵权人与受害人之间都只存在单独的侵权赔偿法律关系。但显而易见的是，数个侵权人之间的诉讼利益存在一种相互损益的关系，诉讼标的之间的牵连性也较强，因此将所有侵权人合并到一个诉讼中明确其需要承担的赔偿义务是符合诉讼经济原则的。在数人针对同一争议法律问题或争议法律关系提起变更之诉或确认之诉的案件中，同样存在法律适用上的窘境。比如，多个股东认为股东大会的决议侵害其合法权益故起诉要求撤销决议。在这一确认之诉中，数个原告之间的权利义务并不存在同一性，其基于自身权益而起诉，但其诉讼标的都指向同样的法律关系，相互之间存在明显牵连性。法院在面对这类案件时，为了防止数个诉讼之间存在矛盾判决，有必要合并审理他们分别提起的诉讼。对此类案件，美国《联邦民事诉讼规则》一般按照类似必要共同诉讼处理数个原告的起诉。而根据我国《民诉法》的规定，"对诉讼标的没有共同权利义务的，其中一人的诉讼行为对其他共同诉讼人不发生效力"。这就把存在共同权利义务之外的所有情况都排除在外，那么在面对上述类似必要共同诉讼的审理时，法官对共同诉讼人之诉讼标的还是只能合一确认，然而，若严格执行"其中一人的诉讼行为对其他共同诉讼人不发生效力"，则合一确认的过程将十分艰难，这就无法彰显共同诉讼制度的价值。

最高人民法院在（2014）民一终字第295号裁定书中的观点充分体现了诉讼标的牵连性对适用诉讼合并程序的限制。

"关于上诉人提出的应在本案中一并审理华东有色公司股东会决议

效力的问题。本院认为，确认股东资格问题，不仅是股东代表诉讼中面临的一个事实审查认定问题，同时也涉及诉的合并问题。股东资格诉讼与股东代表诉讼虽然都是与公司有关的诉讼，但两类诉讼的诉讼请求不同、法律关系不同，诉讼中当事人的诉讼地位也不同。在申请撤销或确认股东会决议解除股东资格无效之诉中，股东为原告，公司为被告；而在损害公司利益责任纠纷的股东代表诉讼中，虽然股东也是原告，但其是代表公司进行诉讼，诉讼利益完全归于公司，在该诉讼中，损害公司利益的法人或者个人为被告，公司只能是以第三人的身份出现。因此，确认股东资格诉讼和损害公司利益责任诉讼是两个完全独立的诉讼，前一诉讼是前提，是基础，两类诉讼不符合诉的合并的条件。如果在股东代表诉讼中对于股东资格发生争议，人民法院应当向当事人释明，告知当事人可以通过提起撤销股东会决议诉讼或者确认股东会决议无效诉讼来解决。因此，上诉人认为华东有色公司股东会决议解除其股东资格无效，可以另行向有管辖权的人民法院提起申请确认股东会决议无效之诉。"①

由此可见，最高人民法院在诉讼客体合并这一问题上严格遵照"诉讼标的合一确认"标准，将审查重心置于不同当事人之间争议法律关系及其对应的权利义务是否符合法律文本的内在含义。实际上，确认股东资格诉讼和损害公司利益责任诉讼之间存在明显关联。按照美国诉讼请求合并制度相关规则，其对应的事实和法律问题具有较大牵连性，面对这类案件，法院有必要基于防止矛盾裁判的目的，将其合并审理，两者的同案处理对厘清不同当事人之间的法律关系及权利义务的最终分配具有重要意义。

在处理共同诉讼标的案件时，法官一般会首先认可当事人之间争议法律关系的权利义务存在同一性。然而，在某些权利义务并不相同的案件中，现有法律规则对于诉讼标的之牵连性的处理就显得有些捉襟见肘。例如，在涉及继承法律关系的案件中大多数都属于共同继承，此时，诉讼标的之共同性显而易见。但在涉及遗嘱继承的案件中，数个继承人对应的财产一

---

① 参见最高人民法院（2014）民一终字第 295 号裁定书。

般是特定的，并且继承人与某个特定财产之间大多属于单独继承，此时，不同继承人之间的权利义务不可能完全相同。再比如，在共有关系案件的处理中，当事人若属于共同共有，则诉讼标的对应的权利义务共同性显然明确。但在按份共有的情况下，不同的共有人的份额不同，建立在特定份额之上的权利义务必然存在差异，此时就存在数个单独请求权。而在涉及一般保证的案件中，若债权人事先没有申请强制执行主债务人的财产，那么一般保证人有权拒绝债权人要求其履行保证责任的要求。很显然，一般保证人和主债务人之间并不存在共同的权利义务，也不属于"同种类的诉讼标的"，因此既不能算必要共同诉讼，也不能定性为普通共同诉讼，但两者之间存在极强的牵连性。当前我国法院系统并未就此类情况在实务中进行具体划分，而是一直将其作为不可分的对待，这就造成法律适用与实际情况之间的冲突。此外，根据《民诉法司法解释》、最高人民法院《关于审理人身损害赔偿案件适用法律若干问题的解释》（法释〔2003〕20号）等司法解释的规定，任何在实体法上具有共同关系或连带关系的诉讼均属于必要共同诉讼。① 然而，由于缺乏对具体案型和纠纷状态的细化研究，法官对"诉讼标的共同"的粗放式把握的现象并不少见，这既有损关联当事人的程序权益，也与民事实体法原理相矛盾。

（二）当事人意思表示与行为效力偏差

《民诉法》第五十五条第二款规定："共同诉讼的一方当事人对诉讼标的有共同权利义务的，其中一人的诉讼行为经其他共同诉讼人承认，对其他共同诉讼人发生效力；对诉讼标的没有共同权利义务的，其中一人的诉讼行为对其他共同诉讼人不发生效力。"笔者认为，这一条存在以下三个方面的问题：

第一，条文用语不够严谨。条文表达之"共同诉讼一方当事人"无法确定当事人的具体范围，到底是处于相同立场共同进行诉讼的一方当事人还是处于诉讼对立地位的相对方当事人？若理解为前者，则对于与共同诉讼人对立的一方当事人而言，现行《民诉法》基本没有对其所实施的诉讼行为之效力进行规制；若理解为后者，似乎也不符合共同诉讼的内在价值

---

① 具体包括挂靠关系、共有、合伙、共同继承、连带债务、保证合同、共同侵权等。

理念。这样不精确的条文表述容易在民事审判过程中造成一些适用尺度上的困局，比如有的法官任意扩大或限缩《民诉法》第五十五条的适用空间，这就必然会提高案件的诉讼成本，增加程序推进的难度。

第二，从条文对权利义务表达的"共同性"可以看出，第二款是关于必要共同诉讼的规定。需要注意的是，根据此条规定，任一必要共同诉讼当事人的行为若要对其他共同诉讼人产生法律上的正当效果，则必须经其他共同诉讼人的同意。尽管这是出于保护全体共同诉讼人的目的，为了防止某一共同诉讼人实施的行为对其他共同诉讼人产生不利影响，但若任何事项不论利弊，都要求在全体共同诉讼人之间逐一确认，则势必会产生与共同诉讼立法初衷——诉讼经济相背离的结果。此外，《民诉法》并没有明确共同诉讼人对于其他人诉讼行为进行承认的具体方式，比如口头或书面表达、明示或默示、要式或不要式。这就会对审判实践中程序的适用产生影响。

最高人民法院（2013）民二终字第 102 号裁定书即体现了此条规定的局限性。

> 本院认为：荆宜高速路公司起诉所涉金额涉及数个事实，其诉讼标的属于同一种类，且当事人是相同的，人民法院可以合并审理。关于荆宜高速路公司起诉嘉利恒德公司就其中金浩集团侵占 9000 万元的事实，与金浩集团承担连带赔偿责任，法院是否受理问题，本院认为，该项争议涉及与其他诉的主体合并问题。嘉利恒德公司不是荆宜高速路公司的股东，但《中华人民共和国公司法》第一百五十五条第三款规定，"他人侵犯公司合法权益，给公司造成损失的，本条第一款规定的股东可以依照前两款的规定向人民法院提起诉讼"。参照该款规定，嘉利恒德公司可以成为损害公司利益责任纠纷的共同被告，所以，荆宜高速路公司将金浩集团和嘉利恒德公司作为共同侵权人一并起诉符合法律规定。《中华人民共和国民事诉讼法》第五十五条第一款规定，"当事人一方或者双方为二人以上，其诉讼标的是共同的，或者诉讼标的是同一种类，人民法院认为可以合并审理并经当事人同意的，为共同诉讼"。上诉人荆宜高速路公司起诉金浩集团和嘉利恒德公司侵占

9000 万元的诉讼与起诉金浩集团损害公司利益责任纠纷的诉讼系不同诉讼标的，系普通共同诉讼的主体合并，嘉利恒德公司不同意合并审理，荆宜高速路公司在本案中一并起诉嘉利恒德公司不符合《中华人民共和国民事诉讼法》第五十五条规定的诉的合并条件，不能合并审理。上诉人可另行主张权利。对于上诉人上诉所提是否应追加胡和建为被告及调查取证问题属于审理中的问题，本院不予审查。"①

（三）必要共同诉讼的泛化与实务运作的非程序性

当前我国法律在共同诉讼的类型化程序定位上采取"两分法"，即将必要共同诉讼与普通共同诉讼分别并立。这种"一分为二"的做法直接将必要共同诉讼和普通共同诉讼分割为两个完全独立的制度类型，而按照大陆法系普遍的立法体例，普通共同诉讼属于共同诉讼的一般形态，必要共同诉讼属于共同诉讼的特别规定，故必要共同诉讼也被称为"特别共同诉讼"。② 在这样类似一体化的模式定位下，普通共同诉讼的范围得到极大扩张，其程序适用的包容性也大大增强，由此形成了大陆法系中"严格限定必要共同诉讼而宽松解释普通共同诉讼"的格局。总体上看，大陆法系的学说和实务在解释普通共同诉讼时多持宽容态度，一些不符合主观要件的情形也可以作为普通共同诉讼处理，比如债权人以债务人和保证人为共同被告提起的共同诉讼。③ 而在"二分法"模式下，我国民事诉讼中的必要共同诉讼与普通共同诉讼之间大相径庭，不存在任何依托关系。并且，由于普通共同诉讼的判断标准为"诉讼标的同种类"，因而其实际适用范围十分狭窄，实际适用时的包容性反而不如必要共同诉讼，这就奠定了必要共同诉讼泛化适用的基础，呈现出与大陆法系"主流立法体例"完全相反的态势。④

必要共同诉讼的泛化适用直接导致了程序所涉案件类型的复杂性。某

---

① 参见最高人民法院（2013）民二终字第 102 号裁定书。
② 王甲乙，等. 民事诉讼法新论 [M]. 台北：广益印书局，1999：301.
③ 姚瑞光. 民事诉讼法论 [M]. 北京：中国政法大学出版社，2011：78.
④ 蒲一苇. 诉讼法与实体法交互视域下的必要共同诉讼 [J]. 环球法律评论，2018（1）：40.

些案件中共同诉讼人相互之间亦存在独立请求，而法院适用必要共同诉讼程序规则比较宽松，并未对诉讼进程的统一性作出要求，而是在必要共同诉讼人的内部关系上采取"协商一致原则"。依照《民诉法》第五十五条之规定，若数人之间的诉讼标的是共同的，则一旦其他共同诉讼人承认某一当事人的诉讼行为，该人的诉讼行为就对其他共同诉讼人产生法律效力。由此可见，某一共同诉讼人的诉讼行为只对承认该行为的其他共同诉讼人生效，而对持反对意见的共同诉讼人不发生效力，并不要求全体共同诉讼人的诉讼行为保持一致，这就给判决的统一性带来风险。从《民诉法司法解释》第 317 条关于必要共同诉讼人提起上诉的规定也可以看出，司法实务中并未要求对全体共同诉讼人作出完全相同的判决，法律不仅允许某一共同诉讼人单独或者联合部分共同诉讼人一同上诉，也允许共同诉讼人之间提起上诉，并将其他共同诉讼人列为被上诉人。可以说，当前我国立法和司法出于避免后续诉讼和裁判的目的，在必要共同诉讼的裁判统一性上偏重纠纷解决的彻底性，而非裁判内容的一致性。这样的审理规则显然不符合"判决合一确定"的基本原理，使得包括最终裁判在内的实务运作呈现出非程序性的特征。[①]

此外，民事司法实践中存在的地方保护主义也加剧了诉讼进程的非程序性。由于我国民事诉讼实行"原告就被告"的基本管辖原则，当存在数个共同被告时，往往由其中一名决定最终的管辖法院，因此受利益策略的驱使，有的原告为了提高自己的胜诉概率，不惜铤而走险虚列被告[②]以换取管辖上的地域优势，在一些涉及数个跨地域被告的案件中，原本不具备管辖权的法院因此获得了管辖权。这就给某一共同诉讼人利用规则漏洞支配其他共同诉讼人进而控制整个诉讼进程留下"操作空间"。对此，法院必须加大对证据和其他诉讼资料的审查力度，尽管这样可能会增加原告在证据搜集阶段的工作负担，但这对于法院及时发现当事人诉前准备阶段的问题具有重要意义。

---

① 蒲一苇. 诉讼法与实体法交互视域下的必要共同诉讼［J］. 环球法律评论, 2018（1）: 42.

② 在共同诉讼的司法实务中，也存在虚列共同原告以争取诉讼优势的情况。

（四）共同诉讼人追加规定的漏洞

现行《民诉法》只有一个条文涉及共同诉讼人的追加，根据《民诉法》第一百三十五条的规定："必须共同进行诉讼的当事人没有参加诉讼的，人民法院应当通知其参加诉讼。"为了填补《民诉法》的漏洞，《民诉法司法解释》第七十三、第七十四条对此问题作出补充性规定。根据条文内容，当前共同诉讼中当事人的追加可以分为两种形式：一是由法院依据职权主动通知追加；二是由共同诉讼当事人申请追加。学界基于上述法律规定，对追加共同诉讼当事人这一问题发表了各有侧重的观点。有人认为，当事人的追加是指在诉讼阶段发现某些必须加入诉讼的当事人没有参加本诉审理，因而由法院通知其参加诉讼的程序制度。[①] 对此，有学者在表示认可的基础上对这一观点作出补充，认为当事人追加是人民法院在审前准备阶段的职权行为。被追加的当事人应当是必要共同诉讼中多数方当事人阵营中的一个或几个。[②] 对于共同诉讼当事人追加的本质缘由，有学者提出，当事人的追加是基于共同原告或共同被告对诉讼标的的权利义务具有不可分性，他们作为整体同时参加参加诉讼既有利于当事人自身权益的维护，也便于人民法院对案件事实进行审查、判断，进而作出最终判决。从这一角度上看，必要共同诉讼是一种不可分之诉，共同诉讼中的当事人应当一同起诉或应诉。若只有部分当事人起诉或应诉，则属于当事人不适格。因为某一必要共同诉讼人并无独立的诉讼权能，其不能单独行使诉权。这也是法院追加当事人的核心出发点。[③] 从上述观点可以看出，很多学者对于当事人追加问题的研究存在一定局限性，其虽立足于现有法规，但过于强调当事人追加的"紧迫性"和"必要性"，以至于将必要共同诉讼人的追加等同于当事人追加。而实际上当事人追加还存在其他情况，人民法院在其中的作用也十分关键，依据当事人的申请或人民法院的通知，有独立请求权的第三人或者普通共同诉讼人都可以被追加为可分之诉的共同诉讼当事人。[④]

从追加共同诉讼人的时间点来看，当前法律并未对此作出明确规定。

---

① 陈桂明，马怀德. 案例诉讼法教程［M］. 北京：中国政法大学出版社，1996：77.
② 杨炳芝，李春霖. 中国诉讼制度法律全书［M］. 北京：法律出版社，1993：979.
③ 柴发邦. 中国民事诉讼法学［M］. 北京：中国人民公安大学出版社，1992：222.
④ 马原，肖声，郑学林. 民事审判的理论与实务［M］. 北京：人民法院出版社，1992：167.

所以，暂且可以理解为追加程序既可以发生在一审阶段，也可以发生在二审阶段，司法实践中的现实状况也证实了立法者的态度。然而，当事人追加的时间不同，必然会导致不同的法律效果。例如，若法官在审判程序开始后发现遗漏了必须参加诉讼的当事人，由于共同诉讼人的权利义务具有不可分性，相应的其诉讼处分权也需要共同行使，某一当事人单独对权利义务进行处分的行为一般不会产生法律效力。由于被追加的当事人既没有事先授权也无事后追认，那么已经处于本诉审理程序之中的其他共同诉讼人就不能代表被追加人行使诉讼权利，其已经完成的诉讼行为也不能对被追加人产生拘束力，因此审理过程中的追加极有可能对已经完成的诉讼工作带来不稳定因素。此时，被追加的共同诉讼当事人对已经完成的诉讼活动持怎样的态度就十分关键。

从共同诉讼人的追加方式和主体来看，有学者认为基于共同诉讼人之间行为的相互影响和处分权行使规则，必要共同诉讼人具有共同的诉讼标的，他们必须共同行使权利、履行义务，因此某一共同诉讼人的行为必然会对他人权益造成影响。而对于是否参加诉讼的处分权，理论上也必须由全体共同诉讼人行使，部分共同诉讼人行使共同诉讼处分权，显然超越了诉讼处分权的法定范围，对此，人民法院应当通过追加那些"必须参加诉讼而没有参加的人"来进行干预。① 有的学者基于当事人处分权利的自由反对法院的过度干预，认为当事人在法律规定的范围内完全享有主张或放弃权利的自由。这既包括其主张权利时依法选择保护途径的自由，也包括起诉时依法选择诉讼相对人的自由，故法院依职权追加当事人实际上是对权利人权利处分自由的侵犯。若取消法院依职权追加当事人的权力，则可以最大程度确保法院在诉讼中处于中立地位，减轻诉讼负担，也可以在保证权利人之权利保护手段的合理性的同时，防止对某一方当事人的不当倾斜。② 此外，还有人认为，法院主动追加事实上背离了司法的中立性和被动性，在当前呼吁并不断追求程序公正、尊重当事人意思自治的前提下，这

---

① 柴发帮. 民事诉讼法学新编［M］. 北京：法律出版社，1992：163.
② 谭兵. 民事诉讼法学［M］. 北京：法律出版社，1997：210.

样的做法已经没有存在价值，应当予以取消。① 可见，反对法院依职权追加的学者大多从当事人意思自治和权利处分的角度出发，但其选择性忽略了法院职权在共同诉讼形态中的积极作用，法院追加并非单纯的主动干预，而更多是一种对当事人适格性的审查以及诉讼进程的整体把控。传统的大陆法系民事诉讼立法体例之所以未强调共同诉讼的必要性，即是为了避免因要求所有共同诉讼人必须一并诉讼而阻碍权利救济路径，从而最大程度地减少固有必要共同诉讼的负面效应。但我国的共同诉讼制度在法官职权的影响下，在很大程度上消除了这一阻碍，这亦是必要共同诉讼得到广泛适用的关键因素。尽管必要共同诉讼中浓厚的职权主义色彩与当事人之诉讼自主性的冲突受到诟病，② 并且最终的追加裁定完全取决于法院的裁量，而实务中法院的裁量标准和尺度无法统一，③ 此类情况在涉及共有、多人侵权的案件中最为普遍。④ 但从公权力对程序公正的促进作用来看，其与当事人处分权并不存在非此即彼的关系，诉讼领域适当的职权介入是程序正当性的必然要求。而且为大多数反对者所诟病的法官不当操作与错误追加当事人的情况一般也不能完全归因于职权要素，完善的法律体系对于程序操作具体细节的影响或许更应摆上台面进行讨论和反思。

（五）当事人之间交叉追加规定的缺失

作为民事诉讼法的基本原则之一，"不告不理"是指在法律规定的范围内，当事人对自己的民事实体权利和诉讼权利享有完全的自由，可以对其进行支配、处分，未经当事人提起诉讼的民事案件，人民法院无权主动受理和审判。同时，作为现代法治社会的一项基本准则，"不告不理"原则体现了司法最终解决原则和"有权利必有救济"的司法理念。其具体包含两

---

① 聂叙昌，申遇友. 依职权追加当事人之弊端［N］. 人民法院报，2005 – 06 – 22.

② 除当事人明确表示放弃实体权利的以外，法院均可追加为共同诉讼人。

③ 有学者提出，法官裁量往往采用实用主义的策略，立足于案件基本事实的查明，在"必要共同诉讼和普通共同诉讼之间跳跃"。参见卢佩. 多数人侵权纠纷之共同诉讼类型研究——兼论诉讼标的之"案件事实"范围的确定［J］. 中外法学，2017（5）：1239.

④ 例如，在两起涉及侵害夫妻共同财产权利的案件中，当夫妻中的一方单独起诉时，其中一起案件中一审法院驳回了起诉而并未追加其配偶为共同原告，而再审法院则认为一审法院应当追加共同原告并撤销了裁定，参见最高人民法院（2016）最高法民申 2634 号民事裁定书；而在另一起案件中，法院允许共有人单独起诉，并最终作出胜诉判决，参见北京市第三中级人民法院（2014）三中民再终字第 7209 号民事判决书。

个层面的意思，其一，实体法意义上的"不告不理"。其二，程序法意义上的"不告不理"，这里包括两个意思，一是"无原告起诉即无法院审理"，二是当事人可以选择是否起诉、起诉的方式、对象，法院无权对此主动干预。

对于民事诉讼中的被告是否能主动向法院申请追加案外第三人为被告，目前理论存在两种截然相反的态度。赞成者认为，被告申请追加被告的权利是合理且必要的。首先，依据《民诉法》的规定，当事人有权申请追加被告，可见立法者并未限定当事人的具体身份。这里的当事人可作广义理解，既包括原告，也包括被告。从案件调查的角度看，若一味反对被告申请追加被告的权利，则很有可能影响某些案件中事实的查明，进而加重当事人的诉讼负担。其次，从诉讼程序上看，法院对于当事人提出的追加申请一般只作程序上的基本审查，而允许被告申请追加无疑体现了对全体当事人诉权最大程度的保护。最后，从《民诉法》和《民诉法司法解释》的相关规定来看，当前法律法规并没有对被告申请追加被告的权利作出禁止性规定。而反对者认为，被告在诉讼中并不具备主动申请追加被告的权利。其一，被告在诉讼中一般处于消极被动的防御地位，其诉讼目的在于反驳原告的诉讼请求，而申请追加属于主动的诉讼权利，故被告无权享有。其二，依据"不告不理"的民事诉讼法基本原则，诉讼的处分需要遵循当事人主义，即原告诉讼权利内含着起诉被告、追加当事人、撤回诉讼等权利，也就说只有原告可以对自己的诉权采取处分措施，被告无权行使追加被告的权利。

从"不告不理"的角度来看，有学者认为上述赞成者的观点似乎有违民事诉讼法的基本原则。因为《民诉法司法解释》第七十三条①只是"不告不理"原则的例外，其可以看作对民事诉讼法基本原则的补充，因此不能因为其未对"被告追加被告"作禁止性规定就盲目扩大其解释范围，并且当事人主义是民事司法实践的普遍共识，人民法院利用职权干涉当事人

---

① 《民诉法司法解释》第七十三条规定："必须共同进行诉讼的当事人没有参加诉讼的，人民法院应当依照民事诉讼法第一百三十五条的规定，通知其参加；当事人也可以向人民法院申请追加。人民法院对当事人提出的申请，应当进行审查，申请理由不成立的，裁定驳回；申请理由成立的，书面通知被追加的当事人参加诉讼。"

诉权明显不当。① 对于上述反对者的观点，其在表面上完全符合立法之"不告不理"的基本原则，但需要注意的是，该原则的适用并不能一概而论。例如，在一起道路交通事故损害赔偿纠纷中，肇事者和车主并非同一人，受害人起诉了肇事者和车主，随后，车主在应诉的同时申请将机动车交强险的投保公司追加为被告参加诉讼。本案中，作为被告的车主提出追加申请完全符合《中华人民共和国道路交通安全法》的有关规定，故人民法院应予准许。《民诉法》规定，原告在起诉后随时可以申请撤诉，但是否准予撤诉由人民法院审查，并作出裁定，同时列明了裁定不准原告撤诉的法定情况。上述案件即属于"不告不理"原则的例外，由此可见，是否准许被告申请追加被告，需要根据案件的实际情况决定。

对于被告在审判过程中申请追加被告的问题，单纯的许可和反对都缺乏应有的谨慎态度。在处理这类申请时，必要的审查和限制是前提，灵活地适时应变也极为关键。首先，被告可以就案件的相关责任应由其他人承担或分担提出抗辩意见，除共同被告必须参加诉讼的情形外，被告一般无权申请追加被告，被告只需承担其应当承担的责任。例如，《最高人民法院关于审理人身损害赔偿案件适用法律若干问题的解释》第五条规定："赔偿权利人起诉部分共同侵权人的，人民法院应当追加其他共同侵权人作为共同被告。赔偿权利人在诉讼中放弃对部分共同侵权人的诉讼请求的，其他共同侵权人对被放弃诉讼请求的被告应当承担的赔偿份额不承担连带责任。责任范围难以确定的，推定各共同侵权人承担同等责任。人民法院应当将放弃诉讼请求的法律后果告知赔偿权利人，并将放弃诉讼请求的情况在法律文书中叙明。"这一条文即体现了当事人追加程序中对当事人意志的尊重，是当事人主义的典型表现。其次，根据"不告不理"原则的要求，原告起诉时没有将其他义务人列为被告或拒绝追加其为被告的，即视为放弃对其他义务人的诉讼权利。所以，若被告坚持追加某一义务人为被告，则人民法院在处理时必须征求原告的意见。若法院在原告不同意追加的情况下强行追加某一被告，那么势必会影响之后的审理程序，相关责任认定和划分也将受到阻碍。这是与"不告不理"原则不相符的。据此，有学者提

---

① 江必新. 新民事诉讼法理解适用于实务指南［M］. 北京：法律出版社，2012：503.

出针对被告之追加申请，应采取当事人主义为主，法院职权主义为辅的方法进行处理。[①]

（六）小结

日本著名学者棚濑孝雄曾经指出："纠纷向一般社会成员的扩大经常意味着纠纷解决契机的强化以及纠纷解决的规范性。"[②] 不管是面对严谨的法律制度结构设计还是实际的司法实务变通方式，我国法官在处理类似诉讼合并案件的过程中，都必须明确一个中心问题，即纠纷解决的及时性和彻底性，然而这两个因素在很多时候并不和谐，甚至相互矛盾。不管采用何种诉讼方式解决民事纠纷，法官往往需要综合考量政治、经济、社会、诉讼主体等各方面的现实因素，上级法院、检察院、当事人、大众媒体等不同立场、不同阵营的压力也有意无意地在催生最终的诉讼方式。

综合来看，与美国诉讼合并制度的体系化立法相比，我国诉讼合并制度在立法及运行机制上存在以下问题：

第一，在启动条件和程序效力上缺乏对诉讼合并的类型化规定。根据诉的合并理论通说，诉的合并主要包括单纯之诉的合并[③]、不同当事人之诉的合并[④]、选择之诉的合并以及预备之诉的合并。当前我国《民诉法》及其司法解释基本没有涉及诉的合并在效力和构成要件上的规定，其只对单纯之诉的合并以及不同当事人之诉的合并有所提及，并未对选择之诉的合并、预备之诉的合并作出规定。关于选择之诉的合并的概念，学理上存在各种不同的观点，笔者偏向采用德国民事诉讼法学研究的通说，将其定义为"当案件中存在数个选择之债时，原告在一个诉讼程序中同时提出两个或两个以上的可供被告选择债务履行的诉，并由法院在同一诉讼程序中审理和裁判"。关于预备之诉的合并，笔者认为是指"原告在同一诉讼程序中同时提出先位之诉和后位之诉（或称主位之诉和备位之诉），其可以请求在先位

[①]　江必新. 新民事诉讼法理解适用于实务指南［M］. 北京：法律出版社，2012：503.

[②]　棚濑孝雄. 纠纷的解决与审判制度［M］. 王亚新，译. 北京：中国政法大学出版社，2004：44－45.

[③]　单纯之诉的合并是指在一个诉讼程序中，同一原告对同一被告提出多个相互独立的诉，由法院在同一诉讼程序中对所有独立的诉同时审理和裁判。

[④]　不同当事人之诉的合并是指不同的当事人基于不同立场各自提出相对独立的诉，由法院在同一诉讼程序中审理和裁判，如原告诉讼请求、反诉以及第三人诉讼请求的合并等。

之诉败诉时，法院依据查明的事实和现有证据随即就后位之诉进行判决"。尽管《民诉法》历经四次修改，最新《民诉法司法解释》也于 2022 年 4 月 10 日起正式施行，但立法对于诉的合并之规定仍显空洞，大部分条文流于形式，未作出实质性修改。这就难免在理论研究和司法实务上引发以下疑问：是否可以将同一原告基于不同法律关系或事实问题对同一被告提出的不同之诉的合并归入单纯之诉的合并？原告针对同一被告基于同一法律或事实问题而存在的若干请求权，能否在不同诉讼程序中作为数个独立的诉分别提出？本诉审理过程中，某一当事人与无独立请求权第三人提出的诉讼请求可否合并处理？对于这些民事司法实务中的常见问题，现行法律规定并不周全。

第二，诉讼合并程序与法院管辖权规定有待进一步协调。不管是诉讼的主观合并还是诉讼请求合并，当前民事诉讼立法都未涉及合并的强制性规定，导致诉的合并相关程序在具体适用过程中尺度不一。其一，依照《民诉法》的相关规定，我国法院实行立案登记制，有管辖权的法院不得拒绝受理当事人提起的诉讼，因此原告对被告基于同一事实或法律问题而产生的若干不同的诉讼请求，理论上可以分别对有管辖权的不同法院起诉，而若干当事人基于同一事实或法律问题自然也可以向不同的法院分别起诉。在现实生活中，大多数在不同法院分别起诉的案件之具体诉讼请求存在差异，所以后顺位受理诉讼的法院不一定能将受理的案件移送给先顺位受理的法院。然而，不区分具体场景的分别起诉，不管对于法院本身的司法资源调配还是当事人的诉讼成本都是一种潜在的浪费。① 需要注意的是，尽管最高人民法院早已对类似情况作出认定，其于 1994 年发布的《最高人民法院关于在经济审判工作中严格执行〈中华人民共和国民事诉讼法〉的若干规定》（法发〔1994〕29 号）中规定："当事人基于同一法律关系或者同一法律事实而发生纠纷，以不同诉讼请求分别向有管辖权的不同法院起诉的，后立案的法院在得知有关法院先立案的情况后，应当在七日内裁定将案件移送先立案的法院合并审理。"但这仅仅是司法解释对于法院处理类似案件

---

① 张晋红. 诉的合并制度的立法缺陷与立法完善之价值分析 ［J］. 法学评论，2007（4）：96.

的指导，立法者并没有在《民诉法》中对这一司法解释作出回应。笔者认为可以尝试通过管辖制度在原告起诉与管辖法院的衔接上作出协调，例如后顺位受理的法院发现本案与其他法院先顺位受理的诉讼在事实和法律问题上存在相同或明显关联时，可主动将案件向先顺位受理诉讼的法院移送，将二者合并处理。最高人民法院（2020）最高法民辖 60 号管辖民事裁定书也表达了类似观点，"当事人基于同一法律关系或者同一法律事实而发生纠纷，以不同诉讼请求分别向不同的法院起诉，为避免裁判之间的冲突，宜将多个案件由同一个法院合并审理。如果其中一个法院立案后发现对于案件没有管辖权，应当裁定将案件移送有管辖权的人民法院合并审理；如果受理人民法院都有管辖权，后立案的人民法院得知有关法院先立案的情况后，应当裁定将案件移送先立案的人民法院合并审理。两个以上人民法院之间因管辖权发生争议，有关人民法院均应当停止进行实体审理，并按民事诉讼法第三十七条第二款的规定协商解决管辖争议，协商不成报请共同上级人民法院指定管辖"。其二，当数个当事人基于相同事实或法律问题提出彼此具有牵连性的诉讼，并期待在同一诉讼程序中合并审理时，由于当前民事管辖制度中不存在制度性的牵连管辖，为数不多的可以被归纳为牵连管辖的案件都属于特殊案件的指定管辖。所以司法实践中对本诉有管辖权的法院即便愿意合并审理其本不具备管辖权的反诉或第三人之诉，也都会因为缺乏《民诉法》上的支持而导致法官只能以牵连管辖理论或者应诉管辖理论作为管辖类似案件的依据。

　　第三，《民诉法》未对原告在同一程序诉讼中提出若干诉讼请求时的合并审理方式进行区分。从诉讼制度的层面看，诉的合并内含着两方面内容：一是诉讼主体提出相关合并申请，这既包括同一诉讼主体在同一诉讼程序中提出两个或两个以上独立的诉讼请求，也包括不同诉讼主体在同一诉讼程序中提出数个具有牵连性的不同诉讼请求；二是合并之诉的审理，是指由当事人依据诉权请求法院或由法院主动决定在同一诉讼程序中对不同诉讼请求进行审理和裁判。需要注意的是，这并非当然产生合并审理的效果。①

---

　　① 张晋红. 诉的合并制度的立法缺陷与立法完善之价值分析 [J]. 法学评论, 2007（4）:
95.

同一原告在同一诉讼程序中提出合并申请或不同当事人在同一诉讼程序中提出各自独立的诉讼请求，法院就合并审理作出决定的法律效果不尽相同。从理论上看，当事人必须在同一诉讼程序中提出所有关联诉讼请求，同时法院应当在同一诉讼程序中合并审理的诉讼程序属于诉的强制合并；当事人可以在同一诉讼程序中提出所有关联诉讼请求，法院可以在同一诉讼程序中对其合并处理的诉讼程序属于诉的选择性合并或称诉的任意性合并。当前《民诉法》明显缺乏对诉的强制合并的规定，而诉的选择性合并在民事司法实务的适用过程中经常出现争议。

第四，缺乏第三人诉讼制度与诉讼合并制度的衔接机制。从《民诉法》的结构体系上看，当事人制度一章有大量内容与诉的合并制度密切相关。比如，第五十五条之普通共同诉讼的本质即是若干单独之诉的合并处理程序；第五十六条和五十七条之代表人诉讼的本质即是数量众多的单独之诉的合并处理程序；第五十九条之有独立请求权第三人之诉的其本质即是本诉与第三人参加之诉的合并处理程序。由此可见得出，当事人制度中的合并审理形式都是以诉的客体合并为前提。通说认为，诉的合并的内在动因在于不同诉之间的客观联系。《民诉法》第一百四十三条规定："原告增加诉讼请求，被告提出反诉，第三人提出与本案有关的诉讼请求，可以合并审理。"此处的"第三人"并未限于有独立请求权的第三人，故理论上看的确应该涵盖无独立请求权的第三人。但现行当事人合并制度中并没有明确"当无独立请求权第三人在审理过程中与本诉的一方当事人在同一诉讼程序中提出与本诉具有牵连性的诉时"法院是否可以将其与本诉请求合并处理，为了避免"节外生枝"，大多数法官在民事审判实务中都会建议当事人另行起诉。实际上，上述无独立请求权第三人在审理过程中与本诉的一方当事人在同一诉讼程序中提出的诉一般都与本诉存在一定的关联性，尽管联系的紧密程度会有所区别，不能一概而论，但一般都具有合并处理的必要性。

二、程序实践中的困境

作为一种特殊社会规范的固有特性，法律的功能在于不同司法实践场景中的具体适用。尽管诉讼合并制度在我国民事诉讼立法上已有相关规定，其在纠纷一次性解决、提高诉讼效率、确保统一裁判等方面的功能也得到各方普遍认可，但受制于法官传统判案思维、制度框架以及具体实施细则等方面的影响，诉讼合并相关制度在司法实践中的利用率并不尽如人意。从诉讼合并制度的运行现状来看，个案情况具有特殊性，不同诉讼主体对案件事实和法律法规的理解难免存在差异，不同地区、不同层级法院在诉讼合并制度的适用上也存在形态各异的"地方特色"，这些因素共同导致了诉讼合并制度在本土民事司法实践中的困境。

（一）实务困境——以我国"共同诉讼第一案"为分析样本

在我国首例共同诉讼案件——"大庆联谊案"中，① 向法院提起诉讼的原告多达数百人，然而法院一开始并没有以诉讼合并的形式审理案件，而是采用所谓分拆立案②的方式对所有原告起诉予以受理，这可以说是中国法院系统的创造性审判方式。作为我国首例群体性证券民事索赔案件，本案中原告的救济之路可谓一波三折。其间，南京市中级人民法院以"本案不适合共同诉讼"为由驳回庆桂萍等人代表 1354 名受害者提起的诉讼。③ 随着案件的关注度越来越高，有实务界的人士发声，认为我国民诉法中的共同诉讼制度应该保护证券市场上中小投资者的合法权益。④ 同时，各方媒体发表激烈评论。不知是否因受到各方压力的影响，青岛中院在按照"共同诉讼"基本程序受理案件时将原告分为 10 人一组的若干小组，哈尔滨中院则将其分为 20 人一组的若干小组。依照法院对此做法的说明，这样的处理方式既便利法院开展审判工作，也能推进全体当事人早日获得法律救济，不管分拆的方式为何，原被告所需投入的诉讼成本基本不会受到影响。这一做法也得到了最高人民法院的支持。

---

① 大庆联谊案是 2002 年 1 月 15 日最高人民法院发布《关于受理证券市场因虚假陈述引发的民事侵权纠纷案件有关问题的通知》后，国内法院首批受理的证券市场虚假陈述侵权赔偿案件，也是中国证券民事赔偿第一例采用共同诉讼、第一个由法院作出支持原告诉讼请求的案件，它的胜诉对中小投资者维权有着重要的象征意义。

② 所谓"分拆立案"是指，当原告人数众多时，将其在"共同诉讼"案件中分为若干小组，小组人数不一定均等，而后以小组为单位逐案审理。

③ 戴敦峰. "高尔宝事件"受害者维权艰难 [N]. 南方周末，2004 - 06 - 10.

④ 只有真正确立共同诉讼的实施机制才能对证券市场的民事法律秩序产生实际的价值，这是落实对中小投资者之保护的必然要求，也可以对规范和发展证券市场起到积极的警示作用，维护社会秩序的稳定，节约司法资源。参见杜舒. 共同诉讼是中小投资者的有力武器 [N]. 证券时报，2003 - 02 - 25.

根据《民诉法司法解释》第七十六条的规定，当事人一方人数众多在起诉时确定的，可以由全体当事人推选共同的代表人，也可以由部分当事人推选自己的代表人；推选不出代表人的当事人，在必要的共同诉讼中可以自己参加诉讼，在普通的共同诉讼中可以另行起诉。据此可以得出，如果共同诉讼当事人坚持自己自己参加诉讼，则在人数众多的情况下，其仍然有权参与到程序当中。这就给大庆联谊案最终的诉讼方式带来不确定性。随后，最高人民法院针对证券市场侵权纠纷于 2002 年 1 月 15 日发布了一个临时性文件——《最高人民法院关于受理证券市场因虚假陈述引发的民事侵权纠纷案件有关问题的通知》，其中第四条规定："对于虚假陈述民事赔偿案件，人民法院应当采取单独或者共同诉讼的形式予以受理，不宜以集团诉讼的形式受理。"需要注意的是，通知中并非没有使用"代表人诉讼"这一术语，而是以"集团诉讼"对诉讼方式作出定性，对此，最高人民法院在通知中并没有作出进一步详细解释，其中的考量因素不得而知。

尽管大庆联谊案被普遍认为是我国首例证券共同诉讼，但实际上共同诉讼与代表人诉讼并不能等同，不同主体对于诉讼形式定性的偏差导致了不同观点。有人认为，群体性纠纷的症结需要通过美国式集团诉讼的方式来解决，只有集团诉讼才能厘清现代新型集团性纠纷。当前我国群体型诉讼运行存在严重问题，法院私利的错误价值导向需要对此承担首要责任，只有通过扩大代表人诉讼的适用、引进美国式集团诉讼才能解决我国社会的群体性纠纷，保护当事人合法权益。实际上，这些观点在事实、观念、结论上都存在严重的认识误区。[①] 在笔者看来，我国的代表人诉讼在设计过程中本就借鉴了国外集团诉讼的经验，上述错误观点的缘由很大程度上是由于他们没有认识到美国集团诉讼的核心要义，即在起诉时当事人人数不确定，法院通过登记程序使当事人结构变得相对稳定，进而将其转化为人数确定的代表人诉讼。可见集团诉讼的最终归属仍然是代表人诉讼。

在面对诸如"大庆联谊案"等当事人人数众多且极其分散的案件时，法院要处理的不仅是民事纠纷，其他相关社会秩序、经济活动秩序等都是必须纳入全盘考虑范围的重要因素，所有功能要素和社会要素结合在一起，

---

① 范愉. 集团诉讼问题研究 [M]. 北京：北京大学出版社，2005：437.

附加在有限的司法资源之上，法院必须在其中达成一种恰当的平衡。因此，"分拆立案"这种诉讼方式可以说是法院在"大庆联谊案"中催生出的一种夹缝求生的诉讼技巧，也是不得已而为之的无奈之选。可以说，这一案件的审理过程充分体现了我国诉讼合并制度在民事司法实践中的困境。

首先，本案到底属于共同诉讼还是代表人诉讼？法院判决的效力可以在多大范围多大程度上扩张于未参加诉讼的受损人？若不能承接判决效力，未参加诉讼的受害人之合法权益如何救济、基于相同或类似事实的诉权又如何实现？这些都是遗留下来的难题。

其次，本案不仅有单独起诉的当事人，也不乏共同诉讼的当事人，法院在同步受理这类起诉的后，将其在庭审程序中分为若干当事人小组并分别展开审理。之后又在判决阶段制作了大量基本内容相似的判决书。这对于司法资源的浪费显而易见。

再次，数量庞大的原告群体在分别委托不同的律师的情况下，众多律师的诉讼工作如何配合、协调？能否推选首席律师？首席律师的权限为何？同样是本案引发的新课题。①

最后，从案件类型本身的特征来看，其原本应该基于同一行为或交易事件而将众多当事人合并到一个诉讼中同时处理。因为理论上分开审理必然会导致法官对类似证据和事实的重复审查。而且由于不同地区的当事人认识水平存在差异，法官审理案件时，现有法律本身所具有的弹性操作空间极有可能导致基于类似事实的数份判决在处理结果上出现矛盾。② 这不仅造成了司法资源的浪费，也是现有诉讼合并相关制度的间接架空。

从理论上看，"大庆联谊案"或许存在其他更加合理的诉讼方式，比如美国民事诉讼合并程序体系下的"诉的分拆或分离"，即将若干个诉从一个案件中分离出来，分别作为独立的案件进行审理。但是，诉的分离涉及诉的要素、第三人等复杂的理论问题，并且在诉讼合并相关案件的处理中，法院既要保持中立性，又要发挥特殊的角色功能，同时还要承担被质疑地

---

① 郭锋. 从大庆联谊股东诉讼案谈中国证券民事赔偿制度的构建［J］. 法学杂志，2006（1）：156.

② 崔峰. 敞开司法之门——民事起诉制度研究［M］. 北京：中国政法大学出版社，2005：197.

方保护、当事人私立等压力审理案件。当前我国法律和司法解释并未对诉的分离作出体系化的规定，存在较大的自由发挥空间，为了防止审判人员在司法实务中滥用程序手段支配诉讼，法院对类似程序手段的适用相对保守。

（二）实务困境缘由

当前诉讼合并相关制度在民事司法实践中的窘境主要归因于以下三点：

第一，法官业绩考核与办案数量直接挂钩，年度考核压力较大。有学者对此发表评论，共同诉讼制度所具有的成本低效率高的优势仅仅是对当事人和社会整体而言。但在目前指标化、数量化的司法行政管理模式中，受理存在数个当事人的诉讼，尤其是群体诉讼对于法院而言经常意味着司法成本的大幅提高，这与诉讼经济的立法初衷背道而驰。尽管最高人民法院在司法解释中明确规定，原告可以选择是否申请共同诉讼，法院在特定情况下也有权启动诉讼合并相关程序，但法律法规设计的理想化总是与司法实践中的现实问题存在偏差。

第二，在涉及不同地域当事人的共同诉讼案件中，共同诉讼人的地域分布可能跨度非常大。在前述大庆联谊案中，679 名原告分布在 28 个省。规模庞大的原告群体尽管诉求类似，但彼此之间缺乏必要的基本了解。在某一地区选择诉讼代表人尚存不小的难度，更别说全国范围内的代表人推选。各当事人基于自身实体和程序权利的考量，极有可能会坚持亲自参加诉讼。这就势必会给正常的庭审秩序带来挑战。此外，在共同诉讼案件的处理过程中，基于不同当事人的不同主张，法官在制作判决书时，必须谨慎理解当事人的诉求和抗辩意见，理顺双方辩论的焦点和针对目标，否则很容易出现判决内容上的逻辑漏洞，给之后在上诉审中撤销一审判决带来隐患，这是诉讼实务中无法回避的问题。

第三，有学者提出法律的治理化是中国法律的新传统，[①] 当前民事司法工作中新型纠纷不断涌现，其中，相当一部分案件涉及多方当事人，不管在人数体量还是争议法律关系上都给法院审判工作带来巨大挑战，若不加限制地任由原告或被告联合起来参与庭审，很有可能对社会管理秩序造成潜在威胁，这就导致以往部分法官在面对共同诉讼案件时偶尔选择游离于

---

① 强世功. 法制与治理 [M]. 北京：中国政法大学出版社，2003：123.

法律规则的边缘，采用某种变通方式处理复杂共同诉讼。与此同时，上级法院的意见也会影响诉讼合并程序的适用。从法院的组织特性来看，其本质功能的特殊性决定了权力运行方式的特殊性。尽管我国不同层级的法院系统之间不存在直接的行政管理关系，但受制于错案终身追责制度，司法实务工作中上下级法院之间的业务咨询与沟通并不鲜见。现实状态下的上下级法院审判业务关系呈现出多元混同、交错贯穿的状态，展现出的是一副拥有审判监督与行政管理、平等与服从、抽象与具体、依赖与独立等变幻多重关系的复杂面孔。在一些复杂的诉讼合并案件中，上级法院的业务指导可能会影响上下级法院审判权的分层与定位。尽管这种关系符合一元制国家权力结构特性和国家政策上下一体性要求，具有本土性和现实性，但暴露出来的问题同样不能漠视。因此，规范上下级法院审判业务关系是规范诉讼合并程序适用的关键因素。地方化与行政化、垂直管理与地方自治、案件请示与审级独立、提前介入与依法独立审判、司法审判与司法行政，各类问题组合、交织在一起，凸显了改革的困境，也蕴含着改革的机遇。

（三）小结

民事诉讼制度的目的在于维护私法秩序、保护私权、解决民事纠纷，但其实际效果并非在制度、规则设计之后就能即刻在实践中印证，若无法与现实生活中的复杂因素结合起来讨论，再周密的制度设计都不可能起到原本预想的效果。从诉讼合并相关制度在民事司法实践中的困境来看，主要存在以下症结：

第一，关联利益对法院适用合并程序的限制。在适用诉的选择性合并时，法院是决定合并程序启动与否的主体，所以法院出于某种关联利益的考虑对当事人提出的合并申请设置阻碍就变得非常简单。需要注意的是，法院对当事人提出诉的合并申请持消极态度一般是由多方面因素综合决定的，其中既有基于司法成本、诉讼效率的考量，也有关于绩效考核、结案利益等私利方面的平衡，此外，根植于我国本土文化中的"人情世故""行政牵制"等也是不能轻易忽视的影响因素。若法院基于上述因素，故意阻碍当事人的合并申请，不仅有违职业道德，也必然会打破诉讼秩序、违背诉讼公平，进而侵害当事人主要是原告的救济利益。例如，被告在本诉中提出反诉，意图吞并原告之诉讼请求，若法院对反诉拒绝受理，则被告之合法诉权必然无法得到公平维护。尽管从救济程序上看，被告有权另案起诉，但现实情况是，被告极有可能因为滞后于本诉结案以及滞后于本诉判决执行而承担原告无履行能力的风险，而被告受制于先前判决的效力，或许已经向原告履行义务。这对被告来说是实体权利和程序权利上的双重打击。

第二，关联诉讼的分开审理对实体公正之实现产生不确定性。若原告基于同一事实或法律问题向不同法院提出两个或两个以上的诉，不同法院受理后势必需要就不同的诉分别审判，在这种情况下，存在明显逻辑关联或具有相同事实要素的数个独立的诉很可能在分别裁判后出现相互矛盾的判决结果，这不仅涉及案件事实认定，也涉及权利义务分配。这种案例在我国司法性地方保护主义普遍存在的前提下并不少见，这就给司法权威性和裁判统一带来巨大挑战。

第三，增加法院成本投入。对符合诉讼合并立案条件的案件分别处理必然会导致司法资源投入总量的增加，而在成本增加的背景下分案处理往往意味着结案迟延。实践中若当事人基于同一事实或法律关系在不同法院提起不同的诉，会存在这样一种尴尬的情景，即不同法院之间不约而同地相互等待对方判决结果。诉讼程序的启动意味着司法资源投入的开始，当数个具有明显牵连性的诉讼分别在不同法院启动时，则意味着司法资源在相同或类似目标上的重复投入，这样一来，公共司法资源针对某一事实问题启动的纠纷解决程序所需要耗费的成本投入必然高于单次诉讼程序的成本投入。对当事人而言，其往返于不同辖区法院之间所需要投入的人力、物力、财力等诉讼成本总量也只会有增无减。

第四，上下级法院审判业务关系有待进一步厘清。法院体制的长远改革，从根本上涉及到司法职能如何区别于其他国家职能。现代型法院制度是一个等级分化严密，以司法方式主要是审级关系互相关联并进行上对下控制的整体系统。这一系统如同其他国家机构系统一样，构成现代社会常设性甚至永久性的机构。思考中国法院体制的改革，同样需要按照现代型法院制度基本特征，思考特定社会政治制度宏观背景下中国法院在国家政治结构中的结构分化与功能定位。当下如火如荼的司法体制改革，重在从司法管理体制、司法权力运行机制上消除影响审判权依法独立公正行使的地方化、行政化干扰问题。改革除了关注通过推动省以下法院人财物省级统管来破解长期掣肘法院外部独立性的地方化顽疾外，还需要着力打破法院内部惯习运作已久的行政化审判管理模式，特别要防止因统管可能带来的上下级法院间的行政化倾向。否则，司法改革的目标可能会因未充分兼顾改革的均衡性而顾此失彼、折损效果。

上下级法院审判业务关系是一个涉及到司法乃至整个国家政治制度、权力架构等更深层面的改革问题，需要长远规划、分期改革、整体推进。从近期目标的设定上需要着重考虑以下两点：其一，明晰四级法院的职能分层。在不同层级的法院中实现司法制度公共目的与私人目的的分工，从而形成职能分层的司法等级制以维护法律秩序。设计原理是，越靠近塔顶的程序在制定政策和服务于公共目的方面的功能越强，越靠近塔基的程序在直接解决纠纷和服务于私人目的方面的功能越强。区分四级法院职能，应考虑将基层法院功能定位在直接解决纠纷，侧重服务于私人目的。中级和高级法院既有解决纠纷的私人目的，又有纠错和统一区域内法律适用的社会公共目的。最高人民法院应协调各地法院适用法律的冲突，维护全国法律适用的统一，侧重于制定司法政策和服务于公共方面的目的；其二，异质化权力之剥离与去行政化。司法权与行政管理权是两种性质、方式不同的权力，不明晰界定二者边界，易造成行政权扩张并妨碍司法权行使。上下级法院审判业务关系应回归到本来意义上的监督与被监督关系，将法定程序、法定事由和审级制度之外发生的带有行政化色彩的审判业务关系逐步剥离，将上级法院行政管理权与审判监督权严格剥离。

第四节　诉讼合并制度的启示

一、现代民事诉讼制度共同的诉讼法理

（一）宪法保障公民享有接受法院审判的基本权利

西方各国现代民事诉讼制度，是为发展资本主义商品经济的需要，为使司法机关公正地保障市民等级的主体权利，反对封建专制制度下的权力

为本的纠问主义诉讼制度的产物。它的基本特点是限制国家权力，保护人权，强调非正当的对审程序进行审判，国家不能对公民作出强制性的判决。各国民事诉讼法的共同法理，首先必须把握住反映公民在现代诉讼制度中的主体权利与地位的这一基本原则。民事诉讼作为以国家权力解决民事纠纷的公权救济的诉讼制度，不论是在封建制国家还是资本主义国家，都存在如何划分国家权力与公民权利之间的关系问题。在这个问题上，中世纪封建专制国家是行政权力和司法权力均不受限制，而当事人的权利很少，甚至被完全剥夺。那时的行政权与司法权混同，也没有国家行使审判权受社会监督的公开审判和对审等程序机制。总之，在封建专制国家里不管是以皇帝名义还是领主名义行使审判权都没有任何限制，而当事人则完全处于被询问的被审判的诉讼客体的地位。人类社会发展到了近代，由于资本主义商品经济的发展，在西欧各国掀起反对封建专制制度的资产阶级革命运动。为巩固资产阶级革命的成果，保障资本主义商品经济的发展，以启蒙思想家的自然权利学说为基础，产生了资产阶级的宪法。通过宪法确定了近代的国家制度的基本原则。在此基础上产生了包括民事诉讼制度在内的近代司法制度。近代司法制度简要概括有如下特点：国家行政机关和司法机关分开，进而明确国家行政行为与司法行为；法院审判必须采用对审程序，未经过双方当事人主张和辩论不能作出判决；法院必须站在公正的第三者的立场上作出判决。西方各国一般把这些现代诉讼制度的基本原则作为公民的基本权利规定在宪法之中。

现代民事诉讼制度正是为了保障公民享有的接受法院审判的宪法权利而建立的。所以，各国民事诉讼法都相应地规定了很多使当事人充分行使其权利的具体程序和制度。从各国民事诉讼法保障公民享有接受法院审判的权利的规定来看，为了保障公民的在法庭上主张事实，提出证据，充分陈述其主张的权利，英美法系国家和法国民事诉讼法专门设计了进入法庭审理之前，当事人之间确定争点和收集证据的程序；德国和日本民事诉讼法则在法庭审理阶段中专门设计了特殊的"辩论"制度和提出证据的程序。法国民事诉讼法作为对审原则的内容规定，当事人应该在进入法庭审理前适时地互相告知其请求所根据的事实及攻击和防御的方法，以便对方当事人进行防御的准备（法国民事诉讼法第 15 条）。尽管各国民事诉讼法具体保障公民接受审判的权利的程序结构不尽相同，但是，最低限度要求必须做到向受审判的当事人以合法方式适时地进行通知或送达是各国公认的惯例。

现在各国民事诉讼法都采用各种简易程序解决民事纠纷，但也都是以保障宪法赋予公民接受法院审判的基本权利为前提的。例如，近年来美国各州和联邦法院采用附设在法院的强制仲裁和调停等所谓替代诉讼解决纠纷程序（alternative dispute resolution，简称为 ADR）来解决纠纷，但这些简易程序都是以不能剥夺宪法公民接受法院审判的权利为前提的。因此，不管仲裁也好，调停也好，只要一方当事人不同意仲裁裁决或调停结果，则马上自动转入法庭审理的通常程序进行审判。又如，德国等大陆法系国家的民事诉讼中的督促程序也是一种典型的简易诉讼程序。即法院根据债权人的申请，未经实体审查就向债务人发出限期执行债务或提出异议的支付令，但一旦债务人提出异议，则自动转入通常诉讼程序，以保障宪法赋予公民接受法院正当程序审判的权利。

保障公民接受法院审判的权利，未经正当程序审判不得剥夺公民的生命、自由或财产，这是人类公力救济经验的总结，是把公力救济纳入法治化轨道的结果，也是目前各国民事诉讼法所体现的民主和法治精神。所以，这是现代各国民事诉讼法的共同的诉讼法理。

（二）当事人主导

从民事诉讼是以国家权力解决当事人之间不能自主解决的民事纠纷本身来说，民事案件的主体对解决纠纷和诉讼标的具有自由处分权。因而在诉讼中法院只能对当事人主张的事实和提出的证据进行判断，这是现代民事诉讼共同的诉讼原则。国家在解决民事纠纷时如何处理国家行使审判的权力与当事人处分权的权利的关系，这是一个重要的法理问题。如果法院根本不考虑当事人在诉讼中的处分权，就确定审判对象和证据，由法院大包大揽，包办一切，那就是纠问主义或职权主义；反之，法院尊重当事人的处分权，而且只根据当事人提出的事实和证据，只是在当事人提出申请的范围内作出判决，这就叫作当事人主义。西方各国民事诉讼法，尽管两大法系之间或同属法系国家之间在诉讼程序结构上存在着很大差异，但从诉讼原则来说，都体现了这一当事人主义的诉讼法理。当事人在诉讼当中起主导作用，左右诉讼的后果，这正是反映了市场经济主体对其民事利益的自由决定权。

对现代民事诉讼的当事人主义法理，由于西方各国之间法律文化传统不同，英美法系国家学者与大陆法系国家学者的理解颇为不同。从西方各国民事诉讼法的规定来看，虽然各国都采用了当事人主义的诉讼法理，但各国对当事人主义的理解有很大差异。英美法系国家的当事人主义（adversary system）是历史的概念，是英美法系国家的法律文化的传统概念。德国等大陆法系国家从公权诉权说出发，为了克服法国民事诉讼法的当事人过分自由放任的倾向而采取狭义的当事人主义概念，即当事人仅限于对实体权利请求有关的问题有处分权，而对其他诉讼程序问题则不必由当事人申请或提出抗辩，则是由法院依职权处理。在当事人有处分权的事项当中，当事人一旦撤诉或和解，整个诉讼程序即终了，就再也看不出当事人在诉讼中如何起主导作用。可是，如果当事人坚持请求并要求法院审判，那么法院审理当事人请求的权利和义务存在的事实和证据是否真实就成为诉讼的中心。

从西方各国民事诉讼法的程序结构来看，实际上各国都是以当事人确定争点和当事人收集证据并提出证据这一当事人主义为主要内容进行程序设计的。英美法系国家民事诉讼法有当事人之间确定争点和收集证据的审前诉答程序和发现程序；法国有当事人之间传递书证和交换书状的审前准备程序；德国和日本民事诉讼法则是在法庭审理阶段专门设计了使当事人确定争点并证明对象的特别的"辩论"程序。尽管各国的程序设计不同，但其立法目的是相同的。这就是在事实和证据的问题上明确划分当事人与法院的责任，是由当事人主张事实和提出证据，而法院只根据当事人主张的事实和证据认定并适用法律作出判决。

二、诉讼合并制度对重塑相关理论体系的启示

美国法中的诉讼合并制度深刻反映了美国官方的哲学思想——实用主义①，其同时也是美国法理学正统观念的核心。自 20 世纪至今，社会法理

---

① 实用主义的英文原名是"Pragmatism"，源自希腊文 πραγμα，字面意思即是"行动、行为"。

学一直是美国最高法院的官方理论。根据实用主义的内涵，法律是基于经验并为实用性而制定的，法律应根据具体目的而非其起源而被理解，应依据满足社会需要的程度来判断其优劣。对法理学界产生巨大影响的法学大师庞德，毕生都在努力将实用主义原则彻底融入美国的法哲学思想，而从当前美国法哲学发展趋势来看，实用主义俨然已成为影响最大的流派。实用主义反映到民事诉讼程序理论中的基本要求即是将确定的程序初衷和现实条件作为程序实际适用的出发点，不同诉讼主体基于自身权益所实施的诉讼行为是实现程序目标的主要手段，而不同主体行为产生的实际效果是程序运行机制的最高目的。其中，法官在实用主义的指导下，关注不同行为产生的某种实际的效果，这一效果必须以直接的诉讼效益、程序权益以及实体利益的实现作为评估标准，"有用即真理，无用即谬误"的观点在此时体现得淋漓尽致。同时，实用主义的真理观也确立了整个美国学术界以效用为主的思维模式。相较之下，我国民事诉讼程序理念和制度理论研究长期沿袭大陆法系传统，一直将重心置于法律本书的结构和内容，诉讼程序中的所有行为都建立在法律解释的基础之上，几乎没有法律文本的自治空间，这在一定程度上造成理论研究的僵化和局限。

在美国民事法学界对诉讼合并制度的研究逐渐加深之际，我国对于相关制度的研究虽然从未停歇，但似乎仍难以与其比肩。有部分学者认为，当前我国民事诉讼程序体系还不具备及时产出与其他国家展开制度对话的土壤。笔者认为这未免有些厚此薄彼，毕竟对策性立法模式早已为时代所淘汰，理论不仅不能落后于实践，相应的理论创新还应该指导实践模式的革新，单纯的"理论服务实践"的观点对诉讼程序制度创新没有任何益处。但从我国与美国之间就相关制度研究展开过的十分有限的对话来看，其深度和广度确实还有很大的进步空间。其中或许有我国诉讼合并相关制度体系的固有缺陷，但立足于我国传统诉讼文化以及司法本土特性考量的各家理论观点仍值得我们保持关注。当前我国法治建设还未实现完整意义上的现代化，因此，面对其他发达法治国家所具备的现代化多维度模型，可能会陷入走马观花或生硬移植的误区。我国诉讼合并理论的体系化建构必须紧密结合司法本土化以及配套的政策制度、社会环境进行整体认知，照猫画虎式的制度和理论移植会使相关的制度建构工作脱轨。

基于近似的大陆法系法律渊源，与德国和日本相比，我国对诉讼合并制度的理论研究缺乏对不同理论的类型化研究，现有学说大多围绕固有的概念定位作文章，比如有学者主张将主参加诉讼等同于我国民事诉讼中的有独立请求权第三人制度。① 而事实上两者在理论和司法实务操作中都存在明显差异。理论的建构不仅需要创造性想法，具体且周详的技术论证与模型建构同样至关重要。理论的体系化建构并不是单纯地各说各话，也不是机械地调研求证，而应该是两者循序渐进地结合。笔者认为，若将我国传统的文本主义与美国诉讼合并制度中的实用主义结合，将具体的程序规则置于特定的诉讼现实中考察其实效性，评估相关程序理论和程序适用的整体影响，并结合抽象法律原则和具体程序结构设计对其进行全面研究，将对我国诉讼合并理论体系的建构大有裨益。具体而言，可以从以下几个方面入手，对我国诉讼合并制度理论体系进行扩展和深化。

（一）实用主义路径分析

日本著名学者谷口安平针对理论建构的具体方法提出了旋转木马结构理论，旋转木马结构是指中间存在轴心柱，旁边有载人的轮子，只要把钢绳从柱子顶端和轮子连接在一起，就可以使得木马依靠这一支点来旋转。简言之，制度建构过程中的中心顶点一经确定，全体配套措施都将连接在一起旋转，这就是木马式的诉讼构造。就诉讼合并制度来说，一般纠纷在诉讼上体现为两方对立，而诉讼合并程序中的纠纷很有可能存在多方当事人，旋转木马的钢绳有时只有两条，因此只能存在两方当事人，这就需要法院通过程序来分配诉讼两方的构成主体。换句话说，如果纠纷的当事人坐上了只存在两条钢绳的木马，那么全部的理论和实践结果都将立足于两极对立的诉讼结构。而如果放弃在当事者之间做出明显的两极立场划分，转而从整体上把握纠纷解决的多样化路径，那么审判法官就可以用相对开放的态度在已经开始的程序中纳入更多关联当事人，从而更加全面地厘清案件事实，探查多方证据背后的可能性，这是一种诉讼理念上的彻底转型。

目前我国民事诉讼学界早已对诉讼合并相关制度展开理论研究，并逐步开始就诸如诉讼标的牵连性、当事人、关联案外人等关键要素进行深入

---

① 肖建华. 主参加诉讼的诈害防止功能 [J]. 法学杂志，2000（5）：30.

探讨，比如有学者认为我国可以尝试建立与连带责任诉讼相适应的准必要共同诉讼制度，即原告可以在同一诉讼程序中选择共同被告中的一人或数人起诉，法院应该尊重当事人的选择。① 有学者对此提出反对，认为在连带之债诉讼中，允许原告选择起诉个别债务人的做法显然有碍纠纷的一次性解决，因为其他未参与诉讼的债务人一般也会受到准必要共同诉讼判决的影响，若其无法参与诉讼，极有可能将其合法权益置于悬而未决的无保障状态，同时，准必要共同诉讼将增加矛盾判决的可能性，这对法院权威会产生不小影响。尽管存在着诸多争议，但从某种角度上看，争议的激烈程度可以反映理论热度以及理论发展的可塑性，也预示着诉讼合并制度融合多样化理论的可能，这是体系化理论建构的出发点。

美国民事诉讼中对抗式的诉讼结构和《联邦民事诉讼规则》一起提高了法院和陪审团审理案件的效率。不管是当事人合并程序和还是诉讼请求合并程序，诉讼主体不断向法院提供新的信息以供判断，这样的输出式程序在理论上可以催生更加直接、更加快速的判决进程。② 有学者提出，《联邦民事诉讼规则》的效率性实际上是对诉讼中对抗制模式的恰当补充，其中第二十条第一款规定的当事人合并程序、第二十四条规定的第三人主动介入诉讼程序、第四十二规定的争点事项和请求合并程序等，都是有关诉讼主体向法院提供案件证据和事实信息的内容。例如，《联邦民事诉讼规则》第二十四条第一款规定："第三人权利性诉讼参加。根据第三人的适时申请，其可以在下列任一情况下被允许参加诉讼：（1）联邦法律赋予其无条件的诉讼参加权时；（2）申请人请求的利益关系到作为诉因的财产或交易行为，并且由于申请人的特殊地位，该诉讼的处理结果会在实际上削弱或妨害其保护自己利益的能力。但申请人的利益已由现在的当事人充分代表的除外。"第二款规定："第三人许可性诉讼参加。根据适时申请，第三人可以在下列任一情况下参加诉讼：（1）制定法给予其附条件的诉讼参加

① 肖建国. 管辖制度与当事人制度的重构［N］. 人民法院报，2004 - 02 - 11.
② Kaplan. Continuing Work of the Civil Committee: 1966 Amendments of the Federal Rules of Civil Procedure（Ⅰ）［J］. Harvard Law Review，1967，81：356 - 368.

权；（2）申请人的请求或抗辩与本诉有共同的法律或事实问题。"① 此外，当诉讼的一方当事人请求或抗辩的理由是基于制定法、联邦或州政府官员授予的执行命令，或根据制定法，执行命令发布，制定的规章、命令、要求或协议时，根据适时的申请，可以允许官员或机构参加诉讼。法院在行使其自由裁量权时，应考虑参加诉讼是否会过分地延误或不利于对原来当事人救济请求的判决。② 这些程序既可以使不同立场的当事人了解并评估对方的诉讼实力，也可以促使其及时补充证据和其他相关信息以弥补自身缺陷，正因为如此当事人才有机会使纠纷有效且快速地得到解决。③ 法院有权在启动合并程序之前或采纳当事人送交的补充材料后对所有关联事实和法律问题进行针对性的分析。

在诉讼争点上，我国法学理论研究总体传承了大陆法系的主调，一直试图通过不同学派的争鸣抽象出一个大范围的诉讼标的理念从而增强具体案件的可操作性。但从目前的发展趋势来看，学界对于诉讼标的之争议始终处于风口浪尖，其基本概念也无定论。最高人民法院曾于 1989 年 6 月发布的《全国沿海地区涉外、涉港澳经济审判工作座谈会纪要》（法（经）发〔1989〕12 号）中提到了诉因，"两个诉因并存的案件的受理问题。一个法律事实或法律行为有时可以同时产生两个法律关系，最常见的是债权关系与物权关系并存，或者被告的行为同时构成破坏合同和民事侵害。原告可以选择两者之中有利于自己的一种诉因提起诉讼，有管辖权的受诉法院不应以存在其他诉因为由拒绝受理。但当事人不得就同一法律事实或法律行为，分别以不同的诉因提起两个诉讼"。可见，这是出于对禁止重复诉讼的程序操作而作出的不具备正式法律效力的地区性指导。但在之后漫长的程序改革时期里，都再难看见相关司法机构对于诉因的提及，更别说具体实务运用。

---

① Fisk. Indispensable Parties and the Proposed Amendment to Federal Rule 19 ［J］. Yale Law Journal, 1965, 74: 403－424.

② Miller. Artful Pleading: A Doctrine in Search of Definition ［J］. Texas Law Review, 1998, 76: 1781.

③ Edward J. Brunet. A study in the Allocation of Scarce Resources: the Efficiency or Federal Intervention Criteria ［J］. Georgia Law Review, 1978, 12: 710－718.

　　长期以来，我国在面对请求权竞合、判决效力和当事人权利范围等问题时都习惯性地运用诉讼标的理论进行判断，而对属于英美法系传统的诉因制度缺乏必要的关注。当前全球范围内的民事交往行为日益增多，而英美法系与大陆法系在法学领域的相互交融也渐成趋势。我国司法改革的主要方向是，若能让审判工作中的某些具体问题跳出传统的诉讼标的思维习惯，即不再生硬地套用大陆法系法律体制的传统模式，而是适当借鉴美国诉因制度，灵活变通司法实务中的特殊情况，将在确定诉讼争点、全面起诉、全面应诉等方面取得更加显著的成效。

（二）诉讼经济与资源配置理论的融合

　　如今，经济分析法学俨然已经成为法学理论体系的关键组成部分。在司法资源供不应求，无法无限扩充进而成为即时按需分配的产出机制之前，对司法资源的利用方式展开经济分析会长期具有重要意义。① 从经济分析的角度看，民事司法资源输出与诉讼合并程序所带来的信息输入的关系是即时变化的。若法院和陪审团能够借助诉讼合并程序有效吸收所有关联诉讼主体所提供的案件信息，则司法资源输出与诉讼信息输入之间可以在最大程度上维持等比增长的态势，这意味着法官掌握的信息越多，就越能提高诉讼结果的公平性和纠纷解决的彻底性。但是，当通过诉讼合并程序输入的信息达到一定量级，关联争点逐渐显现，案件审判一般都会变得更加复杂，因此从这一阶段开始，新输入的信息可能不会再提高司法资源输出量，甚至反而降低。当新输入信息的边际效用达到最佳节点时，即当诉讼中信息输入的边际耗费等于边际效用时，诉讼的效率性会促使审判者暂停信息输入。② 例如，《联邦民事诉讼规则》第四十二条第一款规定："如果当事人提出的诉讼请求在法律或事实问题上存在共性，那么法院可以将这些诉讼的部分或全部争点的系争事项进行合并，统一听审或合并开庭审理；或命令将所有的诉讼合并；也可以作出其他有关诉讼程序的命令，以避免司法资源不必要的费用和诉讼程序的迟延。"其中法院运用自由裁量权针对诉

---

　　① Hall. Pleading Libel Actions in California [J]. California Law Review, 1939, 12: 225.

　　② Theoclore Eisenberg, Geffey Miller. The Role of Opt-outs and Objectors in Class Action Litigation: Theoretical and Empirical Issues [J]. Vanderbilt Law Review, 2004, 57: 1529.

讼请求合并动议作出裁决时，必须考虑"任何正当理由"和最终裁决对诉讼整体进程效率性的影响。需要厘清的是，美国民事诉讼对抗制本身一般会促使当事人及其诉讼代理人在诉讼合并程序中尽早提供他们掌握的最佳信息，而依据诉讼合并程序的规定，法院需要在作出决定时说明允许申请和支持动议的理由。由此可见，民事诉讼程序规则必须反映诉讼合并程序中的所有考量因素，诉讼进程的推进依赖于法院对自由裁量权的合理运用，这与关联信息最佳输入的影响因素相似，每个法官都需要分别具备信息接收的最佳思维节点，并需要根据时机把控诉讼全局，在同时存在多个当事人的复杂案件中，这一现象更为明显。① 总之，在法院司法资源输出和诉讼合并程序作用所产生的案件信息输入效果之间，会产生大于单个诉讼的效率推动力，但也难免会在控制不当时产生一些负面连锁反应。比如因为判例指导原则的存在，错误的指导性先例会提升后续未决案件的错判概率，这就对之后类似案件中的当事人救济产生负面影响；又比如当法官考虑是否准许合并动议时，其手头可能同时存在其他未决的诉讼案件，此时，诉讼合并案件的信息输入增加对其他未决诉讼必然会产生全方位的影响，比如诉讼费用、等待时间成本以及关联利益等。为了避免上述情况的出现，法官必须提高司法资源输出的质量和利用效率，尽力产出逻辑完整、分析严密的判例。上述理论分析侧重于司法资源在实践中的实际效果，属于经济分析法在诉讼合并程序体系中的具体运用。

诉讼合并制度所产生的法律效果要求法院精确识别本应合并审理但未参与诉讼的当事人，并对其权利义务定性，结合具体的事实细节对法律关系逐一甄别，理想化的制度建构需要建立在坚实的经济基础、充足的司法资源以及相对发达的信息处理技术之上。② 从目前我国的民事司法实践来看，这样的理想化机制建构尚存难度。诉讼合并所内含的主体的复合性特征重视诉讼中的集体责任，这有助于在诉讼信息收集和利用方面节约大量成本，或许以现代法律理念衡量的话，集体责任是落后、野蛮、反人道的

---

① Judith Resnik. Trial as Error, Jurisdiction as Injury: Transforming the Meaning of Article Ⅲ [J]. Harvard Law Review, 2000, 113: 924.

② John C. Coffee, Jr. Class Wars The Dilemma of The Mass Tort Class Action [J]. Columbia Law Review, 1995, 95: 1343.

一种制度，但其总体上还是可能提高了整个社会的福利水平。①正如《联邦民事诉讼规则》在第一条即开宗明义："不管结果为何，诉讼的效率性标准都应该约束法官，促使其对诉讼程序规则的适用承担更多责任，以使所有需要法律救济的主体获得公正、及时和低成本的裁决。"

（三）诉讼合并理论与司法实践的对接

我国现行民事诉讼程序制度在理论和立法层面的继受上早已取得实质性进展，但民事司法实务的继受则仍有待加强。② 比如，司法实务中的现象和即时效果无法与理论进行完整对接，更不用说对其他国家具有较大影响力的典型案件在实务层面进行体系化讨论。但相较于偏重理论的其他大陆法系国家，以美国为代表的英美法系国家在司法实务方面的确有很多值得我们学习和借鉴的地方。诉讼合并制度理论体系的建构和完善不能脱离实务界的经验和技巧，要想真正实现美国诉讼合并制度在我国法治土壤上的本土化理论建构，必须注重理论和实践的有效衔接、互动互推。长期以来，实务界在不断摸索建构路径的过程中，逐渐尝试探索诉讼合并理论与实践的互通方式，诉讼合并制度在大陆法系和英美法系都存在相关的程序体系，不管其实际名称为何，只要能结合先进的实务经验和理论研究成果，精准地辨别和选择性借鉴即是一种创造性活动，这是完全符合中国国情的现代化法治建设理念的。理论与实务之间并不存在绝对的先后顺位关系，理论可以指导实践，实践也可以反映理论的多样性，检验理论的可能性，这是诉讼合并理论体系建构的最佳方式。

在理论与实务的互动互推进程中，必须时刻结合我国诉讼合并相关制度在民事司法实践中的现实状况。不同理论和实践方法盘根错节，只有坚持实践与理论发展的即时协调，才能有效借鉴其他国家先进的法学理论以及其他门类社会科学的研究成果。诉讼合并制度理论体系的整体建构应不仅限于当下的稳定，而应着眼于更加长远的进化。如今，在越来越注重法

---

① 桑本谦. 私人之间的监控与惩罚：一个经济学的进路 [M]. 山东人民出版社，2005：187.

② 王泽鉴先生曾就中国台湾地区民法对德国法的继受这一主题论及立法、理论以及实务的继受，认为学者的任务和学说的目的在于通过蕴含法律的原则的具体案例，去发现它，阐释它，并用理论去构造它。参见王泽鉴，朱虎，汪洋，徐同远. 德国民法的继受与台湾民法的发展 [J]. 比较法研究，2006（06）：1-19.

学理论体系中概念化理论框架的背景下，许多固有制度的概念、内涵和外延都在与时俱进，对其所作的解释和说明也不可能一成不变。比如我国民事诉讼法学界长期以来对诉讼合并中的关键识别要素——诉讼标的的认识存在较大争议，其作为界定诉讼合并相关制度的基础性概念，尽管随着理论研究的发展而不断推陈出新，新的诉讼标的理论从不同的角度出发，阐释了不同的理论基点。但从当前理论发展的总体情况来看，"实体法律关系说"仍属于认可比例最大的通说。所以，以其为基础前提展开诉讼合并制度在我国的理论和实务研究即具有合理性。

三、诉讼合并制度对完善相关制度运行机制的启示

（一）建立判决效力扩张机制

随着社会主义市场经济发展的日新月异，辩论主义原则在民事诉讼程序体系中的影响与日俱增，与此同时，当事人需要承担更多的自我管理责任。这些现实背景都推动着判决效力理论在民事诉讼领域的全面复苏。从判决效力理论在两大法系的发展情况来看，美国法中的诉讼合并制度总是利用一切程序手段将所有关联当事人合并处理，即便由于特殊情况未能适用合并程序，法官也会基于司法实用主义对个案的判决效力作出调整。因此，以美国为代表的英美法系基本上不会出现直接禁止案外第三人就同一事实问题再次起诉的判决效力问题。大陆法系的判决效力内含着形式上和实质上的判决效力。[①] 形式判决效力是指若法官最终作出的裁判无法再通过其他法律救济手段表达异议观点，那么判决效力就在此时获得确定。所谓的"无法再通过其他法律救济手段表达异议观点"的情形包括不许上诉、上诉期结束、直接撤回或放弃上诉等。虽然形式判决效力可以促使诉讼终结，但当事人仍然可以依法通过其他救济方式纠正先前法院的错误裁判。[②] 实质判决效力又称裁判的确定效力，是指法院裁判内容所涉及的对一方当事人所主张的法律后果的认定在其他提出相同法律后果的任何程序中都具

---

① Cleary. Res Judicata Reexamined [J]. Yale Law Journal, 1948, 57: 339.

② 汉斯－约阿希姆·穆泽拉克. 德国民事诉讼法基础教程 [M]. 周翠，译. 北京：中国政法大学出版社，2005: 323 – 324.

有决定性，它直接指向法院裁判内容的确定性。德国学者罗森贝克指出，实质判决效力有别于形式判决效力，其目标并不限于绝对固定裁判内容、禁止变动，而是为了预防重复审判可能带来的矛盾裁判后果。① 与诉讼合并制度尤其是必要共同诉讼相关的判决效力问题旨在平衡案外人的救济权利与法院裁判的统一性，这主要涉及实质判决效力的范围。单从实质判决力的角度来看，当前大陆法系法学理论上普遍存在实体法说和程序法说两种观点，而我国民事诉讼法学界吸纳两种学说的特性，将兼具实体与程序的折中说作为主流观点。② 有学者指出，确定判决效力是对于法律规范所产生的实际效果描述，属于判决对诉讼标的在实体法上的确定力，其对后续诉讼具有程序上的约束力。③ 此外，判决效力的主体范围应只限于当事人，因此其效力具有相对应的特征。有鉴于此，如何在诉讼合并相关程序中确认并扩张判决的相对效力就成为司法实务中的关键问题。

现有法律法规和其他规范性文件的出台和修订都需要判决效力扩张制度在实务层面予以支持。比如《企业破产法》第 58 条第 3 款规定："债务人、债权人对债权表记载的债权有异议的，可以向受理破产申请的人民法院提起诉讼。"此处并未对诉讼当事人的诉讼方式作出规定，在当前不存在强制合并的前提下，如果只有部分适格当事人参加诉讼，但对于某份债权是否已经获得确认这一事实，却需要在所有债权人之间达成一致，以排除任何歧义，由于这直接与其债权份额和责任相关，因此即便只有部分当事人参与诉讼，最终判决效力也显然会对其他没有参与诉讼的债权人产生扩张效力。由此可见，诸如此类法律法规的存在使得在民事诉讼中普遍设置判决效力扩张制度变得紧迫和必要，大部分法官在处理类似案件时会很自然地运用类似必要共同诉讼的法理。但是，当前我国诉讼合并制度中既不存在实体法意义上的判决效力扩张，也没有在程序法上规定判决效力扩张制度，法官在诉讼实务中遇到类似困境时，一般都通过法律解释的方法解

---

① 罗森贝克，等. 德国民事诉讼法（下）［M］. 李大雪，译. 北京：中国法制出版社，2007：1143 – 1144.

② 江伟. 中国民事诉讼法专论［M］. 北京：中国政法大学出版社，1998：165.

③ 张卫平. 民事诉讼：关键词展开［M］. 北京：中国人民大学出版社，2005：308 – 309.

决问题，以补充规则的漏洞。而事实上，民事诉讼具有公法上的特征，故相关的制度和规则设计需要以成文法规定为必要依据，从美国的立法实践来看，可以尝试在民法中对某种类型的纠纷施以与一般纠纷案件相区别的判决效力，这样就能为法官援用民事诉讼法律条款直接裁判提供便利，配合类似必要共同诉讼制度的运行；也可以尝试在民事诉讼法中就某类场景或者特定的判决效力扩张现象直接作出制度性规定，满足判决效力在程序法上的体系化要求。①

（二）重塑法官自由裁量权

从诉讼合并相关制度的特征来看，《民诉法》规定的普通共同诉讼与必要共同诉讼相比，属于单一诉讼中的形式合并，不同诉之间的关联性相对来说并不强，因此法官自由裁量权的尺度和范围就在诉讼中显得十分重要。笔者认为，在现有法官权限的基础上赋予其一定的弹性操作空间是合理且必要的，这可以更便利地限定其程序适用范围，也方便推动诉讼合并制度达成解决纠纷的目的。自由裁量权的内在动因决定了司法实务运作的政策导向应始终坚持诉讼合并相关制度初衷和实现路径，即便法治建设如此发达的美国，其诉讼合并制度在立法和实务中都经历了从限制到鼓励的漫长的态度转变过程，比如由过去类属于普通法的令状制度转变为基于衡平法原则的当事人任意合并，后历经长期司法实践，应实务操作之需求，逐渐修改合并标准，对诉讼合并制度进行革新。从其他大陆法系国家和地区来看，诉讼合并相关制度一般都经历了从必要共同诉讼向普通共同诉讼，再由普通共同诉讼复向固有共同诉讼，最后扩张至同类诉讼标的之共同诉讼的转变过程。这都体现了诉讼合并制度适用范围的扩张趋势。究其缘由，是因为现代民事诉讼程序理念都希望尽量通过一次诉讼程序来解决更多关联纠纷，这一追求是不分国界，无关法域的。从自由裁量权在诉讼合并程序中的作用和目的来看，其运行逻辑都是希望在不过分干预当事人程序选择权的基础上，鼓励关联当事人参与诉讼，合并处理争点。可惜的是，目

---

① Miller. Artful Pleading: A Doctrine in Search of Definition [J]. Texas Law Review, 1998, 76: 1781.

前我国法官对于自由裁量所抱持的固有观念与程序变革趋势不相符，缺乏必要的弹性，亦与应然之程序目的相左，因此亟须作出调整。

从权力分配的角度看，自由裁量权完全可以在普通共同诉讼中帮助法官对当事人之程序利益作出平衡，但法官的主观判断必须紧密结合案件的具体情况。就普通共同诉讼的判断要件来说，既关乎实体法，更无法脱离程序法。程序要件和实体要件具有完全不同的性质，程序要件是程序法规定的硬性条件，不具备必要的弹性余地，只能严格依法作出决定，故又被称严格的客观要件；实体要件则属于程序法上的弹性要求，基于不同案件中存在的差异，法官有必要参照程序法规范对共同诉讼之考量因素进行辨别，由于其适用尺度存在调整余地，故又被惯称为弹性主观要件。鉴于自由裁量权所具有的主观性特点，需要将其与普通共同诉讼的严格程序要件进行区分。诉讼中所谓严格程序要件属于排除合并程序适用的刚性要件，其目的在于防止合并的任意性，相应的管辖要件、同类诉讼要件以及无合并禁止要件实际上都与民事诉讼立法初衷——"维护当事人程序权益"紧密相关。由于诉讼中程序要件的满足与当事人程序权益息息相关，所以有必要排除一切主观支配的可能，这就严格限制了自由裁量权的作用空间。若在不满足合并条件的情况下放任法官利用自由裁量权对合并程序进行决策，必然会与民事诉讼法的基本理念发生冲突。[①]

与程序要件完全不同的是，实体要件的弹性空间为自由裁量权在普通共同诉讼中的变通创造可能，若民事程序法对所有普通共同诉讼都持保守态度并用硬性规定拒绝合理的合并申请，就会堵塞新的案件信息输入路径，这实际上是对制度初衷的违背。而自由裁量权很好地弥补了程序要件的固有缺陷，作为一种杠杆式的调解工具，法院既可以借此满足当事人基于程序权益而提出的要求，这也是法院权力对制度目的的遵循。所以，可以尝试将我国法官的自由裁量权限定于"对普通共同诉讼中实体要件的审查"。

我国民事诉讼程序具有法官主导和并行审理的特点，这决定了我们相应的程序设计必须与美国民事诉讼中的集中审理和陪审团审理划清界限。

[①]　决策过程中任一程序要件的违反都将导致合并程序的适用与民事诉讼基本理念产生冲突。

具体到自由裁量在诉讼合并相关制度中的运用，可以大致承袭大陆法系在民事审判中的双重裁量模式。第一重是有关实体要件的判断，第二重是有关程序要件的判断。法院对实体要件作出判断后，需要根据诉讼合并程序适用给纠纷解决带来的实际效益，对后续诉讼阶段合并的必要性进行综合评估①。而由于我国对于大陆法系程序法基因的承袭，在民事诉讼程序体系中以慎重的态度进行不同层次的二重裁量是合理且必要的。

（三）构建部分裁判制度

当前法官对普通共同诉讼的裁判包括可以分为程序要件和实休要件。程序要件主要涉及法官管辖权，根据《民诉法》第一百五十七条之规定，当事人可依法对法院作出的管辖权异议裁定和驳回起诉裁定提起上诉。而对法院依职权移送的移送裁定则并未规定救济方式。但是，有的法院在共同诉讼的实际处理中针对当事人提出的合并申请，通常会选择绕开管辖权和部分诉讼驳回的问题，进而作出不予准许的裁定，并且有时会选择不制作书面裁定书。在没有法律依据的前提下，救济无门的当事人之程序权益和实体权益势必会受到侵害，共同诉讼程序机制的救济功能也沦为空谈。在实体要件裁量上，法官有时直接回避当事人提出的追加共同诉讼人的申请，或者只在最终涉及实体权利诉求作出的判决的裁决理由中对当事人进行简单告知，比如在判决书中写明："与其他潜在共同诉讼人之间存在的争议依法不属于本案审理范围，建议对此存在异议的当事人另行起诉。"诉讼合并的根本价值追求是为了节约司法资源和诉讼成本，在追求司法公正的基础上提高诉讼效率，故其相应的配套制度设计也应遵循这一初衷。笔者认为，可以从以下两个方面着手构建诉讼合并程序中的部分裁判制度。

其一，扩充《民诉法》第一百五十六条适用范围，建立完整的部分裁判制度。如前所述，由于普通共同诉讼中关于是否适用合并诉讼的判断要素一般只会涉及部分当事人适格或部分管辖权，并不牵涉全案的诉讼主体。因此，管辖权异议以及裁定驳回起诉等规定在普通共同诉讼的实务中基本处于闲置状态，而这也是导致共同诉讼适用过程中裁判违规现象的关键缘

---

① 比如合并辩论或合并裁判等。

由。尽管《民诉法》第一百五十六条规定了部分裁判，[①] 但先行判决针对的只是"部分判决"，相应的"部分裁定"无法直接类推适用，这就导致法官无法在事实明确的情况下对诉讼合并相关内容先行裁定。为了从最基本的规范层面防止诉讼主体对法律规定产生歧义，有必要进一步明确立法目标，具体到《民诉法》的修改，笔者认为可以尝试在第一百五十六条中加入对部分裁定的规定，进而扩张部分裁判制度的适用范围，将普通共同诉讼中类似诉讼合并撤销申请、当事人适格以及管辖权异议等纳入部分裁判的效力范围。这是与诉讼合并制度的内在理念和实务需求完全契合的。借助于部分裁判制度，法官在对共同诉讼中的要件进行判断时，即可于法有据地作出裁定。若管辖法院选择性规避这类裁定，共同诉讼人即可依据部分裁判制度的规定明确要求法院履行裁定职责，这是在法律制度层面对普通共同诉讼中的法官裁判责任进行规制。

其二，明确当事人在部分裁判制度中的救济路径。如今，无论大陆法系还是英美法系，几乎所有发达法治国家对于当事人之救济都遵循这样一种趋势。即通过上诉审查制度来防止法官的"任意性"，因此，为了与法院之裁量权达成恰当平衡，制约司法权力的运行尺度，有必要在诉讼合并相关程序中赋予当事人上诉权。当完全意义上的部分裁判制度确立以后，与条文对应的诸如驳回起诉、裁定和管辖异议裁定自当纳入当事人之上诉范围。然而，在涉及法院依职权移送案件和分案处理的裁定时，《民诉法》既未要求法院对此作出裁定，也未对其作出相应上诉规定，这就必然给当事人的权利救济造成一定风险。在笔者看来，诉讼程序权益属于公民基本权利，同时也是国家采用公力救济代替私力救济所应付出的代价。所以，在《民诉法》没有明确限制某种程序权利的前提下，都应视其当然属于法律保障之范围。鉴于上述法理分析，笔者认为，现行《民诉法》上虽未对依职权移送裁定、分案处理裁定及其相应的上诉性作出规定，但完全可以理解为法院应当参照类似程序的惯用处理程序对其进行处置，并允许当事人就

---

① 《民诉法》第一百五十六条规定："人民法院审理案件，其中一部分事实已经清楚，可以就该部分先行判决。"

此处置裁定提出上诉。

（四）重塑必要共同诉讼人行为效力规则

《民诉法》第五十五条第一款规定了普通共同诉讼的合并必须经当事人同意和法院许可，最高人民法院在（2007）民四终字第 28 号裁定书①和（2011）民二终字第 42 号民事裁定书②等类似案件的审判过程中都认可了这一观点。《民诉法》第五十五条第二款规定："共同诉讼的一方当事人对诉讼标的有共同权利义务的，其中一人的诉讼行为经其他共同诉讼人承认，对其他共同诉讼人发生效力；对诉讼标的没有共同权利义务的，其中一人的诉讼行为对其他共同诉讼人不发生效力。"可见，必要共同诉讼人是作为一个整体存在于诉讼中的，不论某一当事人行为是否有利于其他当事人之权利实现，都需要遵循协商一致原则，即全体共同诉讼人基于合意的承认是某一当事人行为对其产生普遍效力的前提条件。据学者指出，《民诉法》第五十五条之规定是考虑到诉讼程序中实事求是的内在要求。③ 然而，这一制度设计有时却事与愿违。在实际司法审判中，法官出于对裁判结果一致性的追求，往往会根据具体案情对"必要共同诉讼一致性"作出调整，严格遵循协商一致原则并非常态，这直接契合了美国诉讼合并制度的程序理念。但需要区分的是，尽管美国诉讼合并制度中不存在明确的当事人行为牵连规则，但相应的也没有关于法院强制当事人协商一致的规定，其内在理念、要求和规则的外在表达形式是一致的。相较之下，我国在法律上主张的是严格的协商一致原则，法院在司法实务中的"灵活调整"存在不确

---

① 法院认为：投资公司据以起诉的基础法律关系涉及多份借款合同，借款人为矿业集团和矿产公司两家公司，为借款合同提供担保的担保人既有多个自然人又有多个法人，各担保人所提供担保的对象、金额、方式也不相同。根据《民事诉讼法》第 53 条规定，此类诉的合并需要当事人同意和法院许可。作为本案当事人之一的农机公司对投资公司在原审法院提起的诉讼明确提出了管辖权异议且不同意合并审理，原审法院亦不认为本案可合并审理，故投资公司在原审法院所提起的诉讼不具备法定的合并审理的条件，依法应予驳回。

② 法院认为：当事人一方或者双方为二人以上，诉讼标的为同一种类的，称为普通共同诉讼，普通共同诉讼经当事人同意后，可以合并审理。第三组、第五组、第六组合同中的担保人和担保方式不同，诉讼标的为同一种类但各自独立的借款合同和担保合同，如果合并审理，属于普通共同诉讼，应当征得当事人同意。本案中长天集团不同意案件合并审理，因此不符合可以合并审理的条件，应由有管辖权的法院分别审理。

③ 章武生，段厚省. 必要共同诉讼的理论误区和制度重构 [J]. 法律科学，2007（1）：113.

定性，故有必要对其作出调整。

其一，在规则重塑的方向上，由于我国民事诉讼理论基本承袭了大陆法系传统，因此可以尝试结合美国诉讼合并制度的实用主义和大陆法系的利益代理主义，立足于我国司法实践的本土特征，坚持民事诉讼程序中对于权力的合理规制和有效引导，防止对当事人程序选择权的过度干预，使必要共同诉讼人行为效力规则具有更强的适应性。其二，从法官的权力引导上看，可以适当发挥"利益平衡原则"的作用。实际上，在民事司法实践中已有法官尝试在必要共同诉讼案件的处理中主动援用这一原则对行为效力作出调整，而从大陆法系诉讼标的合一确定的结果来看，这也与案件审判的法律逻辑和法官事实认知相统一。具体到程序体系中的规则设计，笔者认为

可以从以下两方面入手：

第一，若某一共同诉讼人的行为有利于全体当事人之权益实现，那么就应肯定其及于全体的普遍效力；若某一共同诉讼人的行为并不利于甚至阻碍其他当事人之权益实现，导致败诉结果的，则当然不具有普遍效力。此处所谓个别行为的效果并不需要待法院就全案审理程序完结时根据判决结果作出判断，只要该个别行为在发生当下产生效果，即可作出判断。因此，可以尝试在民诉法中规定："若共同诉讼中某一当事人作出诉讼上的自认、承认对方当事人主张、放弃本方诉讼请求时，在没有经过全体当事人承认的情况下，该个别行为不对全体共同诉讼人具有普遍效力。"

第二，当事人对于共同诉讼中对立的任一当事人提起上诉、撤回上诉、放弃诉讼请求或自认，其行为效力应及于对立方当事人全体。简言之，一方当事人对任一对方当事人所为之程序行为应对全体具有普遍效力。比如，在同时存在数个被告的案件中，若原告对其中一人申请撤回起诉，则撤回起诉的行为效力应及于所有被告，即发生撤回全部诉讼的效果。需要注意的是，若原告之撤诉请求是在言词辩论阶段之后提出的，则必须征得全体被告的同意，此举是为了避免对共同被告之不利益行为，若此时无法在全体被告中达成合意，则原告之撤诉行为当然不对全体被告产生普遍效力。另外，若某一当事人在诉讼进程中发生法定中止或中断事由，则诉讼程序

之停止效力及于全体。①

四、诉讼合并制度对完善相关程序体系的启示

（一）完善审前程序

纵观当前我国民事诉讼法中的相关规定，似乎一直将审前程序的起诉规范视为简单的技术性问题，理论界也一直没有将其作为研究重点。民事审判改革正在如火如荼地进行中，立法者希望通过大方向的掌控加强法庭上原被告之间的平等质证、公平对抗，即所谓的庭审程序实质化。对于这样牵一发而动全身的系统工程，相关配套程序必须不断完善，就起诉阶段的准备工作而言，起诉材料和诉讼请求的规范是绝对的着力点。若不从根源上解决起诉阶段本身存在的规范问题，原告和具有专业技能和经验的律师即可有机可乘，将那些具有诱导性和煽动性的关联行为和事实载入起诉材料进而影响法官的内心确信。要真正实现民事诉讼程序的平等和公平，原被告对抗的事实基础必须确定且真实，而在当下由原告预先设定庭审对抗事实基础的前提下，必要的审前起诉要求和审查规则是保障双方利益的万全之策，否则在我国不具备即时纠错机制的诉讼模式背景下，对任何一方程序权益的过度保障都会得不偿失。

从审前程序与诉讼合并制度所具有的紧密关系来看，起诉书作为程序启动的钥匙，其陈述的最终形式和内容需要结合特定案件的事实细节和预期法律条款，在考虑到不同要件所发挥的功能后作出具有针对性的整体规划。由于我国民事诉讼法律规则总体上沿袭了大陆法系职权主义的诉讼模式，因此对于起诉书规范和诉讼请求固定的定位大多还停留在简单的"移送法院之中介方式"的阶段，所以一般来说只要起诉状中的内容达到陈述清晰，不与其他案件事实相混淆，并大概表明诉讼范围的程度就能够得到各方的认可，至于其内在法理和具体的法律构成要件的审查，立法机关和司法机关都没有出台细致的规定。当前民事审判改革在调整法院权限的同时正试图借鉴当事人主义的某些优点，我国虽然没有"诉因"这一概念，

---

① 章武生，段厚省. 必要共同诉讼的理论误区与制度重构 [J]. 法律科学，2007（1）：114.

但诉讼标的、起诉要件等相关理论完全可以承载诉因制度的功能。结合我国独特的制度环境，我们可以选择性地借鉴美国民事诉因制度的某些合理规定，明确起诉状对于行为事实的限定性，并结合具体的法律条款提出与此对应的诉讼请求。法院在充分考虑当事人诉求的基础上，应该合理利用民事程序规定对当事人或诉讼请求进行合并或者分离，在不脱离基本事实和法律条款适用范围的前提下，对其要求的具体救济手段予以调整，以实现各方当事人程序权益和原告救济利益的最大化。

（二）完善第三人独立参加制度（intervention）

第三人独立参加制度是指为具有主参加利益的诉讼外第三人增设主动参加主诉讼之可能性的制度。它是对传统主参加制度的延伸和扩展，一般包括两种情况：一是第三人侵害防止参加，即第三人主张主诉讼结果给自身权利带来损害；二是权利性主张参加，即第三人基于自己利益对主诉讼当事人之间的诉讼标的提出请求，这里并不要求基于诉讼标的整体，可以只是某一部分的关联性。《民诉法》第五十六条第三款规定："前两款规定的第三人，因不能归责于本人的事由未参加诉讼，但有证据证明发生法律效力的判决、裁定、调解书的部分或者全部内容错误，损害其民事权益的，可以自知道或者应当知道其民事权益受到损害之日起六个月内，向作出该判决、裁定、调解书的人民法院提起诉讼。人民法院经审理，诉讼请求成立的，应当改变或者撤销原判决、裁定、调解书；诉讼请求不成立的，驳回诉讼请求。"这是对第三人侵害防止参加的规定。第五十六条第一款规定："对当事人双方的诉讼标的，第三人认为有独立请求权的，有权提起诉讼。"此即与权利性主张参加制度对应的有独立请求权的第三人制度。尽管目前民事司法实务中存在对第三人侵害防止参加的急切需求，第三人为阻却主诉讼结果损害其合法利益，需要借助这一救济途径实现权益诉求，但相关条文对于第三人侵害防止参加之规定略显单薄。因此，有必要对其施以更多关注。

对于第三人侵害防止参加制度而言，如何界定第三人利益的损害可能和损害程度是程序中的关键问题，这是确定第三人独立参加诉讼适用范围的前提条件。若某人既不属于案件当事人，也没有授权他人代为诉讼，那么在判决效力相对性的影响下，此人的权利通常不会受到其他诉讼对于既决事项的影响。① 但司法实务中的现实状况往往不会如此理想化，在利益关联性的作用下，第三人权利与他人判决之间还是可能存在微妙的互动关系。

当某人权利受制于他人诉讼判决结果时，通常会产生不同的外在效果。综合各国立法现状来看，存在各种救济方式，其一，在涉及连带债权债务的案件中，未参与诉讼的当事人可能会由于主诉讼裁判结果遭受某种损益，此时，既可适用准必要共同诉讼制度对其施以救济，也可以通过辅助参加制度维护自身权益，只是，独立诉讼参加人显然比辅助参加人要强势，这对于占得诉讼先机十分关键。② 其二，若不同主体之间的诉讼标的存在同一性，那么在某一当事人起诉而其他共同权利人没有参加诉讼的情况下，程序之外的权利人很有可能遭受损害，此时一般通过必要共同诉讼方式予以救济。必要共同诉讼制度的强制效力要高于第三人独立参加制度。如果某人由于不适格而无法以独立当事人的身份加入诉讼，那么也可采用共同诉讼辅助参加人制度维护其合法权益。③ 由此看来，可能因其他当事人间的诉讼而遭受不利益的案外第三人，可以选择不同的第三人参加程序加入诉讼或进行诉后救济。从制度渊源上看，第三人侵害防止参加制度最早产生于法国民事诉讼法，其允许案外第三人采用异议之诉撤销侵害判决。从救济性质上看，这是一种由民法实体救济向诉讼法程序救济的转化，而从救济节点来看，这是事后救济向事前救济的转化。若从这一角度进行分析，则关于第三人"权利侵害"的定义就不能简单等同于美国诉讼合并中的"事实侵害"，可以考虑在第三人异议之诉中以"防止侵害诉讼"为基点，对侵害效果予以界定。当第三人提出独立参加申请时，即便其并未同时符合主参加诉讼或辅助参加诉讼的要求，该第三人都有权基于自身合法权益而独立参加诉讼。

（三）建构被告引入第三人诉讼制度（impleader）

被告引入诉讼，是指被告申请将案外人作为新的当事人纳入诉讼以承担被告可能对原告承担部分或全部义务的诉讼程序。在被告引入诉讼的程

---

① John C. Coffee, Jr. Class Action Accountability: Reconciling Exit, Voice, and Loyalty in Representative Litigation [J]. Columbia Law Review, 2000, 100: 370.

② 高桥宏志. 重点讲义民事诉讼法 [M]. 张卫平，等，译. 北京：法律出版社，2007：342.

③ 三月章. 日本民事诉讼法 [M]. 汪一凡，译. 台北：五南图书出版公司，2007：312.

序结构中，被告在其启动的程序中处于第三方原告的地位，被引入的案外人作为新的当事人属于第三方被告，而原告则保持初始地位地位不变。① 从美国诉讼合并制度中相关程序的运行现状来看，主要存在以下几种引入场景：第一，被告基于关联利益可以向第三方被告提出原告无法直接向其提出的请求；第二，被告根据主诉讼的推论结果，对第三方被告提出附条件的请求；第三，在被告针对第三方被告提出合理请求并经法院认可后，有权依据诉讼请求合并规则在新启动的被告引入诉讼中提出其他独立的请求；第四，被告基于代位、分担、疏忽或者其他原因而对案外第三人提起的引入之诉，这也是最常见的情形。从制度特性、功能以及运行机制上来看，美国法中的被告引入诉讼与我国现行无独立请求权第三人制度存在一定的共性，但其在具体规则设计和实务操作上相对灵活，值得我们对其加以研究和参考，笔者认为可以从以下三个方面入手建构我国被告引入诉讼制度。

第一，被告提出引入诉讼申请的时间。

主诉讼与被告引入诉讼本质上是两个相互独立的诉。对于本可分别起诉的二者而言，引入诉讼的存在意义是为了节约司法资源、诉讼时间以及证据获取成本，从基于同一事实体系的证据链中达成结论的一致性，进而消解被告在主诉中败诉与在引入之诉中胜诉的时间差。若主诉被告没有在期限内提出引入申请，那么即便该引入程序的启动明显有助于被告利益之实现，但在顾忌可能给主诉带来的审判期限拖延、诉讼费用增加以及其他关联程序利益的基础上，法官还是有必要在平衡主诉原被告实体和程序利益的基础上作出裁定，而程序的申请时间即是此种平衡手段的刚性调节杠杆。因此，美国《联邦民事诉讼规则》规定了引入诉讼的期限要件，并以此作为区分不同类型被告引入诉讼的标准，在期限内提出的为自动引入诉讼，此后提出的即为许可性引入诉讼，其并不当然产生程序启动的效果。② 但是，若将许可性引入诉讼的适用裁决权全部寄托于我国法官的自由裁量，在当前司法人员综合素质参差不齐、地方保护主义等因素的影响下，可能

①　Moore. Federal Rules of Civil Procedure: Some Problems Raised by the Preliminary Draft [J]. Georgia Law Journal, 1937, 25: 551.

②　Linda Mullenix. Class Resolution of the Mass-Tort Cases: A Proposed Federal Procedure Act [J]. Texas Law Review, 1986, 64: 1039.

会存在质疑。故有必要在美国法中两种被告引入程序的基础上，思考新的结合路径。笔者认为，为保证司法行为的确定性，可以在法律法规中设定一个明确的程序申请期限，没有在此期限内提出的，则不予合并，法官可以建议被拒绝的当事人另案起诉。至于具体期限究竟为何，需要结合类似案件在司法实务中的共性进行综合考量。

我国《民诉法司法解释》第二百三十二条规定："在案件受理后，法庭辩论结束前，原告增加诉讼请求，被告提出反诉，第三人提出与本案有关的诉讼请求，可以合并审理的，人民法院应当合并审理。"对比美国司法实践可以发现，被告引入第三人诉讼的启动有可能致使案件复杂化，因为主诉原告根据被告之引入目标有可能变更其诉讼请求，而第三方被告可以选择提出交叉诉讼，由此一来建立在不同立场之上的事实审查程序和答辩程序皆有可能重新展开，故主诉被告越晚提出引入申请，则越有可能导致诉讼效率的下降。《联邦民事诉讼规则》和其他州司法辖区立法规定的审前程序一般都比较漫长，被告的答辩期限一般较短，在这一前提下设立自动引入程序当属合理。结合我国法制环境，笔者认为，尽管现行审限制度仍有待完善，其合理性和统一性需要进一步加强，但引入诉讼的提出期限还是需要与此呼应，以实现程序间的高效联动。

第二，被告引入诉讼的管辖问题。

美国《联邦民事诉讼规则》规定了被告引入诉讼与主诉讼的牵连管辖原则（或称合并管辖原则），这是诉讼经济和统一裁判的客观要求。作为实现诉讼合并的管辖要件，牵连管辖的关键问题是法官对不同诉之间牵连性的判断。[①] 从责任承担的角度上来说，主诉讼被告引入第三方被告之目的是转嫁或分担诉讼义务，以及最终判决之实体责任。这不仅有利于主诉讼被告之权益维护，也给主诉讼原告带来更大的救济空间，因此被告引入诉讼对诉讼整体秩序具有积极作用。从不同诉讼主体的地位来看，主诉讼与被告引入之诉之前不存在从属关系，两者具有关联却彼此独立，因而理论上将其分案处理是可行的。若以被告引入之诉为诉讼主体地位的基点，则主

---

① Arthur R. Miller, David Crump. Jurisdiction and Choice of Law in Multistate Class Actions. After Phillips Petroleum Co. v. Shutts［J］. Yale Law Journal, 1986, 96: 1.

诉讼被告是引入程序中为原告，而被引入的当事人是引入之诉的被告。尽管被告引入诉讼因主诉讼而起，但既然法律已经对被引入者之被告身份予以确认，他即有权获得包括管辖权益在内的，与主诉讼被告相当的所有程序权益。

鉴于目前我国民事司法实务中的现实问题，笔者认为在设计被告引入诉讼的管辖规则时，有必要对其与主诉讼之间的牵连管辖作出一定限制。有学者早在 2005 年就提出可以在《民诉法》关于无独立请求权第三人的条文中增加一条，即在不违背管辖规则的前提下，可以在第一审程序将第三人作为被告引入诉讼"。[①] 此修改意见强调了被告引入诉讼与主诉讼之间管辖规则的独立性，但是，将引入诉讼作为独立之诉单独考虑管辖问题很容易在诉讼合并问题上产生阻碍，故有必要对此重新认知。其一，若主诉讼原告在起诉前有机会将主诉讼被告和被引入方作为共同被告起诉而发生牵连管辖的，那么主诉讼被告当然可以针对第三方被告向主诉讼管辖法院提出引入申请，此时，不存在单独的被告引入诉讼管辖问题。之所以这样设计，是因为此时的牵连管辖既可以推动不同诉之间的合并进程，有利于一次性解决纠纷，也不会损害被引入的第三方被告之管辖权益。[②] 而且，若被引入的第三方被告主动声明放弃管辖利益，那么即便主诉讼法院本来不具备对被告引入之诉的管辖权，也仍然可以将其与主诉讼合并审理。有鉴于此，笔者认为可以对相关条文作出如下调整："若主诉讼被告认为案外第三人本应对自己可能遭遇的败诉结果承担责任的，在符合管辖要件的前提下，主诉讼被告有权在一审程序中申请将其作为被告引入本诉审理程序。若主诉讼原告本可将被告和案外第三人列为共同被告而符合牵连管辖要件，或第三人主动声明放弃对被告引入之诉的管辖利益的[③]，视为对被告引入之诉

---

① 《民事诉讼法》修改建议稿第 60 条第 1 款，参见江伟，等. 《中华人民共和国民事诉讼法》修改建议稿（第三稿）及立法理由［M］. 北京：人民法院出版社，2005：12.

② 例如，原告在连带责任诉讼对所有被告提起共同诉讼，此时受诉法院当然可以行使牵连管辖权。但如果原告只对其中某一被告提起诉讼，则被告可以将其他连带债务人作为第三方被告引入诉讼，在这种情况下，不需要考虑被告引入之诉的单独管辖问题，可直接适用牵连管辖。

③ 此时只要第三人对被告引入之诉的管辖问题不提出异议即符合引入之诉单独管辖规则的排除。

单独管辖规则的排除。"

第三，被告引入诉讼对主诉讼原告之诉的影响。

当被告引入诉讼正式启动后，很可能发生这样的现实问题，即主诉讼原告之诉的变更，具体包括两种情况，一是原告转而将数个第三方被告作为共同被告[1]，或者将主诉讼被告和第三方被告作为共同被告进行后续诉讼，这就形成实质意义上的共同诉讼；二是原告主动放弃对主诉讼被告的诉讼请求，转而向第三方被告提出新的诉讼请求，这属于诉讼中被告的变更，因此不存在诉讼合并。当法官对原告之诉的对象作出判断时，有两个问题需要重点关注。其一，尽管原告有权对第三方被告提出新的诉讼请求，但若原告将其与主诉被告一起列为共同被告，则此种诉讼进程中的主体便必须受到主诉之诉讼标的的限制，不能放任原告的变更请求。美国《联邦民事诉讼规则》对相关问题的规定为：原告对第三方被告提出的请求必须以主诉讼之诉因为基础。这一规定既符合选择性合并的要件，又保障了原告与不同被告之诉间必要的牵连性。我国在借鉴其制度规定的过程中，必须紧密结合相关制度的本土特性和体系框架，在建构被告引入诉讼的过程中，可以作出类似规定，即原告针对第三方被告提出新的诉讼请求的，必须以主诉讼之诉讼标的为基础。此时参考的诉讼标的不再限于美国法中"相同的行为或交易事件"，而应根据我国诉讼合并相关制度对诉讼标的的要求对原告变更之请求进行审查。[2] 其二，不管原告在被告引入程序启动后选择变更被告还是追加第三方为共同被告，都需要与无独立请求权第三人制度进行区分，因为这一变更行为并不会改变被告引入诉讼的本质，即以诉的方式追加当事人，具体来说，若原告没有变更主诉请求，第三方被告当然只应对主诉讼被告承担责任，法院以及主诉被告皆无权迫使主诉原告对其不想追究责任的第三方提起诉讼，其对是否起诉第三方被告享有完全的自由。[3] 因此，对主诉原告来说，被告引入之诉实际上只是为原告提供新

---

① 实际上，此时被引入的被告未必是第三方被告，因为如果存在两次以上（包含两次）的引入，则可能是其中任一被引入的被告。因此，此处"第三方被告"是对所有被引入被告之统称。

② 此时法官对诉讼标的的审查，应至少满足普通共同诉讼的要件要求。

③ 此时一般是通过直接修改起诉状的方式以起诉第三方被告。

的具有可诉性的诉讼主体。在结合我国民事程序体系对被告引入诉讼进行设计时，必须考虑其与相关制度间的共性和区别，并以此为前提作出具有时效性的制度安排。

（四）建立交互诉讼制度（cross claim 或 cross complaint）

交互诉讼制度是指在已经开始的诉讼中，一方当事人基于与本诉争点的牵连关系，向其他处于同一位置的共同当事人提出请求，并经由法院合并审理一次性解决所有关联纠纷的诉讼制度。美国民事诉讼中交互诉讼的审查标准与强制反诉类似，要求交互诉讼与引发本诉或反诉争点的"行为或交易事件"具有同一性，此即交互诉讼与本诉或反诉的牵连性标准。需要注意的是，美国民事诉讼中的交互诉讼不具有强制性，当事人可以根据实际情况选择于己有利的诉讼策略，这就使得交互诉讼带有程序选择上的任意性。[1]

近年来，在司法为民思想的指导下，理论界和实务界从提高诉讼效率和节约司法资源入手开始提倡纠纷的一次性解决，而交互诉讼制度正与这一原则相契合。2012 年《民诉法》修订前，中华全国律师协会在提交的《中华人民共和国民事诉讼法修正案（草案）》（律师建议稿）中建议在"共同诉讼"一章增加交互诉讼、引入诉讼等五款相关规定，[2] 遗憾的是，立法机关最终没有采纳该建议。但是，我国在连带保证责任和第三人诉讼制度中实际上早已存在类似交互诉讼的规定。从连带保证责任的相关实体法规定来看，《中华人民共和国民法典》第一百七十八条规定："二人以上依法承担连带责任的，权利人有权请求部分或者全部连带责任人承担责任；连带责任人的责任份额根据各自责任大小确定；难以确定责任大小的，平均承担责任。实际承担责任超过自己责任份额的连带责任人，有权向其他连带责任人追偿；连带责任，由法律规定或者当事人约定。"根据实体法规定，连带之债的内部效力即体现了债权人或债务人之间的份额以及因此产

---

① Elizabeth C. Richardson, Milton C. Regan. Civil Litigation for Paralegals［M］. West Publishing Co., 1998：195.

② 《中华人民共和国民事诉讼法修正案（草案）》（律师建议稿）第一款规定："在正在进行的共同诉讼中，共同被告可以在本诉答辩期间内向其他共同被告人提出独立于本诉的诉讼请求。"

生的请求权关系，这与交互诉讼中共同当事人之间的请求权关系对应。从程序法规定看，最高人民法院早在 1996 年出具的《最高人民法院关于判决中已确定承担连带责任的一方向其他连带责任人追偿数额的可直接执行问题的复函》① 中就认可了连带责任在本诉判决中的执行效力，其在《复函》中指出，若判决承担连带责任，且相互承担份额已经在判决书中明确，则可直接执行。据此，任一清偿债务的连带责任人基于连带责任的内部效力，可依据判决书就超过应当承担的份额直接申请执行其他连带责任人。2000 年出台的《最高人民法院关于适用〈中华人民共和国担保法〉若干问题的解释》（法释〔2000〕44 号）第四十二条规定："人民法院判决保证人承担保证责任或者赔偿责任的，应当在判决书主文中明确保证人享有担保法第三十一条规定的权利。判决书中未予明确追偿权的，保证人只能按照承担责任的事实，另行提起诉讼。"根据此条规定，法院应当在原告针对债务人和保证人提起的主诉讼判决中依法确认保证人对债务人的追偿权，若未判决的则另案起诉。这属于类似交互诉讼的交互判决规则，但是保证人和债务人在本诉中的请求权关系依旧没有得到确认。

尽管从上述规定可以得出共同诉讼人之间连带责任的内部追偿路径，并且法院对内部责任份额的同时判决使得保证人在执行环节得以直接实现追偿权，实现权利保障的高效和便捷。但这样的制度设计初衷却在实践中遭到不同程度的冷遇。究其缘由，一方面是因为我国诉讼合并制度不尽合理，考虑到司法资源和法院工作量的积压，在缺乏交互诉讼制度保证共同诉讼人之间在本诉中请求权的情况下，类似共同诉讼人之间的内部责任争议一般会另案处理，这就势必会导致相同事实的重复审查。原本就十分紧缺的司法资源在这样的重复消耗中被不断浪费，这同时加大了矛盾裁判的

---

① 参见《最高人民法院关于判决中已确定承担连带责任的一方向其他连带责任人追偿数额的可直接执行问题的复函》陕西省高级人民法院：你院陕高法（1995）93 号请示收悉。经研究，答复如下：基本同意你院报告中的第二种意见。我院法经〔1992〕121 号复函所指的追偿程序，针对的是判决后连带责任人依照判决代主债务人偿还了债务或承担的连带责任超过自己应承担的份额的情况。而你院请示案件所涉及的生效判决所确认的中国机电设备西北公司应承担的连带责任已在判决前履行完毕，判决主文中已判定该公司向其他连带责任人追偿的数额，判决内容是明确的，可执行的。据此，你院可根据生效判决和该公司的申请立案执行，不必再作裁定。

风险。另一方面，保证人和债权人之间的外部责任以及全体保证人和债务人之间的内部责任分担涉及不同的争点，受制于现行起诉制度和案由规定，法院没有充足依据主动将连带责任人之间的内部纠纷一并处理。若依据司法解释"一并判决"，相关利益主体必然会质疑这种"不诉而判"的情况，其是否符合基本法理也存在疑问。

从第三人诉讼制度的相关规定来看，最高人民法院于 1994 年发布的《关于在经济审判中严格执行〈民事诉讼法〉的若干规定》（法发〔1994〕29 号）对无独立请求权第三人的规定，《中华人民共和国道路交通安全法》第七十六条，《中华人民共和国民事诉讼法》第五十六条及其对应的相关司法解释的规定都体现了类似美国交互诉讼制度的设计初衷。尽管当前类似交互诉讼的某些程序规定只是为维护某些特殊案件利益群体的临时举措，并且局限于特定领域，但相关规定在实践中已经取得了一定成效。

综上所述，我国实体法上的相关规定和程序法上关于诉讼主体合并的规定为交互诉讼的建构提供了基本形式条件，而诉的合并规定中的"反诉、第三人诉讼请求合并审理"的规定也为共同当事人之内部争点确认和责任划分确立了框架，而这两者正是交互诉讼制度最重要的前提。由此可见，美国法中的交互诉讼制度与我国现行相关程序规则以及整体民事诉讼制度框架之间基本协调，不存在本质上的冲突，并且现行制度的缺陷完全可以借鉴美国交互诉讼中的合理规定进行补充完善。因此，笔者认为我国交互诉讼制度的建构应立足于现行民事诉讼制度框架，结合我国司法实务的现实困境将美国交互诉讼的先进理念和详尽规则设计融入我国民事诉讼程序立法。从总体方向上看，美国交互诉讼制度又称交互请求，隶属于请求权体系，而交互诉讼在我国的本土化建构应从诉与诉权的角度出发，避免与诉讼请求相混淆。具体而言，结合我国民事诉讼制度框架，可以尝试对交互诉讼制度进行独立设计，或与反诉制度并列设计，将其作为一项诉的提出与合并制度，并从审查标准、请求内容、程序要件、申请主体等方面进行相应程序规划，在增强其实用性的基础上务必与我国严谨的制度框架和立法态度保持一致，具体包括以下几个方面。

第一，从交互诉讼提出的时间来看，可以参照反诉程序的相关规定。

《民诉法司法解释》第二百三十二条规定反诉须在法庭辩论结束前提出，早先实行的《民诉意见》中已有相同规定①，因此，为了方便法院查明案件事实，厘清不同诉讼主体间的权利义务关系，可以将交互诉讼提出的期限规定为"法庭辩论结束前"。但为了避免本诉的过分延迟，在考虑诉讼效率和诉讼成本的基础上可以规定若干事实标准或赋予法官一定的裁量空间，当被告提出交互诉讼的行为明显属于恶意拖延或其他不利益的诉讼行为时，法官可直接驳回其请求。这也与笔者对"引入第三人诉讼制度之期限标准"的论述相一致，由此一来可以方便法院把控诉讼程序整体，更好地实现类似程序间的衔接。

第二，从交互诉讼的申请主体来看，《联邦民事诉讼规则》将当事人提出的反请求和交互请求作为并列的两项诉求形式统一列入规则中的诉讼请求和动议部分，而交互请求的提出主体被称为共同当事人（coparty），且美国法官一般都会在自由裁量权的范围内对共同当事人的范围进行主动扩充，比如反诉中的被告（即本诉原告）也可提起交互诉讼。可以说，美国法中的诉讼请求和当事人明显具有两分法的特性，其界限明显却又关系密切。而在我国对于相关问题却存在立法和理论上的差异，比如在《民诉法》中，诉和当事人的相关规定一并体现于总则的当事人章节，而理论界一般都会采用两分法将二者独立对待，比如先探讨当事人的不同类型，再从诉的基本理论出发，研究主诉请求、反诉请求、第三人诉讼请求等。此外，受严格法条主义的影响，法官在民事司法实践中对当事人范围并无裁量余地，其已由法律明确规定，原告方包括本诉原告、共同原告、有独立请求权的第三人，被告方包括本诉被告、共同被告、无独立请求权的第三人。因此，可以将交互诉讼的申请主体限定为共同被告，既包括主诉讼的共同被告，也包括反诉中的共同被告（即主诉讼的共同原告）。至于其他诉讼主体，为了避免当前实务中存在的"和稀泥"现象，可以采用引入诉讼、第三人诉讼参加等独立的制度进行相应规制。

---

① 最高人民法院关于适用〈中华人民共和国民事诉讼法〉若干问题的意见》第一百五十六条规定："在案件受理后，法庭辩论结束前，原告增加诉讼请求，被告提出反诉，第三人提出与本案有关的诉讼请求，可以合并审理的，人民法院应当合并审理。"本法规于 2015 年 2 月 4 日已经被《最高人民法院关于适用〈中华人民共和国民事诉讼法〉的解释》法释〔2015〕5 号法规废止。

　　第三，从交互诉讼的审查标准来看，有必要明确交互诉讼与本诉或反诉的关联性标准。当事人提出的交互请求不仅需要与本诉或反诉具有事实或法律问题上的关联性，还需要考虑交互诉讼对原告主请求之权益实现是否造成影响及影响程度。因此，关联性标准在本诉程序中，既包括事实认定和法律适用的关联性，也要求申请主体和法院管辖的同一性。此外，需要赋予法官一定的自由裁量权以判断交互诉讼对程序整体产生的额外影响，法官不仅需要考虑交互诉讼对于原告救济利益的迟延，还需要顾及交互诉讼对其他诉讼主体权益所产生的连带效应，在关联性标准和综合影响之间进行平衡，进而作出最终裁定。同时，在某一当事人对交互诉讼提出异议的情况下，若法院经审查认为交互诉讼程序的启动将造成本诉的过分迟延、明显增加其他当事人诉讼成本，或者使本诉事实问题和法律问题的认定过于复杂，则属于违背交互诉讼程序理念和制度初衷的情况，法官应当裁定不予受理并建议另案处理。

结　语

　　长期以来，我们对于美国民事诉讼制度的了解处于一种尴尬的状况：一方面，我们自以为已经了解其程序规则；另一方面，我们又并不清楚这些规则的真实内涵及其运行规律，这就使得我们无论是在制度层面还是在观念层面上，往往只能作理念式的探讨。形成这一尴尬状况的原因，是因为过去我们所看到、了解到的美国民事诉讼制度只是规则本身的一个平面，是孤立的，而事实上，脱离美国民事诉讼的形成、发展及其运作旳具体环境，要达到理解和把握美国的民事诉讼制度，无疑是不现实的。在本书中，笔者既介绍了诉讼合并制度本身，还展现了制度的发展脉络和制度背后一点一滴的线索。美国法中的诉讼合并制度正以其与生俱来的包容性和实效性受到来自各方的关注，不同类型诉讼合并程序中普遍存在的实用主义法律观念使人们更多地注重程序规则在民事司法实践中的具体操作方法，而诉讼中当事人的程序权益和司法资源的合理配置在其中占据重要地位。本书着眼于美国诉讼合并制度的全方位考察。首先，通过论述美国诉讼合并制度的基本理论和程序体系，可以看出美国诉讼合并制度有其深厚的渊源并在长期发展的过程中不断变革，其以实用主义和诉讼效益为精神内核，具有独特的理论基础和运行机制，而诉讼合并制度的基本理论也是本书展开全面论述的基础。其次，将诉讼合并制度分为诉讼请求合并和当事人合并是对基本理论和立法初衷的凝练和延伸，庞杂的联邦法、州辖区法律规则体系和众多实务判例使得诉讼合并制度的类型化分析凸显出必要性。民事规则和制度体系为探讨现代美国诉讼合并制度的局限性和创造性提供认知前提。再次，美国诉讼合并制度并非尽善尽美，其难免存在固有缺陷。

长期以来理论界和实务界为了完善诉讼合并程序体系致力于寻求平衡各方权益的解决方法，并将极具适应性的法律原则和制度框架贯穿始终。最后，本书的落脚点在于美国诉讼合并制度对我国相关制度的启示。当前我国诉讼合并制度虽已建构起基本的程序体系，但不管是理论研究还是司法实践，诉讼合并制度的角色都略显弱势，究其缘由，主要是因为在类型化诉讼合并制度方面缺乏系统的理论体系支撑，这就直接导致实务中规制标准的不确定及程序适用的不规范。相关制度的完善和理论建构不仅涉及固有观念的消解，也与制度运行机制和程序体系的重塑密不可分。尽管书中对诉讼合并制度的全面论述只是一种理论上的分析，但在新时代法治建设要求的背景下，鉴于我国法治现代化暂且不能自给自足，相关规则、理论体系和实务案例的学习和选择性移植或许可以为我国相关程序制度的发展提供一种新的思维基点和研究路径。

在对美国诉讼合并制度进行评价和看待上，笔者始终是以调整民事诉讼程序规则的目标和价值作为主线。

作为哲学的一个基本范畴，目的是人们从事活动所期望达到的结果。这种结果既然是人所期望的，也就必然应当符合人的理想。其实际上是人的自身需求与客观对象之间内在联系的一种反映。民事诉讼作为人类的一种自觉活动，其目的与通常意义上的目的具有共同属性。但民事诉讼是特殊主体在特殊领域中，围绕特定社会冲突而进行的查清事实和适用法律的认识活动。因为民事诉讼是国家设置的，并以国家强制力为保障，用以解决社会成员之间的民事权利义务争议的制度。所以，探讨民事诉讼目的既要站在国家的立场上，也要站在制度利用者的立场上研究民事诉讼制度如何服务于民众，满足社会成员对解决纠纷、维护权益的需求。由于民事诉讼制度的目的决定该制度的内容，而该制度必须通过民事诉讼法加以体现和贯彻。因此，民事诉讼制度目的与民事诉讼法的目的具有密切联系和一致性，民事诉讼法的目的要体现民事诉讼制度的目的，并为实现民事诉讼目的提供程序保障；民事诉讼制度的目的也必然涵盖民事诉讼法的目的。主体多元性和社会价值取向的多元化决定了现代民事诉讼目的具有层次性和多重性。虽然多元目的论被认为是一种折衷和中庸的认识，但由于目的是一种价值期待，而人们的价值期待本身就是多元的，而且，这些价值追求中也具有一种内在的联系，对解决纠纷的正当性而言都是不可或缺的。

从社会成员利用民事诉讼的理想期望以及国家设置民事诉讼的理想目标两个方面考虑，我国现阶段民事诉讼的目的总体上要在满足社会成员对解决纠纷、维护民事权益需求的基础上，维护社会正义和民事经济法律秩序。具体目的应当包括：1. 实现权利保障；2. 解决民事纠纷，维护民事权益；3. 保障民事实体法的贯彻实施，维护社会正义和民事经济法律秩序。一般而言，民事诉讼的诸多目的不可分割地融合在一起。即民事诉讼总体目的及各项具体目的在内容上是互相交叉、相辅相成、相互作用的关系。在国家满足社会成员利用民事诉讼制度的需求和维护社会正义及民事经济法律秩序的总体目标之下，实现权利保障、解决纠纷是首要的、直接的目的。只有充分地保护当事人行使诉权，并使当事人正确运用诉讼权利，才能有效地保护其合法权益。只有保证人民法院正确、合法、及时地审理民事案件，才能切实发挥民事诉讼解决民事纠纷的社会效益。也只有消除民事法律关系的非正常状态，才能维护社会正义和民事经济法律秩序，而社会秩序井然更有利于保障民事主体依法从事民商事活动，以追求正当权益和幸福。虽然对具体目的的追求在实现中存在矛盾，但这些矛盾并不是逻辑矛盾，是事物内部本身自然存在的冲突，需要在实现过程中予以平衡。因此，根据我国实际，围绕民事诉讼的多重目的，完善民事诉讼具体规则设置，以平衡具体目标之冲突，实现不同具体目的之整合，是完善我国诉讼合并制度的题中之义。

民事诉讼价值的定义是民事诉讼价值研究的起点。对民事价值的定义不同，对民事诉讼价值的特征、内涵的认识也会不同。而在民事诉讼价值的研究中，对民事诉讼价值的定义不尽一致。其原因有哲学上对于"价值"一般定义的认识不同，也有对民事诉讼价值在研究视角、理路和学者个人在主观认识上的不同。对于民事诉讼价值的定义，我国学者也有较多的观点，这些观点各有所见，在内涵上既有一致性，也有差异性。对于民事诉讼价值的定义具有理论上的抽象性和复杂性，从理论研究的角度看，观点的多样化本身就有利于深化对该问题的认识，企求一个所谓绝对标准，没有任何争议的答案是没有必要的，也是没有可能的。我国民诉学者对民事诉讼价值的"关系主义"定义，既与我国价值论哲学和法理学对于"价值"和"法的价值"的"关系主义"定义具有内在的逻辑关系，也与学者力求将民事诉讼价值论建构在马克思主义哲学的基础上有关。一项民事诉讼程序往往同时包含多元的价值目标。这些价值目标之间既存在着相得益彰的一致性，在某些情况下又不可避免地存在着矛盾和冲突。在发生矛盾和冲突的情况下，就必须进行价值选择和协调。民事诉讼价值之间的矛盾和冲突，可能发生在程序内在价值之间、程序外在价值之间，以及程序内在价值与外在价值之间。程序内在价值之间可能发生程序公正和程序效益、程序自由与程序公正、程序自由与程序效益之间的矛盾和冲突；程序外在价值之间可能发生实体公正与秩序的矛盾和冲突；程序内在价值与程序外在价值各个方面的相互之间也可能发生矛盾和冲突。因此，民事诉讼价值冲突与协调的研究和揭示是一个非常复杂的问题，既需要逻辑的分析，也需要实证的探微。如何恰当地认识和处理这些矛盾和冲突，关系到民事诉讼程序的科学设置，也关系到民事诉讼程序的合理运作。

纠纷的解决方法体现出社会价值和优先性，以及社会在如何处理不同的选择方法中的模糊性。但是，无论如何，选择都必须是有意识的，并且是对优先性进行衡量使其在冲突的目标之间达到适当平衡的选择——解决私人纠纷或者设定公共规范标准，规范的程序正义或自由裁量的个别正义，效率或公平。每个社会都必须认识并懂得其所选择的纠纷解决方法如何发挥作用，如何禁止或促进那些目标。有鉴于此，笔者在本书写作中贯穿始终的观念是，把民事诉讼制度看作是一个国家的"社会——经济——政治构造"中的一部分，人们不能在没有明确民事诉讼所寻求实现的目标的情况下去评价民事诉讼制度和规则。对美国民事诉讼制度本身进行的研究，展开关于支持或反对各种具体规则的辩论，以及关注法官、律师的行为都在于促使人们去面对这样一个重要的问题：国家应当试图通民事诉讼获得什么？而对这个问题的不同回答决定了对于不同的程序规则的态度，及对其运行效用的评价。

笔者强调程序本身在于平衡社会多方面的价值需求，而绝非仅是一种理想化的制度。价值是普遍的，但制度形式却会因环境和背景的不同而有所差异。法治不是单纯的形式，而只是适合特定价值选择的形式。美国民事诉讼制度如此纷繁复杂的原因之一就在于其力图同时实现多重相互对抗的目标。没有什么普遍适用的规则制度，也没有什么程序规则本身是可以脱离对民事诉讼制度所寻求的价值的探讨而凭空诞生或移植的，社会的最佳治理方式必须适应该社会的发展需要。目的是所有法律的创造者，我们应当尽可能地去考察规则试图要达到的目的，这些目的被寄予期望的理由，找到那些为达到这些目的所要放弃的东西，并决定放弃它们是否值得。因此，笔者始终认为，美国的民事诉讼制度及其诉讼规则可能只是对追求一个纷繁复杂、民主、以市场为基础的社会所付出的代价的反映。而我们在探讨我国相关制度是否需要改变、需要做怎样的改变时，运用这种思考方法是非常有益的。

在比较法的发展过程中，对同一社会制度的法律之间的可比性（comparability）似乎从未发生过怀疑，但对不同社会制度的法律之间（实质上是指社会主义法律和资本主义法律之间）的可比性，却长期存在着争论。否认可比性的主要论据是：在同一性质的事物之间才可能进行比较，在不同性质的事物之间缺乏可比的基础或共同的起点。我们可以将不同社会性质的法律加以"对照"（contrast），但这不是比较法学意义上的比较，而只是为了表明它们的性质是根本对立的，或用以表明其中之一的优越性。承认资本主义法律与社会主义法律之间存在可比性的主要论据大体上可归纳为以下两点，其一，应注意法律规则的"政治目的"与其"功能"之间的区别。将法律规则的政治目的（即促进一定方向的社会变革）与法律规则的功能（即该规则所调整的特定的生活环节）混为一谈存在明显的误区，只要后者是相同的或接近相同的，法律规则就是可比的。在社会主义法律与资本主义法律之间，法律规则的"政治目的"是不可比的，因为社会制度、经济基础和意识形态是根本不同的，但这些规则的"功能"，即对社会发生影响的活动方面是可比的。例如关于买卖、租赁、借贷或损害赔偿等方面的法律规则就是可比的。两种不同社会制度法律的可比性，一则是指这两种法律之间具有重要的、需解决的共同社会问题，同时还在于比较它们各自的具体解决办法。其二，应注意法律的本质与现象、法律的内容与形式或法律的整体与部分的区别。这是中国国内法学作品从哲学范畴出发来考虑的观点。法律的本质或内容是指法律所体现的阶级本质，也即阶级意志或利益，法律现象或形式则指体现这种本质或内容的结构和成分等。其大意为法律的本质、内容或整体是不能比的，而现象、形式或部分则是可比的。

在考虑不同社会制度法律的可比性时，不仅要从理论角度来考虑，同样也应该从实践角度来考虑。对否认或怀疑两种不同社会制度法律之间可比性的人的最有力的回答，是各国的立法实践。无论是社会主义国家还是资本主义国家，在立法时都要借鉴其他国家的法律，不仅借鉴相同社会制度的法律，而且也借鉴不同社会制度的法律。需要注意的是，在这两种不同社会制度的法律中，的确存在许多形式上有某种相似度的法律部门、制度、规则等，但其中的情况是相当复杂的。大体上说，其中有的在具体内容和含义上往往有巨大差别，如关于保护个人财产权的法律等；有的在具体内容或含义上，差别是不显著的或甚至微不足道的，如交通法规等。除了许多在形式上有某种相似度的法律部门、制度或规则外，两种不同社会制度的法律中还存在这种情况，即在这一国家中有这种法律，在另一国家中却没有，其原因可能最终归结为这两国社会制度的不同。例如，美国有私有的地产权法，有由最高法院行使的违宪审查制，而这些在中国法律中是没有也不可能有的。但仅一国法律中有而另一国法律所没有的情况，事实上也就是对不同国家的法律进行比较研究所发现的。

我国民事诉讼程序改革需要学习和借鉴其他国家或地区的有益经验，但不应单纯地着眼于外国的某些制度模式和审判方式，而应重点关注市场经济背景下民事诉讼的共同规律和法理。虽然西方资本主义国家的法的理论和制度，从本质上来看是维护资产阶级利益的，但其确实包含着反映市场经济规律的法律文化成果，同时包含着维护社会整体利益的治理经验，如防止司法权力滥用和制约内生腐败的机制等。我们有必要加强比较民事诉讼法学的研究，扩大视野，谨防"封闭式"的研究状态。只有对西方市场经济国家的法治经验进行去粗取精、去伪存真地比较研究，才能从我国本土法治资源出发科学地决定取舍，高效开展我国民事诉讼制度改革。

尽管 1991 年《中华人民共和国民事诉讼法》的颁布标志着我国建立起民事诉讼的各项基本制度。但历经二十余年的发展，当前我国民事诉讼法与市场经济的要求还相差甚远。长期以来，我国民事司法实务习惯将公正的标准定为"法院是否作出客观真实的判决"。从审判工作的理念来说，要求客观真实是无可非议的，但一味将客观真实作为法院履责的终极目的，可能使法院权力与当事人的权利关系失衡。

作为一种极具本土性的意识形态内容，我国的法律研究应该在保持开放态度、迎接多样化法学理念及制度方法的基础上，致力于理论和实务的本土化建构。当前我国正处于社会转型的关键时期，社会结构和利益分配格局发生了深刻变化，多样化社会矛盾不断催生出复杂的民事纠纷，如何识别具有中国特色的本土问题进而对诉讼合并制度在定分止争中的新角色重新定位是社会主义法治建设的内在要求。这不仅是建设我国民事诉讼程序体系的理论前提，也是全面构筑我国法治理想图景的基石。本书对美国诉讼合并制度的论述和评析，只是在探究其合理性和现实性的前提下提供一种体系化的原始研究范本，而如何将我国诉讼合并相关制度置于理论模型和程序框架内展开进一步深入研究，并使其契合社会主义现代化建设新时代的现实要求是值得我们持续关注的问题。

诉讼程序的选择不可避免地对某些人授予了权力，也剥夺了另一些人的权力，这并非一个帮助原告或被告，抑或是为他们设置障碍的简单问题。在诉讼制度的发展过程中，必须依次解决司法与国家其他机构之间的控制以及权力分配问题。诉讼程序制度需要在政府与公民之间、法官与法律外行群体、法官与律师之间、律师与当事人之间进行合理的权力分配。

事实上，由于程序制度都是在历史发展中演变形成的，因此，不了解历史我们就无法全面了解制度本身，我们不能在无视每一个制度发展所赖以存在的特定历史文化的背景下去探讨该制度中的具体规则。我们不能在脱离特定语境的情况下去提供一个普遍主义的程序制度和程序理论。我们必须重新回到历史的复杂关系中分析美国诉讼合并制度形成的历史原因，理解其内在相关性，从而为我们的研究提供新的理论视野。本书试图为美国诉讼合并制度的研究设置基本框架，尽力将所有关联理论、程序制度、典型司法判例、实务操作规程囊括其中，但受制于时间、个人能力等现实问题，难免还存在不足之处，有待进一步深入研究和持续完善。从形式上看，本书主体即是对美国诉讼合并制度的全面考察，笔者对除我国以外的其他大陆法系国家相关制度着墨甚少，这也是对长期存在的大陆法系渊源之暗示效应作出一种反转尝试。基于立法及学术理论传统，长期以来理论界存在这样一种观点，即认为大陆法系研究成果理应成为我国相关理论研究的最佳范本，而以美国为代表的英美法系法律制度有时过于关注实务中的"技术操作"和"实际效用"，属于理论研究中的"弱势话语"。有学者对此评价，基层法官的知识和技术具有实践和理论意义，但长期以来却无法进入学界研究的视野，这反映出中国法学家还没有为弱势话语提供足够的话语空间，没有为它们提供基本的命题、概念和术语，没有提供一种"天经地义"的理论和语言框架。[①] 尽管立法理应注重前瞻性和预见性，但就当前我国诉讼合并相关制度而言，实践性也具有极为重要的现实意义。原因在于，并非所有民事纠纷都可为法律规则所穷尽，法无明文规定时应依习惯，而无习惯时则可依法理进行实务操作，此种情形下理论的助推就至关重要。虽然存在程序适用上的困境，但这些明文之外的操作空间一直为司法实践中的合理变通和法律体系的完善提供内在动因。

我们应以客观的态度去看待并评价每一项具体的制度，并且以一种动态的心态去观察其运行，从实务的变动中理解自己的社会和规则制度，揭示出关于诉讼程序争论和诉讼程序规则制定中所存在的固有张力。当前我们法学研究中的一个极大弱点就是缺乏微观的制度性研究和实证经验的研究。学界在论及司法改革时，往往笼统提些纯粹理念性的口号和诸如法治、公正之类的大词，而怠于从微观的视角出发，去研究规则如何影响行为，行为如何更能适应相关的法律规则等。事实上，制度规则都是在发展过程中由人们对规则的利用和改进以及对价值的取舍而使其成为今天的模样，制度从来都不是单纯的理论创设，而是在微观的实务中由人们不断提出观

---

① 苏力. 送法下乡 [M]. 北京：中国政法大学出版社，2000：295.

念、不断创制和改进磨合出来的。因此，仅仅依靠思辨的理念式研究不可能将司法改革的探讨引入纵深，我们必须关注对于实证的研究。

从某种意义上看，法律程序比实体法更加具有路径依赖性；法律程序是制度化的，其变革需要注重持续性和协调性。① 为了打破理论研究的默示常规，本书的比较研究并未过度执着于某些基本概念，而美国诉讼合并制度的内在精神、基本理论、法律规则之具体适用及其对我国相关制度建设的启示才是本书的核心。这样的论述模式也说明，对诉讼合并相关制度的研究道阻且长。

理想中的"诗和远方"纵使艰难险阻，但终会抵达。

这只是结尾，不是结束。

---

① 吴敬琏，江平. 洪范评论 [M]. 北京：中国政法大学出版社，2005：91.

参考文献

一、中文类

（一）著作类

［1］张永泉．民事之诉合并研究［M］．北京：北京大学出版社，2009．

［2］李响．美国民事诉讼法的制度、案例与材料［M］．北京：中国政法大学出版社，2006．

［3］汤维建．美国民事司法制度与民事诉讼程序［M］．北京：法制出版社，2001．

［4］汤维建．美国民事诉讼规则［M］．北京：中国检察出版社，2004．

［5］张中秋．中西法律文化比较研究［M］．北京：中国政法大学出版社，2006．

［6］章武生．民事诉讼法新论［M］．北京：法律出版社，2002．

［7］张卫平．民事诉讼：关键词展开［M］．北京：中国人民大学出版社，2005．

［8］张卫平．诉讼构架与程式：民事诉讼的法理分析［M］．北京：清华大学出版社，2000．

［9］肖建华．中国民事诉讼法判解与法理——当事人问题研析［M］．北京：中国法制出版社，2001．

［10］谭兵．外国民事诉讼制度研究［M］．北京：法律出版社，2003．

［11］丘汉平．罗马法［M］．北京：中国方正出版社，2004．

［12］骆永家．民事法研究 I［M］．台北：三民书局，1999．

［13］林剑锋．民事判决既判力客观范围研究［M］．厦门：厦门大学出版

社，2006.

[14] 江伟教授执教五十周年庆典活动筹备组．民事诉讼法学前沿问题研究 [C]．北京：北京大学出版社，2006.

[15] 江伟．比较民事诉讼法国际研讨会论文集 [C]．北京：中国政法大学 出版社，2004.

[16] 江伟，等．《中华人民共和国民事诉讼法》修改建议稿（第三稿）及 立法理由 [M]．北京：人民法院出版社，2005.

[17] 江平，米健．罗马法基础 [M]．北京：中国政法大学出版社，2004.

[18] 段厚省．民法请求权论 [Ml．北京：人民法院出版社，2006.

[19] 陈荣宗，林庆苗．民事诉讼法（上、中、下）[M]．台北：三民书 局，2008.

[20] 陈计男．民事诉讼法论（上）[M]．台北：三民书局，1999.

[21] 陈计男．民事诉讼法论（下）[M]．台北：三民书局，2000.

[22] 陈刚．社会主义民事诉讼法简读沿革、诉讼主体及证据制度 [M]． 北京：法律出版社，2001.

[23] 陈刚．比较民事诉讼法（2001 年卷—2002 年卷）[M]．北京：中国 人民大学出版社，2002.

[24] 陈刚．比较民事诉讼法（2003 年卷）[M]．北京：中国人民大学出版 社，2003.

[25] 陈刚．民事诉讼法制的现代化 [M]．北京：中国检察出版社，2003.

[26] 常怡．比较民事诉讼法 [M]．北京：中国政法大学出版社，2002.

[27] 陈荣宗．举证责任分配与民事程序法 [M]．台北：三民书局，1984.

[28] 郭建，姚荣涛，王志强．中国法制史 [M]．上海：上海人民出版 社，2000.

[29] 江伟，邵明，陈刚．民事诉权研究 [M]．北京：法律出版社，2002.

[30] 江伟．中国民事诉讼法专论 [M]．北京：中国政法大学出版 社，1998.

[31] 江伟．中国民事审判改革研究 [M]．北京：中国政法大学出版 社，2003.

[32] 廖永安，等．诉讼费用研究——以当事人诉权保护为分析视角 [M].

北京：中国政法大学出版社，2006.

[33] 骆永家. 既判力之研究 ［M］. 台北：三民书局，1999.

[34] 齐树洁. 英国民事司法改革 ［M］. 北京：北京大学出版社，2004.

[35] 邵勋，邵锋. 中国民事诉讼法论（上、下）［M］. 北京：中国方正出版社，2005.

[36] 徐昕. 英国民事诉讼与民事司法改革 ［M］. 北京：中国政法大学出版社，2001.

[37] 张建伟. 司法竞技主义——英美诉讼传统与中国庭审方式 ［M］. 北京：北京大学出版社，2005.

[38] 张卫平. 转换的逻辑民事诉讼体制转型分析 ［M］. 北京：法律出版社，2004.

[39] 章武生，等. 司法现代化与民事诉讼制度的建构 ［M］. 北京：法律出版社，2003.

[40] 章武生，段厚省. 民事诉讼法学原理 ［M］. 上海：上海人民出版社，2005.

[41] 江必新. 新民诉法解释法义精要与实务指引 ［M］. 北京：法律出版社，2015.

[42] 江必新. 新民事诉讼法理解适用与实务指南 ［M］. 北京：法律出版社，2015.

[44] 史蒂文·苏本，玛格瑞特（绮剑）·伍. 美国民事诉讼的真谛：从历史、文化、实务的视角 ［M］. 蔡彦敏，徐卉，译. 北京：法律出版社，2002.

[45] 杰弗里·C·哈泽德，米歇尔·塔鲁伊. 美国民事诉讼法导论 ［M］. 张茂，译. 北京：中国政法大学出版社，1998.

[46] 理查德·A·波斯纳. 法律的经济分析 ［M］. 蒋兆康，译，北京：中国大百科全书出版社，2003.

[47] 史蒂文·N·苏本，等. 民事诉讼法—原理、实务与运作环境 ［M］. 傅郁林，译. 北京：中国政法大学出版社，2004.

[48] 史蒂文·J·伯顿. 法律和法律推理导论 ［M］. 张志铭，解兴权，译. 北京：中国政法大学出版社，1998.

［49］杰克·H·弗兰德泰尔，等．民事诉讼法［M］．夏登峻，等，译．北京：中国政法大学出版社，2003.

［50］约瑟夫·W·格兰诺恩．民事诉讼法（注译本）［M］．孙邦清，等，注．北京：中国方正出版社，2004.

［51］小岛武司．诉讼制度改革引导法理与实证［M］．陈刚，等，译，北京：法律出版社，2001.

［52］高桥宏志．民事诉讼法：制度与理论的深层分析［M］．林剑锋，译．北京：法律出版社，2003.

［53］谷口安平．程序的正义与诉讼［M］．王亚新，刘荣军，译．北京：中国政法大学出版社，2002.

［54］棚獭孝雄．纠纷的解决与审判制度［M］．王亚新，译．北京：中国政法大学出版社，2004.

［55］白绿铉．日本新民事诉讼法［M］．北京：中国法制出版社，2000.

［56］罗森贝克，等．德国民事诉讼法（上、下）［M］．李大雪，译，北京：中国法制出版社，2007.

［57］汉斯·约阿希姆·穆泽拉克．德国民事诉讼法基础教程［M］．周翠，译．北京：中国政法大学出版社，2005.

（二）期刊类

［1］钟瑞庆．渐进式改革与私权的发展——中国式道路的法律角度的考察［J］．中外法学，2006，18（6）.

［2］赵信会．必要共同诉讼制度的内部冲突与制衡［J］．河北法学，2004，22（5）.

［3］章武生，杨严炎．群体诉讼的价值与功能［J］．法学评论，2007（5）.

［4］章武生．民事简易程序中的公正与效益［J］．法学，2003（8）.

［5］章武生．论群体诉讼的表现形式［J］．中外法学，2007，19（4）.

［6］曾宪义，马小红．试论古代法与传统法的关系——兼析中西法律传统在近现代演变中的差异［J］．中国法学，2005（4）.

［7］叶永禄，张玉标．论我国必要共同诉讼制度之重构——以票据诉讼为视角［J］．法律适用，2007（6）.

［8］严仁群．论诉之主体的强制合并［J］．法学评论，2006（3）

［9］吴英姿．民事诉讼程序的非正常运作——兼论民事诉讼法修改的实践理性［J］．中国法学，2007，135（4）．

［10］魏振瀛．论请求权的性质与体系未来我国民法典中的请求权［J］．中外法学，2003，15（4）．

［11］孙宪忠．中国民法继受潘德克顿法学：引进、衰落和复兴［J］．中国社会科学，2008（2）．

［12］沈冠伶．示范诉讼契约之研究［J］．法学论丛，2004，33（6）．

［13］邵明，卢正敏．证据共通原理在普通共同诉讼中的适用［J］．甘肃社会科学，2006（2）．

［14］强世功．迈向立法者的法理学——法律移植背景下对当代法理学的反思［J］．中国社会科学，2005（1）．

［15］卢正敏，齐树洁．连带债务共同诉讼关系之探讨［J］．现代法学，2008，30（1）．

［16］廖焕国．注意义务与大陆法系侵权法的嬗变——以注意义务功能为视点［J］．法学，2006（6）．

［17］李杏园．共同侵权诉讼形式探析［J］．河北法学，2008，28（2）．

［18］李为民．民事诉讼第三人新论［J］．法学评论，2005（3）．

［19］蒲一苇．诉讼法与实体法交互视域下的必要共同诉讼［J］．环球法律评论，2018（1）．

［20］郝铁川．权利冲突：一个不成为问题的问题［J］．法学，2004（9）．

［21］刘荣军．民事诉讼中"新职权主义"的动向分析［J］．中国法学，2006（6）．

［22］范愉．新法律现实主义的勃兴与当代中国法学反思［J］．中国法学，2006（4）．

［23］高鸿钧．法律文化的语义、语境及其中国问题［J］．中国法学，2007，138（4）．

［24］胡震远．美国共同诉讼制度及其启示［J］．东方法学，2008（4）．

［25］纪敏．改革民事共同诉讼案件受理方式发挥人民法院在构建和谐社会中的保障作用［J］．人民司法，2006（3）．

［26］蓝凤英．共同诉讼制度的缘起与价值分析［J］．前沿，2007（2）．

［27］林义全. 论必要共同诉讼［J］. 西南民族学院学报（哲学社会科学版），2007，18（4）.

［28］沈冠伶. 诉讼权保障与民事诉讼——以大法官关于"诉讼权"之解释为中心［J］. 法学论丛，2005，34（5）.

［29］宋英辉，李哲. 一事不再理原则研究［J］. 中国法学，2004（5）.

［30］王福华. 代表人诉讼中的利益诉求［J］. 法学，2006（6）.

［31］翁晓斌. 论已决事实的预决效力［J］. 中国法学，2006（4）.

［32］许士宦. 民事诉讼上之适时审判请求权［J］. 法学论丛，2005，34（5）.

［33］杨严炎. 共同诉讼抑或群体诉讼——评我国代表人诉讼的性质［J］. 现代法学，2007，29（2）.

［34］叶金强. 相当因果关系理论的展开［J］. 中国法学，2008，141（1）.

［35］张建伟. "变法"模式与政治稳定性——中国经验及其法律经济学含义［J］. 中国社会科学，2003（1）.

［36］章武生. 我国无独立请求权第三人制度的改革与完善［J］. 法学研究，2006，（3）.

［37］章武生，段厚省. 必要共同诉讼的理论误区和制度重构［J］. 法律科学，2007，（1）.

［38］陈桂明，吴如巧. 美国民事诉讼中的诉讼合并制度评介及对我国的启示［J］. 政治与法律，2010（5）.

［39］张晋红. 民事诉讼合并管辖立法研究［J］. 中国法学，2012（2）.

［40］王丹. 美国证券集团诉讼和派生诉讼合并提起情况研究及其启示［J］. 2014（2）.

［41］肖华林. 程序效益视角下客观预备之诉合并的制度设计［J］. 法律适用，2016（3）.

［42］韩波. 分置、合并与转向：程序关系之维的案外人异议之诉［J］. 法学论坛，2016（4）.

［43］卢佩. 多数人侵权纠纷之共同诉讼类型研究——兼论诉讼标的之"案件事实"范围的确定［J］. 中外法学，2017（5）.

［44］陈杭平. "纠纷事件"：美国民事诉讼标的理论探析［J］. 法学论坛，

2017，32（6）．

［45］罗恬漩．数人侵权的共同诉讼问题研究［J］．中外法学，2017（5）．

［46］刘东．第三人撤销之诉的程序构建：现状、不足及完善［J］．法治研究，2018（1）．

［47］刘东．回归法律文本：第三人撤销之诉原告适格再解释［J］．中外法学，2017（5）．

［48］李磊．请求权竞合解决新论——以客观预备合并之诉为解决途径［J］．烟台大学学报（哲学社会科学版），2016（4）．

［49］袁琳．基于"同一事实"的诉的客观合并［J］．法学家，2018（2）．

［50］李盛烨．诉的合并的实证形态和"三维"认定——以立案工作遇到的诉的合并疑难案例为切入点［J］．法律适用（司法案例），2019（4）．

［51］赵志超．论我国诉的客观合并之制度化障碍及其克服［J］．政治与法律，2019（12）．

［52］张卫平．主观预备合并之诉及制度建构研究［J］．政法论丛，2020（5）．

［53］韩波．论请求权竞合时诉的客观合并之形态［J］．现代法学，2022，44（1）．

［54］胡学军．论共同诉讼与第三人参加诉讼制度的界分［J］．环球法律评论，2018，40（1）．

二、外文类

（一）著作类

［1］Stephen C. Yeazell. Civil Procedure（6th）［M］. Aspen Publisher, 2004.

［2］Rand RePort, Deborah R. Hensler. Class Action Dilemmas［M］. Pursing Public Goals for Private Gain, 2000.

［3］Richard L. Mareus, Edward F. Sherman. Complex Litigation［M］. West Publishing Co, 1993.

［4］Jack H. Friendenthal, Mary Kay Kane, Arthur R. Miller. Civil Procedure, 2nd［M］. West Publishing Co, 1993.

〔5〕 Allan Ides, Christopher N. May. Civil Procedure: Cases and Problems [M]. Aspen Law & Business Division, 2002.

〔6〕 George G. Thomas Ⅲ. Criminal Procedure: Principles, Police and Perspectives [M] West Group, 1999.

〔7〕 William H. Lawrence, William H. Henning, R. Wilson Freyermuth. Understanding Secured Transactions [M]. LexisNexis, 2003.

〔8〕 Carol L. Chomsky, Chcistina L. Linda, J. Rusch and Elizabeth R. Schiltz. Selected Commercial Statutes Abridged Edition [M]. Thomson West, 2005.

〔9〕 Ray D. Henson. Secured Transactions under the Uniform Commercial Code Hornbook Series [M]. West Publishing Co, 1979.

〔10〕 Raymond T. Nimmer, Ingrid Michelsen Hillinger, Michael G Hillinger. Commercial Transaction, Secured Financing Cases, Materials, Problems. Third Edition [M]. LexisNexis, 2014.

〔11〕 Deborah E. Larbalestriei. Paralegal Practice and Procedure: A Praetical Guide for the Legal Assistant [M]. Prentice Hall Press, 1994.

（二）期刊类

〔1〕 Theoclore Eisenberg, Geffey Miller. The Role of Opt-outs and Objectors in Class Action Litigation: Theoretical and Empirical Issues [J]. Vanderbilt Law Review, 2004, 57.

〔2〕 John C. Coffee, Jr. Class Action Accountability: Reconciling Exit, Voice, and Loyalty in Representative Litigation [J]. Columbia Law Review, 2000, 100.

〔3〕 Jeannette Cox, Information Famine. Due Process, and the Revised Class Action Rule: When Should Courts Provide a Second Opportunity to Opt Out? [J]. Notre Dame Law Review, 2004, 80.

〔4〕 Moore. Federal Rules of Civil Procedure: Some Problems Raised by the Preliminary Draft [J]. Georgia Law Journal, 1937, 25.

〔5〕 David Rosenberg. Mandatory-Litigation Class Action: The Only Option for Mass Tort Cases [J]. Harvard Law Review, 2002, 3.

［6］ Linda Mullenix. Class Resolution of the Mass-Tort Cases: A Proposed Federal Procedure Act ［J］. Texas Law Review 1986, 64.

［7］ Robert G. Bone. Rethinking the "Day in Court" Ideal and NonParty Preclusion ［J］. New York Law Review, 1992, 67.

［8］ David Rosenberg. Adding a Second Opt-out to Rule 23 （b） （3） Class Actions: Costwithout Benefit ［J］. Chicago Law Review, 2003, 19.

［9］ Arthur R. Miller, David Crump. Jurisdiction and Choice of Law in Multistate Class Actions After Phillips Petroleum Co. v. Shutts ［J］. Yale Law Journal, 1986, 1.

［10］ Vince Morabito. Class Actions: The Right to Opt Out under Part IVA of the Federal Court of Australia Act 1976 （CTH） ［J］. Melbourne Law review 1994, 19.

［11］ E. Farish Percy. Making a Federal Case of It: Removing Civil Cases to Federal Court Based on Fraudulent Joinder ［J］. Iowa Law Review, 2005, 91.

［12］ Charles W. Wolfram. The Antibiotics Class Actions ［J］. American Bar Foundation Researeh Journal, 1976, 1.

［13］ Deborah L. Rhode. Class Conflicts in Class Actions ［J］. Stanford Law Review, 1982, 6.

［14］ Maximilian A. Grant. The Right Not to Sue: A First Amendment Rationale for Opting out of Mandatory Class Actions ［J］. Chicago Law Review, 1996, 1.

［15］ Martin H. Redish. Class Actions and the Democratic Difficulty: Rethinking the Intersection of Private Litigation and Public Goals ［J］. Chicago Legal review, 2003, 71.

［16］ James M. Frasef. Opt-in Class Actions under the Flsa. Epa, and Aeda: What Does it Mean to be Similarly Situated? ［J］. Suffolk Law Review, 2004, 38.

［17］ Robert E. Holo. Defendant Class Actions: The Failure of Rule 23 and A Proposed Solution ［J］. UCLA Law Review, 1990, 38.

[18] Charles E. Clark, James Wm. Moore. A New Federal Civil Procedure: 1. The Background [J]. Yale Law Journal, 1935, 44.

[19] Schopflocher. What is a Single Cause of Action for the Purpose of the Doctrine of Res Judicata [J]. Oregon Law Review, 1942, 21.

[20] Benjamin Kaplan. Continuing Work of the Civil Committee: 1966 Amendments of the Federal Rules of Civil Procedure (Ⅰ) [J]. Harvard Law Review. 1967, 81.

[21] Kane. Original Sin and the Transaction in Federal Civil Procedure [J]. Texas Law Review, 1998, 76.

[22] Albert-worth. The Theory of Pleading in Code States [J]. California Law Review, 1922, 10.

[23] Page. Application of the Derogation Rule to the Code of Civil Procedure [J]. Wisconsin Law Review, 1955, 91.

[24] Whittier. The Theory of a Pleading [J]. Columbia Law Review, 1908, 8.

[25] W. M. G. Code Pleading: Nature of a "Cause of Action": Count Quieting Title to Realty and Personalty States but One Cause of Action [J]. California Law Review, 1924, 12 (4).

[26] Harris. What is a Cause of Action? [J]. California Law Review, 1928, 16.

[27] McCaskill. Actions and Causes of Action [J]. Yale Law Journal, 1925, 4.

[28] Hall. Pleading Libel Actions in California [J]. California Law Review, 1939, 12.

[29] Miller. Artful Pleading: A Doctrine in Search of Definition [J]. Texas Law Review, 1998, 76.

[30] Kaplan. Continuing Work of the Civil Committee: 1966 Amendments of the Federal Rules of Civil Procedure (Ⅰ) [J]. Harvard Law Review, 1967, 81.

[31] Reed. Compulsory Joinder of Parties in the Civil Actions [J]. Michigan

Law Review, 1957, 55.

[32] John M. Wilson. Secured Financing in Latin America: Current Law and the Model Inter-american Law on Secured Transactions [J]. Uniform Commercial Code Law Journal, 2000, 33.

[33] John M. Wilson. Secured Financing in Latin America: Current Law and the Model Inter-American Law on Secured Transaction [J]. Uniform Commercial Code Law Journal, 2000, 33.

[34] Kaplan. Continuing Work of the Civil Committee: 1966 Amendments of the Federal Rules of Civil Procedure (I) [J]. Harvard Law Review, 1967, 81.

[35] Freer. Avoiding Duplicative Litigation: Rethinking Plaintiff Autonomy and the Court's Role in Defining the Litigative Unit [J]. Pittsburgh Law Review, 1989, 50.

[36] Fisk. Indispensable Parties and the Proposed Amendment to Federal Rule 19 [J]. Yale Law Journal, 1965, 74.

[37] Stephen B. Burbank. Aggregation, On the Couch: The Strategic Uses of Ambiguity and Hypocrisy [J]. Columbia Law Review, 1924, 106.

[38] Samuel Issacharoff. Settled Expectations in A World of Unsettled Law: Choice of Law After the Class Action Fairness Act [J]. Columbia Law Review, 1839, 106

[39] Developments in the Law-Multiparty Litigation in the Federal Courts [J]. Harvard Law Review, 1958, 71.

[40] A Probabilistic Analysis of the Doctrine of Mutuality of Collateral Estopple [J]. Michigan Law Review, 1978, 76.

[41] James M. Underwood. From Proxy to Principle: Fraundulent Joinder Reconsidered [J]. Alabama Law Review, 2006, 69.

[42] E. Farish Percy. Making a Federal Case of It: Removing Civil Cases to Federal Court Based on Fraudulent Joinder [J]. Iowa Law Review, 2005, 91.

[43] Charles E. Clark, James WM. Moore. A New Federal Civil Procedure: II.

Pleadings and Parties [J]. Yale Law Journal, 1935, 44.

[44] Bernard Shapiro. Parties: Necessary and Indispensable Parties [J]. California Law Review, 1941, 29.

[45] Benjamin Kaplan. Amendments of the Federal Rules of Civil Procedure, 1971—1963 (Ⅰ) [J]. Harvard Law Review, 1964, 77.

[46] Joinder and Impleader Practice in Limitation Proceedings: An Expanded Concourse for Admiralty Litigants [J]. The Yale Law Journal, 1956, 66 (1).

[47] Civil Procedure. Removal Jurisdiction. Fifth Circuit Establishes "Common Defense" Exception to Fraudulent Joinder Doctrine. Smallwood v. Illinois Central Railroad Co. (Smallwood Ⅱ), 385 F. 3d 568 (5th Cir. 2004) (En banc) [J]. Harvard Law Review, 2005, 118 (3).

[48] Ismail Shahrul Mizan, Alheji Ali Ibrahim. The Justice Against Sponsors of Terrorism Act (JASTA) from a Civil Procedure Perspective [J]. Laws, 2023, 12 (1).

[49] Nagy Adrienn. Asymmetric Position of Consumer and Burden of Proof in Hungarian Civil Procedure [J]. International and Comparative Law Review, 2022, 22 (1).

[50] Bookman Pamela K, Shanahan Colleen F. A Tale of Two Civil Procedures [J]. Columbia Law Review, 2022, 122 (5).

后 记

我喜欢的电影《阿甘正传》中有一句很经典的台词：Life was like a box of chocolate，you never know what you're gonna get.（人生就像一盒巧克力，你永远不知道下一块会尝到哪种滋味。）十年前我总在想，为什么非得说巧克力而不是肉夹馍、盖码粉或小笼包？后来我终于知晓答案，因为装在盒子里的巧克力有很多种口味，每个都有不同的包装、形状和颜色，以前没有口味标志，如果你不一一打开品尝的话，就永远也不可能知道这一块是什么口味。有的巧克力外表看起来很漂亮，似乎很好吃，其实根本不符合你的口味。那些难忘的经历像电影片段一般在我眼前飞速闪过，太快了，偶尔让人慌张。十年前的我总是苛求一种事实和表象间的绝对匹配；十年后的我开始慢慢懂得，任何个体和事物都有不同性格，并非一种表象就一定呼应了一种事实。有人热情似火，有人暗藏心动，但或许都是认真与喜欢。大千世界，万千境遇，理论研究如同生活，有时根本没必要强行定义，不要让死板的句子成为顽固的标尺。反思只能建立在自主自愿的基础上，不可建立在欲加之罪的假设里。

外文研究确实有很多艰难曲折，"莫名其妙"的长句常常让我忍不住思考人生。从语言结构上看，英语由不同格位组成，主谓宾定状表补，从句套从句，这导致英文文献中长句的普遍存在，在阅读和翻译过程中经常被其所困扰。得益于难得的访学机会，从 2015 年 9 月开始，我就利用课余时间搜集与本书相关的理论和实证资料。但随着资料逐渐充实，心中的疑问也愈发明显。在不同话语体系和语境下的资料甄别工作着实费神，在第二天的太阳升起之前，存在我脑海中的语序和结构经常模糊不清，让我失眠。

量子力学中有一种原理叫"薛定谔的猫",往往用来形容悬而未决的状态,用在此处真是恰如其分。那些心中的推论,那些是或否、好或坏的叠加状态只有当我递交终稿时才能最终知晓。很多时候,我们的选择或许并不是内心的声音,只是对安全感的向往。真理可能在千百年前就已被说尽,而试图打破次元壁,试图充当桥梁的人,却会被嘲笑。就像爬出洞穴的那个人,说破嘴也无法让洞穴里的人相信真实世界的存在。

感谢我的导师王国征教授,很幸运能得到您的指导和点拨。您不仅为我指明了研究方向,也及时为我提出中肯意见,这是我成就本书的基石。感谢廖永安教授,您对我的关心和帮助,促使我不断成长,您对我的提点和鞭策,激励我勇敢前行。感谢我的好朋友们,是你们让我勇敢地成为自己,并让我相信真正的友谊会在日复一日年复一年地交互和沉淀中,默默冲刷出一条让人感到放松和抚慰的宽阔河床。感谢我的家人,你们的默默付出为我提供了最坚实的支撑,在那些最难的时刻,庆幸你们一直都在。感谢刘沐一,你是一个让我感动的小孩,最喜欢听你天真地自言自语,我知道你在用自己的方式教我重新认识这个世界。有你在身边,生活里的欢喜和顺遂就成为自然。

未来的路还很长,如果偶尔有机会可以让我们停下来想想过往,应该好好珍惜。很多时候我们难以克服的只是负面假设,而非现实阻碍。在经历过一切后,我们应该成为更坚强、更勇敢、更有爱的人。没有一个冬天不可逾越,没有一个春天不会到来。人生无常,珍惜当下。

愿我们都能在各自坚持的道路上,遇见更好的自己。